# 文明与帝国：

## "文明"观念作为一种殖民意识形态的建构过程研究

陈　铭◎著

四川大学出版社
SICHUAN UNIVERSITY PRESS

## 图书在版编目（CIP）数据

文明与帝国："文明"观念作为一种殖民意识形态
的建构过程研究 / 陈铭著. — 2 版. — 成都：四川大
学出版社，2024.4
　　（文明互鉴：中国与世界 / 曹顺庆总主编）
　　ISBN 978-7-5690-6653-1

　　Ⅰ．①文… Ⅱ．①陈… Ⅲ．①殖民主义－文化－研究
Ⅳ．① G0

中国国家版本馆 CIP 数据核字（2024）第 051603 号

书　　名：文明与帝国："文明"观念作为一种殖民意识形态的建构过程研究
　　　　　Wenming yu Diguo: "Wenming" Guannian Zuowei Yi Zhong Zhimin Yishi Xingtai de Jiangou Guocheng Yanjiu
著　　者：陈　铭
丛 书 名：文明互鉴：中国与世界
总 主 编：曹顺庆
--------------------------------------------------------------------
出 版 人：侯宏虹
总 策 划：张宏辉
丛书策划：张宏辉　欧风偓
选题策划：张　晶　于　俊
责任编辑：于　俊
责任校对：余　芳
装帧设计：墨创文化
责任印制：王　炜
--------------------------------------------------------------------
出版发行：四川大学出版社有限责任公司
　　　　　地址：成都市一环路南一段 24 号（610065）
　　　　　电话：（028）85408311（发行部）、85400276（总编室）
　　　　　电子邮箱：scupress@vip.163.com
　　　　　网址：https://press.scu.edu.cn
印前制作：四川胜翔数码印务设计有限公司
印刷装订：四川五洲彩印有限责任公司
--------------------------------------------------------------------
成品尺寸：170 mm×240 mm
印　　张：15.75
插　　页：2
字　　数：287 千字
--------------------------------------------------------------------
版　　次：2020 年 12 月 第 1 版
　　　　　2024 年 4 月 第 2 版
印　　次：2024 年 4 月 第 1 次印刷
定　　价：76.00 元
--------------------------------------------------------------------

扫码获取数字资源

四川大学出版社
微信公众号

# 前　言

　　"文明"一词人们耳熟能详，"我们要建立一个文明社会""你举止文明点""要做一个文明人"等成为人们的口头语。在这些语境中，"文明"的含义等同于"举止文雅、得体"。实际上，"文明"观念所承载的内容非常丰富，它是一个文化和意识形态的建构，是人们借以观察世界和看待自我与他人的一种方式，也是一个知识体系。这个名词本身的产生和发展经历了一个漫长的过程，从最初"我们—他者"的二元对立，到"文明—野蛮"的划分，再到种族主义语境下欧洲文明优越感的确立，"文明"观念成为欧洲文化"中心论"和"优越论"的一种体现。在欧洲作为一种自在的意识形态，"文明"观念与一套思想体系和知识范畴相联系，并为欧洲的殖民活动和霸权服务。本书以"文明"为关键词，着重分析了它在18、19世纪的诞生、发展以及演变成为一种殖民主义意识形态的过程，力图更深刻地揭示这个观念背后的种族优越思想及其在19世纪沦为一种殖民手段和工具的原因。

　　18、19世纪是"文明"观念发展的关键时期。科学革命和启蒙运动启迪了人们的思想，技术革新增强了人们的自信心，给人们的生活带来诸多便利。工业革命增强了欧洲的总体实力，欧洲的思想家们越来越多地谈到"欧洲文明"。在与其他地区人们的接触中，欧洲人注意到其他地区人们生活方式和宗教信仰的不同。最初欧洲人怀着善意和力图了解的态度去观察其他文明，试图发现其与欧洲文明之间的差别，并想吸收其他文明的长处来弥补欧洲文明的不足。但是情况慢慢发生了变化：随着资本主义的不断发展和对海外市场的渴求，为了给殖民活动寻找更恰当和冠冕堂皇的借口，其他地区被有意识地想象、塑造和建构成为与"文明"相对的"野蛮""落后"或者"专制""停滞"的形象，平等的眼光被偏见和歧视所取代。随着19世纪科学实证主义和达尔文生物进化论的兴起，欧洲是"文明的"、其他地区是"不文明的"这一论点被进行了"科学的论证"，并伴随着殖民活动被推向了全世界。欧洲各国的殖民活动有了"科学"的支持，殖民不再是为获取利润而成为"白人的负担"，这一思想深深地影响了当时的欧洲大众，成为广为流传和被普遍接受的一种看法。同时，这种对"文明"与"野蛮"的看法也深刻地影响了人文社会科学知识体系的建立。

本书拟采用文化人类学的研究视野和解释方法，考察"文明"观念的萌芽、产生、发展直到成为一种殖民意识形态的演变过程，以及此观念在不同历史时期所蕴含的丰富含义，尤其是在18、19世纪的表现形式和内涵特征。

实际上，关于自我文明优越的思想及为殖民活动提供合理性的论述早已存在，人类似乎倾向于用一些对立性的词语来区分自己和他人，并以此显示自身文化的优越性。

古希腊罗马时代的思想家以气候和地理环境为依据，在建构自我文化认同的同时，产生了文明优越的思想，将人类划分为讲"希腊语的"（希腊的）和讲"非希腊语的"（野蛮的）两个阵营；随着古罗马帝国的衰亡，基督教成为欧洲精神统一的旗帜，这种二元对立被"基督教的""非基督教的"划分所取代，"基督教"成为欧洲人认同对方的关键因素，在基督教徒眼中也是优于其他宗教的，且是"唯一""真正的"宗教，基督教对其他宗教尤其是伊斯兰教的进攻和占领似乎是理所应当的；随着"新世界"的发现和宗教改革的兴起，教会一统天下的局面被打破，欧洲文化中的"基督教"因素被世俗的"欧洲"观念所取代，但是这种情形并没有维持太久。随着欧洲各国殖民扩张的加剧和欧洲民族主义的兴起，欧洲人对彰显统一、强调共同感的"欧洲"观念又逐渐失去兴趣，取而代之的则是"文明"观念。这一随着法国大革命和拿破仑战争而传遍欧洲的名词符合当时欧洲资产阶级对自我的身份认定，也符合彰显欧洲人优越性的需要，因而在绕了一大圈之后，"文明""野蛮"的二元对立又重新回到了人们的视野。但是此时，"文明"与"野蛮"的对立在继承古希腊、古罗马思想家自我优越思想的基础上，因殖民扩张的需要而肩负起了明确的、具体的任务：它与权力、知识体系相结合，成为一种殖民口号，被有意识地用各种手段加以强化和推广，为殖民活动提供借口和依据，深刻地影响了当时人们看待自我和他者以及帝国殖民扩张的态度。

"文明"一词自诞生到发展再到成为一种殖民意识形态，迎合了欧洲社会的发展与变化。本书力图揭示在 19 世纪下半叶为何不是其他观念而恰恰是"文明"观念成为欧洲各国普遍接受并推而广之的一种理念及其特征。作为社会科学中的一个重要术语，"文明"观念有着同其他概念一样的、独特的产生和发展背景，它是一个处于变动中的概念，不同的历史时期赋予了它不同的内涵。

18、19 世纪，"文明"观念被欧洲殖民者用于服务殖民活动，成为经济掠夺活动的"遮羞布"；19 世纪下半叶，"文明"观念以近代科学产生初期西方一些"科学"的人文研究如生物分类学、人文地理学、社会达尔文主义、种族主义为理论依据，并与它们互相影响，成为一种殖民意识形态，它所产生的影响持续到 20 世纪乃至 21 世纪。"白人为其他地区的开化和进步做出了杰出贡献"等言论不时有人提起，白人是"文明的"、其他人种是"野蛮的"这种荒谬思想仍以不同形式表现出来。当前我国正践行"一带一路"倡议，涉及几十个国家、数十亿人口。践行"一带一路"倡议要充分尊重各国风格各异的文明形态，重视人类文明多样性，实现世界文明的传承与现代化创新。因此，时至今日，重新审视和讨论"文明"观念仍十分有必要。要破除"文明"观念所带来的"欧洲优越论"和"欧洲中心论"，任重道远。只有建构"多元文明"视角，加强文化交流和对话，承认不同文明体系的合理性和局限性才能建立更为客观的知识体系，才能更好地服务于我国乃至世界的发展。

# 序

"文明"（civilization），是现代人耳熟能详的一个名词，也是世界史、考古学、人类学、社会学和国际政治学等许多学科和领域的关键词，很多学者的著作都涉及"文明"的定义及其在相关学科领域的运用。近年来，文化和文明研究也逐渐成了一个具有潜力的学术研究议题。当人们从不同的本体论和认识论角度来审视文明时，会获得新的视野和内容。文明观念对于文化精英而言具有深刻的意义，正如埃利亚斯所说，该观念体现了欧洲资产阶级自我意识的觉醒及对自我身份和地位认同的迫切渴望。在现实生活中，真正有巨大影响力的不是观念本身，而是物化和建构观念的行为及其过程，当今世界广泛使用的"文明"观念，是欧洲"文明"观念传播的结果，是随着西方工业文明的发展以及西方殖民扩张而被推广、传播到世界各地的。

在一个漫长的时期内，"文明"是欧美学者的一个惯用名词，后来被殖民地和半殖民地的精英分子使用而传播开来，含有浓厚的侵略及轻蔑的意味：欧洲被认为是"文明的"，其他地区是"野蛮的""落后的"，人类社会发展的终极目标是以欧洲社会为模型的文明，这个概念成为西方文明中心论、西方文化优越论等荒谬理论的直接反映。"文明"观念背后所隐藏的欧洲优越论在人文社会科学领域根深蒂固的影响，妨碍了平等、客观的学术研究的开展和多元文明体系的建立。

"文明"观念的产生与发展经历了不同的阶段。古希腊罗马时期对"野蛮他者"的看法和后来的启蒙运动孕育了西方现代意义上的"文明"观念；而后，很多国家以"文明国家"自居，出现了"法国文明""德国文明""英国文明"等将文明圈于国家地理与文化界限内的阶段，在这种背景下，不论各国对"文明"的理解和内涵侧重点如何不同，欧洲相较其他地方总归是更加"文明的""开化的"；第二次世界大战后，随着美国霸权的兴起，早先的欧洲"西方文明"概念式微，逐渐被美式"西方文明"概念所取代；到20世纪60年代时，美式"西方文明"在美欧两地也都经历了衰退，被重塑成"全球化"或"全球文明"的概念。

西方话语中的文明观念自诞生以来所体现的都是某一个国家或阶层的意志，在19世纪末演变为一种话语霸权，成为西方建立世界霸权和确立统治秩序的意识形态工具。到了21世纪，世界格局在政治、经济、文化、科技等多个方面都发生了翻天覆地的变化，文明观念也历经兴衰荣辱，几经沉浮，但"文明"一词却终未像人类历史上出现过的其他词汇那样退出历史舞台，反而在新的历史时期和不同语境中获得了更多的关注，成为谈论的焦点。关于"文明"的认知尤其是在学术领域的争论，体现了该观念自启蒙运动以来在漫长的历史发展过程中累积起来的辩论的丰富性。

在当今的世界事务中，关于文明标准的争论依然激烈。不管学者和政治家们从何种立场及角度阐释和使用"文明"一词，毫无疑问的是，现在的文明已不再是一个具有单一维度和内涵的概念，如今多元文明的世界已无法用一个单一的、不容置疑的道德标准来衡量和界定了，现代文明（civilization of modernity）至少包含着对个体主义、多样化、泛宗教主义及共同道德价值的总体认同。"文明"成了一种话语资源，资源的主导权对"文明"的研究表现出很强的现代性，对"文明"的研究也出现了从本质主义向后本质主义的转向。

西方现代性留给我们的陷阱不在于观念本身，而在于观念与现实的关系。亨廷顿的《文明的冲突与世界秩序的重建》以及福山的《历史的终结及最后之人》在相当大的程度上左右着全球学者及精英阶层对"文明"与"野蛮"、"西方"与"非西方"的认识。尽管缺乏概念上的丰富性，也缺少经验事实的支撑，这两本书中体现出的文明一元论概念仍旧在学术圈外大行其道，具有广泛的吸引力。其实概念自身的范畴并不重要，重要的是具体的政治行为、大众接受的程度，以及它被认可、被相信这个事实。如何理解并看待"文明"观念影响许多国家的文化价值思考，因此在 21 世纪的今天回过头来探索和思考"文明"观念的产生与发展过程仍有重要的意义。

中国的优秀文化传统、辩证思维方式为全球化时代考察文明观提供了新的视角。进入经济全球化时代，我们应该站在一个更高层面上去反思人类当前所面临的问题以及人类未来之路在何方。世界历史进程表明，人们创造历史的行动往往受观念的指导，人们采用何种观念将影响人类的未来。公正合理的世界秩序需要合适合理的文化和文明观念，而这种观念应有超越民族国家之上的境界和胸怀。习近平总书记在十九大报告中提出"构建人类命运共同体"的倡议超越了种族、文化、国家与意识形态的界线，跳出了两极对立的文化思维定势，挑战了几百年来在西方中心主义语境中建构起来的文明观念内涵，扬弃了隐含价值优劣判断和比较的文明观，为我们以新的价值观来审视人类文明、思考人类未来提供了全新的视角。

本书在写作过程中得到了四川大学中央高校基本科研业务费项目""文明"观念作为殖民意识形态的研究"（项目编号 skq01361）的支持，特此说明并表示感谢。

陈 铭
2020 年 5 月于成都

# 目 录

# 绪　论

　　"文明"（civilization）一词，是现代人耳熟能详的一个名词，也是社会科学和社会生活中的一个重要概念。当今世界广泛使用的"文明"概念，是随着西方工业文明的发展以及西方殖民扩张而被推广、传播到世界各地的。在一个漫长的时期内，"文明"是欧美学者的一个惯用名词，后来被殖民地和半殖民地的精英使用而传播开来，带有浓厚的侵略及轻蔑的意味：欧洲被认为是"文明的"，其他地区被认为是"野蛮的""落后的"，人类社会发展的终极目标是以欧洲社会为模型的文明，这个概念成为西方文明中心论、西方文化优越论等文明理论的直接反映。"文明"观念背后所隐藏的欧洲优越论在人文社会科学领域的影响根深蒂固，妨碍了平等、客观的学术研究的开展和多元文明体系的建立。本书以"文明"观念为研究对象，探讨其产生、发展及在 19 世纪下半叶演变成为一种殖民主义意识形态的过程，并对文明托管论和文明使命论进行了批判。

## 一、 选题来源及其意义

　　"文明"一词在中国古已有之，最早见于典籍《书》与《易》。《书·舜典》中有"濬哲文明"，《易》中有"天下文明"，这里的"文明"都是"文采明耀，文德辉映"的意思。而现在我们经常谈到的"文明"，既可以用来描述个人的道德、能力、思想发展的状况，也可以用来形容一个社会的总体发展状况。这些我们今天所惯常使用的意义与中国古代学者对"文明"内涵的理解和使用相差甚远。这些差别不是中国社会自身变化、发展的结果，而是西方殖民扩张和欧洲文明观念传播的有力证据。"文明"观念看似积极向上，个中却隐藏着冲突与暴力的因素。

　　"文明"自诞生起就是与"不文明""非文明""野蛮的"他者联系在一起的。在古希腊罗马时期，古希腊人就将希腊语作为划分"我们"与"他者"

的一个标准，认为会讲希腊语的"我们"要优于不会讲希腊语的"他者"。到了中世纪，基督教徒相信自己的宗教是真正的，唯一合理的、合法的宗教，其他宗教是"邪教"，其教徒是"异教徒"，并在基督教优越论理念的支配下发动"圣战"，以"上帝的名义""合法地"进攻其他国家和地区；地理大发现后，欧洲人遇到了闻所未闻的新的"他者"。哥伦布向欧洲人描述了"未开化"的美洲人，并认为美洲人很容易被征服。另外，哥伦布也让欧洲人相信这些土地可以给欧洲带来财富。随着启蒙运动和工业革命的兴起，原来流行于欧洲宫廷和上层社会的用以凸显个人更加"文雅"、更加"有教养"的"宫廷礼仪"和"礼貌"概念已经不足以彰显欧洲人在其他社会和人类面前的优越性，基督教也因种种原因不再是欧洲人表明自身文化优越性的唯一的、主要的论据。欧洲人在政治、经济、教育、宗教等方面所取得的巨大进步面前，需要一个更加贴切、内涵更加丰富的概念来彰显其自豪感，"文明"这一概念应运而生。到了19世纪后期，这一概念已经不再仅仅是欧洲人标榜自身认同的一个名词，还被欧洲殖民者加以利用，成为其进行对外殖民的口号和借口，并在思想和知识体系中确立了欧洲文化的优越感。

时至今日，西方殖民者建立的世界体系早已崩塌，原来的殖民地、半殖民地国家早已纷纷独立，世界各地在经济、政治、贸易、科技、文教等方面的联系日益紧密，互联网的广泛使用将世界变成了"地球村"，各种文明的相互了解正日益加深，好像我们已经没有必要再讨论殖民主义问题了。但是，稍加注意我们就会发现，即使在第二次世界大战之后，殖民主义思想、种族主义、西方文明中心论从未消失，"文明"观念所承载的欧洲文化优越论的影响仍然存在并持续至今。

第二次世界大战以后，多数殖民地国家在经历了长期的斗争后获得了独立，但它们后来发现自己并没有最终摆脱殖民统治，西方国家特别是前殖民统治国家继续以种种方式对独立后国家施加影响和控制，这种现象被称为"新殖民主义"。恩克鲁玛在《新殖民主义：帝国主义的最后阶段》中提道，从20世纪60年代初期开始，美国就开始制定旨在以文化侵入第三世界意识形态的大规模计划，"充作西方这种心理作战工具的，有以美国'无形政府'的情报机构为首的西方国家情报机构。但是，其中最重要的还是重整道德运动、和平队和美国新闻出版署"①。此外，国家和私人资本输出、对外贸易、科学技术垄断、货币和金融市场控制等也成为新殖民主义经济扩张的重要手段。我们要清楚地认识到，第二次世界大战之后，原殖民地、附属国纷纷独立，殖民主义看似走向终结，原殖民国家却采用更加隐蔽的方式从政治、经济和军事等各方面，对已获得政治独立的国家实行控制和渗透，为它们争夺世界霸权和势力范围服务。武力征服和直接殖民消失了，承认政治独立的同时，采取各种隐蔽方式进行间接支配，进而控制、干涉与掠夺落后国家和地区的做法却屡见不鲜，殖民主义并未走远。在这样的背景下，回顾"文明"观念产生、发展和演变，尤其是其如何沦为殖民口号和手段的过程具有重要意义。此外，当今人文社会科学中的很多重要观念都与 19 世纪有紧密联系，殖民主义不仅在经济、政治、军事意义上对世界历史进程产生了重大影响，它在意识形态领域、文化和社会生活方面仍然塑造和影响了人们对自身及其他国家和民族的看法，"文明"就是一个很好的例子。与此同时，西方文明的自豪感、优越感正通过不同的理论形态和行为方式表现出来，"历史终结论""意识形态价值"等成为西方文明中心论在新时期的替代品和衍生物，一度甚嚣尘上的西方文明悲观论也只是在哀叹西方文明中心地位的丧失。在国际政治关系中，西方国家以各种名目进行的武力干涉事件屡见不鲜，利用各种合作关系而展开的文化殖民和赤裸裸的政治干涉事件更为普遍，新的宣传策略和口号不断涌现，"文明"仍不失为较流行的词语，该观念承载了丰富的意识形态内涵，对其进行剖析，可以避免普通读者在潜移默化中受到隐含其中的西方中心主义的影响，在倡导中国文化走出去的今天，对于我们正确地看待西方文化、提升文化自信是大有益处的，这是我们在 21 世纪考察"文明"观念的首要意义。

其次，随着经济全球化程度的加深，人口流动空间和频次的增加也需要重新审视"文明"观念。20 世纪西方国家传统的阶级矛盾趋向缓和，而种族矛盾则相对更为凸显。在"全球化"背景下，以敌视移民为主要诉求的新种族主义仍然有所发展。种族主义看似和本书要讨论的"文明"观念不甚相关，但是"当代种族主义往往不是以种族优劣论，而是以相对主义的种族（或'文化'）多元论为基础，以强调'差别权'的方式提出来的。这使其似乎不

---

① 赵稀方：《后殖民理论》，北京：北京大学出版社，2009 年，第 31 页。

像是以往所说的种族主义因而极具欺骗性与危险性"①。过去强调肤色、外观的种族主义在新时期转而强调不同民族的文化或文明。对移民的排斥被说成是为了维护不同民族"文化"（文明）的独特性，是出于一种保护的需要，因而特别具有欺骗性。在欧美发达国家内部，以维护"文化差别权"为幌子而实际强调和彰显"种族差别"的趋势越来越明显。种族问题、移民问题是这些福利国家不可回避的问题，而这些问题的背后实际上还涉及欧洲人对"文明""不文明""半文明"的划分。欧美发达国家的白种公民认为自己国家更加发达、更加进步和文明，从而蔑视和抵制非西方国家公民的流入和定居。

最后，本书旨在探讨"文明"观念作为殖民意识形态的建构过程，不可避免地会涉及究竟什么才是"文明"社会以及"文明"的标准问题。建立在宗教（基督教）、种族和科学技术等因素之上的价值评判体系断然不能成为衡量的标准，那么又是否有一个放之四海而皆准的框架来衡量不同的社会形态呢？随着人类社会的发展，是否有一种人类文明会成为所有国家、人类的最终宿命呢？从古至今，不少西方学者发表了相关的看法。在此仅以两位较有代表性的思想家为例。第一位是法国历史学家基佐（François Guizot，1787—1874）。他在 19 世纪早期提出了一个类似的问题：是否有一种所有人类共有的普遍文明，即人类的宿命。② 基佐的回答是肯定的。③ 但是其充满自信的回答是源自对欧洲文明尤其是以法国为原型的文明的自豪感。基佐所认为的人类文明实质上是以法国为代表的欧洲文明。第二位是美国学者福山（Francis Fukuyama，1952—　）。他在 1988 年做了一次题为"历史的终结"的讲座，并随后在讲座的基础上写成《历史的终结及最后之人》（*The End of History and the Last*

---

① ［法］皮埃尔－安德烈·塔吉耶夫：《种族主义源流》，高凌瀚译，北京：生活·读书·新知三联书店，2005 年，序言第 6 页。

② Brett Bowden. *The Empire of Civilization: The Evolution of an Imperial Idea*. Chicago and London：The University of Chicago Press, 2009, p. 1. 原文为："Whether it is an（a）universal fact, whether there is an universal civilization of the human species, a destiny of humanity；whether the nations have handed down from age to age, something which has never been lost, which must increase, form a larger and larger mass, and thus pass on to the end of time?"

③ 同上。原文为："For my own part, I am convinced that there is, in Reality, a general destiny of humanity, a transimission of the aggregate of civilization；and consequently, an（a）universal history of civilization to be written."

Man)① 一书。这本书扉页上的两句话点明了它的主题：自由民主的理念已无可匹敌，自由民主制度是"人类意识形态发展的终点"和"人类的最后一种统治形式"，历史的演进过程已走向完成。很明显，福山认为美国所代表的现代西方自由民主的政治模式和市场经济代表着人类社会发展的方向，也是所谓的历史发展的"终点"，世界必将走向同质。这两位学者的看法非常具有代表性：尽管随着科技的发展和互联网技术的广泛应用，世界各国和地区之间的联系日益紧密，人类对其他地区和文明的了解似乎日益加深，但是坚信欧洲（现为美国）文明代表人类最终文明形态的看法仍然非常流行。因此，我们需要对现在流行的文化相对主义进行批判性思考，文明共性和文明差异性的倡导也有待商榷。在何种基础和标准上、以哪种文明为基准和参照物对各个不同的文明进行比较是一个问题，要谨防落入"西方文明中心论"的怪圈；此外，很多学者提出的对文明差异性的维护是否在以另一种方式保护西方文明的"纯洁性"和"优越性"，从而抹杀不同文明之间可以相互交流的事实，这些都是需要认真思考的问题。

以上种种事实和疑问表明，西方文明中心论从未退出历史舞台，这种"文明"观念背后所隐藏的欧洲（美国）文明优越感仍在以不同的方式影响着人们的思维和价值评判。在 21 世纪对不同历史时期"文明"观念内涵演变的考察仍具有重要意义，它有助于我们更好地理解"文明"这个看似积极向上的名词所承载的价值意义，以及西方文明中心论是如何形成的，为什么"文明"给人类社会带来如此大的影响并成为社会学中最关键的概念，它是如何演变成其他理论形式，为什么多元文明理论、多文明起源理论被人们所提倡。只有在此基础上，我们才能够对"文明"观念有正确认识，从而实现多文明的共生与繁荣，形成新的文明价值观理论。

## 二、 国内外研究现状

本书所要考察的"文明"观念以及殖民主义概念和理论都是欧美学者长期研究的重点，很多学者的著作都体现了本书将要讨论的内容。

---

① ［美］弗朗西斯·福山：《历史的终结及最后之人》，黄胜强、许铭原译，北京：中国社会科学出版社，2003 年。

　　"文明"观念是世界史、考古学、人类学、社会学和国际政治学等许多学科和领域的关键词，很多学者的著作都涉及"文明"的定义及其在相关学科领域的运用。关于"文明"的概念，特别值得一提的有伏尔泰（Voltaire，1694—1778）的《风俗论》①、黑格尔（Georg Wilhelm Friedrich Hegel，1770—1831）的《历史哲学》②、基佐的《欧洲文明史：自罗马帝国败落起到法国革命》③、诺贝特·埃利亚斯（Norbert Elias，1898—1990）的《文明的进程：文明的社会起源和心理起源的研究》④，雷蒙·威廉斯（Raymond Williams，1921—1988）的《文化和文明》和《关键词：文化与社会的概念》⑤、弗洛伊德（Sigmund Freud，1856—1839）的《论文明》⑥、弗里德里克·伯纳德（Frederick Bernard）的《近代的文化和文明》⑦、安德鲁·怀特（Andrew

---

　　① ［法］伏尔泰：《风俗论》（全三册），梁守锵等译，北京：商务印书馆，1995—1997 年。伏尔泰为法国启蒙时代思想家、哲学家、文学家，启蒙运动公认的领袖和导师，被誉为"法兰西思想之父"。他不仅在哲学上影响颇大，也以捍卫公民自由，特别是信仰自由和司法公正而闻名。《风俗论》中译本分为上、中、下三册。此书所关注的是各民族的风俗，同时也研究这些风俗后面隐藏的民族精神和心态。伏尔泰在书中还表现出一种对非西方文明尤其是中国的强烈兴趣和平等态度。但是也需要注意，伏尔泰在称赞中国所取得的进步时，也认为中国人凭借大自然赋予他们的器官可以轻而易举地发现他们所需的一切，却无法更向前进一步。欧洲人则相反，虽然获得知识很晚，但是进步非常迅速。伏尔泰虽然在文中没有使用到"文明"一词，但是所涉及的内容却与此紧密相关。
　　② ［德］黑格尔：《历史哲学》，王造时译，上海：上海书店出版社，1999 年。此书是德国著名古典哲学家黑格尔的重要著作之一，原为黑格尔在柏林大学多次演讲的演讲稿，后经他的学生整理出版。其主要内容包括绪论、东方世界、希腊世界、日耳曼世界和罗马世界等。
　　③ ［法］基佐：《欧洲文明史：自罗马帝国败落起到法国革命》，程洪逵、沉芷译，北京：商务印书馆，1998 年。基佐认为文明由两大事实组成：一是人类社会的发展，二是人自身的发展。该书从社会的角度来展示文明。作者概述了欧洲文明的起源和发展，从 5 世纪写到法国大革命前。书中主要论述欧洲文明的起源、发展及特性，罗马帝国覆亡时欧洲文明的诸多不同要素，10 世纪蛮族入侵等内容。在书的结尾部分，基佐认为在 17、18 世纪法国处于欧洲文明的领先地位。
　　④ ［德］诺贝特·埃利亚斯：《文明的进程：文明的社会起源和心理起源的研究》，王佩莉、袁志英译，上海：上海译文出版社，2009 年。此书是埃利亚斯的成名之作，出版后轰动西方世界。在书中，埃利亚斯批驳了将文明看作一种现成财富和事实的流行看法。他认为文明是一种过程，是历经数百年逐步演变的结果，是心理逐步积淀规范的结果。
　　⑤ Raymond Williams. "Culture and Civilization", in Paul Edwards, ed., *The Encyclopedia of Philosophy*, Vol. 2, New York：Macmillan, 1967, pp. 273 - 276；［英］雷蒙·威廉斯：《关键词：文化与社会的词汇》，刘建基译，北京：生活·读书·新知三联书店，2005 年。雷蒙·威廉斯是 20 世纪中叶英语世界最重要的马克思主义文化批评家、文化研究的重要奠基人之一。
　　⑥ ［奥］西格蒙德·弗洛伊德：《论文明》，徐洋等译，北京：国际文化出版公司，2004 年。作为精神分析学派的创始人，弗洛伊德在本书中通过"一个幻觉的未来""文明及其不满""群体心理学与自我的分析"三部分来论述文明。
　　⑦ Frederick Bernard. "Culture and Cilvilization in Modern Times", in Philip P. Wierner, ed. *Dictionary of the History of Ideas*, Vol. 1, New York：Charles Scribner's Sons, 1973, pp. 613 - 621.

White）的《通史和文明史研究》①、埃里克·沃尔夫（Eric Wolf）的《理解文明》② 以及罗吉尔·威斯卡特（Roger Wescott）的《文明的阐释》③ 等专著和文章。1959 年加利福尼亚大学出版了题为《文明》的论文集，包含了诸如《文明的理念》《文明的概念》《历史视野下的文明》等多篇讨论 "文明" 含义的文章。布罗代尔（Fernand Braudel，1902—1985）也在《文明史纲》④ 一书中讨论了该书的关键词 "文明" 的词义。

这里重点介绍诺贝特·埃利亚斯及其代表作《文明的进程：文明的社会起源和心理起源的研究》，本书得以成稿也是深受该书的启发和影响。在该书中，埃利亚斯用 40 页的篇幅讨论了 "文明" 这一概念如何从 18 世纪中叶开始附载了广泛的评价性意蕴以显示西方人的优越感。他指出， "文明"（civilisation）源自 "礼仪"（courtoisie）一词，从 16 世纪起廷臣们就用这个词来描述他们优雅的举止和高贵的行为方式，并以此区分他们与他们中世纪先辈们表达举止高雅的词 "礼貌"（civilité）。但到了 19 世纪，西方人运用 "文明"（civilisation）一词的方式表明，他们基本上已经忘记了文明的进程：他们认为这个过程已经理所当然地完成了。在这个阶段，西方不少人对自己那套现在已然是内在的和永恒的标准的优越性踌躇满志，他们一心只想去 "开化"（zivilisieren）他人。在该书中，埃利亚斯用了大量生动、有趣的例证来说明从 "宫廷礼仪" 到 "礼貌" 再到 "文明" 观念的发展轨迹。

其他一些学者的著作不仅探讨了 "文明" 观念的内涵，还力图揭示欧洲（或西方）文明的独特性和优越性。马克斯·韦伯（Max Weber，1864—

① Andrew White. "On Studies in General History and the History of Civilization", *Papers of the American Historical Association*, Vol. 1, 1885, pp. 49 – 72.

② Eric Wolf. "Understanding Civilizations: A Review Article", *Comparative Studies in Society and History*, Vol. 9, 1967, pp. 446 – 465.

③ Roger Wescott. "Enumeration of Civilizations", *History and Theory*, Vol. 9, 1970, pp. 59 – 75.

④ ［法］费尔南·布罗代尔：《文明史纲》，肖昶、冯棠、张文英等译，桂林：广西师范大学出版社，2003 年。布罗代尔为法国年鉴学派第二代著名史学家，这本书也是布罗代尔独立撰写的一部通史，其初衷是用全新的史学方法为法国的中学生编写一部教材。但是这本书突破了传统意义上教科书的内容，成为一部堪称经典的学术著作。全书分为 "文明史" "欧洲以外的文明" "欧洲文明" 三大部分。

1920）① 认为，资本主义是新教伦理所体现的强烈的商业意识和狂热的宗教虔诚相结合的一种新文明，只有在西方才能发生资本主义和现代化，而东方没有适合的土壤。威廉·麦克尼尔（William H. McNeill）的《西方的兴起：人类共同体》② 颂扬了西方文明比伊斯兰等其他文明更加富有理性和创造力，更加民主，如西方的贸易很早就是大众消费品，而不是东方那样的奢侈品。弗朗西斯·福山在《历史的终结及最后之人》③ 中干脆宣布西方文明结束了历史，因为所有真正重大的问题都已经解决了，人类社会的基本原理和制度已经没有进一步发展的可能了，西方的资本主义（自由民主）是人类最高级的创造，非西方世界只要沿着西方开创的道路走下去就行了。

非西方学者也从自己的民族经验出发对"文明"问题进行了探讨。日本学者福泽谕吉（1835—1901）在《文明论概略》④ 一书中表达了一位非西方学者对"文明"观念的看法。福泽认为"文明"一词内容丰富，涉及领域广阔，凡是人类社会的一切物质和精神财富，都被他包括在"文明"概念含义之内。他也强调道德智慧的重要性，认为人民的道德和智慧程度关乎一国文明程度的高低。同时，他也认为西方代表文明，非西方地区或者处于半开化阶段，或者滞留在野蛮阶段，其他地方要想进步就要以欧洲文明为目标，效法西方文明之路。

还有一些学者力图从更宽广的视野来看待"文明"这个术语。斯宾格勒

① ［德］马克斯·韦伯：《新教伦理与资本主义精神》，袁志英译，上海：上海译文出版社，2019年。马克斯·韦伯是德国著名的政治经济学家和社会学家，也是现代最具影响力的思想家之一。《新教伦理与资本主义精神》一书是韦伯对宗教社会学最初的研究，在这本书中韦伯认为宗教是造成东西方文化发展差异的主要原因，尤其是新教在资本主义的发展历程中扮演了重要角色。

② William H. McNeill. *The Rise of the West: A History of the Human Community*, Chicago：University of Chicago Press，1992. 该书获得 1964 年美国国家图书奖。在该书中，麦克尼尔提出与汤因比不同的看法：在人类发展史上，每一个阶段不同的人类文明都存在相互接触和影响。

③ ［美］弗朗西斯·福山：《历史的终结及最后之人》，黄胜强、许铭原译，北京：中国社会科学出版社，2003 年。

④ ［日］福泽谕吉：《文明论概略》，北京编译社译，北京：商务印书馆，2010 年。福泽谕吉是日本近代著名的启蒙思想家、教育家，在传播西方资本主义文明、推动日本资本主义的发展中起到了巨大的作用，被称为"日本近代教育之父""明治时期教育的伟大功臣"。《文明论概略》一书表达了其关于"文明"的看法。全书分为十章，分别为《确定议论的标准》《以西洋文明为目标》《论文明的含义》《论一国人民的智德》《续前论》《智德的区别》《论智德的时间性和空间性》《西洋文明的来源》《日本文明的来源和》《我国之独立》。

（Oswald Spengler，1880—1936）的《西方的没落》（*The Decline of the West*）①和汤因比（Arnold Joseph Toynbee，1889—1975）的《历史研究》（*A Study of History*）② 两书都把世界看作一个多种文明共存的地方，认为欧洲文明只是世界历史上先后发生的诸种文明之一。美国学者布鲁斯·马兹利希（Bruce Mazlish）在《文明及其内容》③（*Civilization and Its Contents*）一书中讨论了"文明"观念的产生及其演变，追溯了"文明"观念在不同历史时期的内涵演变。

国内关于"文明"观念的研究大致可以分为三个时期。第一个时期是第二次鸦片战争之后到新中国成立之前，中国在欧美强国的坚船利炮下被迫打开大门，西方的思想和理论涌入，林则徐、魏源等当时社会开明群体的代表承认西方坚船利炮的优越性，并向西方学习先进的技术，后来洋务派又提出"中学为体，西学为用"。这时的西学还只是以"孔孟三纲五常之道"为核心的"中学"的补充；维新派严复把西方的进化论和实证主义带入中国后，"科学"与"进化"逐渐成为中国思想界的口号。新文化运动也极力肯定西方文化的先进性，否定中国的传统文化，胡适甚至对东方文明持基本否定的态度，这一时期西方文明的地位和影响在中国知识分子中一路上升。

中华人民共和国成立后到 1980 年为第二个时期。在这一时期，受国内环境的影响，每年产出的关于"文明"的著作和文章很少。20 世纪 80 年代改革开放后，中国学者与国外学术圈接触增多，越来越多的中国学者开始重新关注中西文明之间的不同。

从 1981 年开始到现在为第三个时期，国内出版的关于"文明"的编、译、著作呈逐年上升的趋势，从 20 世纪 80 年代的年均十多二十本、20 世纪 90 年代末的年均一两百本再发展到 2003 年至今的年均两百多本。④ 这一现象

---

① ［德］斯宾格勒：《西方的没落》，张兰平译，西安：陕西师范大学出版社，2008 年。斯宾格勒为德国著名历史学家和哲学家，此书为其代表作，首次出版于 1918 年，是作者对第一次世界大战的反思。该书出版之初就因为书名问题在欧洲引起了巨大的轰动。

② ［英］汤因比：《历史研究》，郭小凌、王皖强、杜庭广等译，上海：上海人民出版社，2010 年。汤因比被誉为 20 世纪最伟大的历史学家。在这套 12 册的巨著中，他讲述了世界上 26 个主要民族文明的兴起和衰落，分析了文明产生、发展和衰落的原因。

③ Bruce Mazlish. *Civilization and Its Contents*, Stanford：Stanford University Press，2004.

④ 这些数字来自国家图书馆的统计。

也从侧面印证了中国对"文明"观念的研究与西方的影响不无关系。最突出的例子是1996年塞缪尔·亨廷顿（Samuel Huntington，1927—2008）的《文明的冲突与世界秩序的重建》① 一书的出版。该书从文化的角度探讨了当今经济全球化背景下国家之间竞争和冲突的根源，令国内学者耳目一新。之后发生在2001年美国的"9·11"恐怖袭击似乎印证了亨廷顿的观点，一时间，国内学者也纷纷著书立说。在这些著作中，很多学者在历史学的框架内运用"文明"这一术语，对某个文明形态展开了纵向或横向的研究。如令平所著《中国史前文明》、吴诗玉主编的《古希腊文明演绎》、孙皓辉所著《中国原生文明启示录》、马克垚的《世界文明史》等；还有一部分学者对"文明"和"文化"两个概念进行了比较，如曹卫东、张广海等的《文化与文明》②，陈炎的《文明与文化》③，何平的《文化与文明史比较研究》④ 等。在这里要重点提一下由汝信主编的《世界文明通论》⑤ 系列丛书。这套丛书一共7卷（分为10册），包括《文明理论》《文明发展战略》《中华文明·中国文明通论》《中华文明·中国近代文明通论》《中华文明·中国少数民族文明》《当代文明》《外国文明理论研究》。该丛书是在"世界文明大系"研究成果的基础上，对世界文明这个重大课题进行理论结合实际的综合分析研究，提出了我国学者自己的理论框架。

在后殖民研究领域，代表人物包括著名的巴勒斯坦裔美籍学者爱德华·萨义德（Edward Said，1935—2003）⑥、印度裔学者盖亚特里·斯皮瓦克（Gayatri

---

① ［美］塞缪尔·亨廷顿：《文明的冲突与世界秩序的重建》，周琪等译，北京：新华出版社，1998年。

② 曹卫东、张广海等：《文化与文明》，桂林：广西师范大学出版社，2005年。

③ 陈炎：《文明与文化》，济南：山东大学出版社，2006年。

④ 何平：《文化与文明史比较研究》，济南：山东大学出版社，2009年。

⑤ 陈启能、姜芃等：《世界文明通论：文明理论》，福州：福建教育出版社，2010年。

⑥ 爱德华·萨义德是20世纪著名文学理论家与批评家，也是巴勒斯坦独立运动的活跃分子。他出生于耶路撒冷一个富裕的家庭，从小接受西式教育。以在1978年出版的《东方学》（*Orientalism*）一书而为人所知。该书指出，自19世纪以来，西方国家所呈现的东方世界没有真实依据，是一种凭空想象，这种错误的、想象的东方世界为欧美国家进行殖民活动提供了借口，该书已经成为后殖民论述的经典与理论依据。萨义德的其他代表作还包括《知识分子论》（*Representations of the Intellectual*）、《社会的批判：文化与帝国主义》（*Criticism in Society: Culture and Imperialism*）等。

C. Spivak, 1942—)① 以及现任哈佛大学人文学院院长的印度裔学者霍米·巴巴（Homi K. Bhabha, 1949—　）②，其中萨义德的《东方学》（又译为《东方主义》）一书被公认为这一理论的奠基之作。1993 年，萨义德继《东方学》之后又出版了另一部重要著作《文化与帝国主义》，该书致力于挖掘殖民主义、帝国主义在文化意识上造成的深刻影响。作为后殖民理论"先声"，弗朗兹·法农（Franz Fanon, 1925—1961）的作品《黑皮肤，白面具》（*Peau Noire, Masques Blancs*）、《天涯沦落人》和《全世界受苦的人》③ 近年也受到学者们的广泛关注。法农从社会经济政治状况、人的心理和生理等方面揭示了殖民统治对这些非洲原殖民地地区的深远影响。正如书名《黑皮肤，白面具》所指出的那样，即使在殖民斗争取得胜利之后，获得独立的第三世界人民还面临着殖民统治遗留下来的一系列社会问题和经济问题，还没有获得心理上的独立。

　　鉴于后殖民研究在本书中的重要地位，这里有必要对其进行概述。国内后殖民研究领域著述颇丰。1993 年 9 月《读书》杂志刊登了张宽的《欧美人眼中的"非我族类"》等四篇评论"东方主义"和"后殖民"的文章，很快在国内学术界引起了比较强烈的反响，后殖民理论从此很快开始在我国学术界引起相当广泛的兴趣和关注。1996 年，中国社会科学出版社出版了旅美学者徐贲的专著《走向后现代与后殖民》；1997 年，南京大学出版社推出了英国学者巴特·穆尔－吉尔伯特的《后殖民理论——语境　实践　政治》一书的中译本（陈仲丹译）。接着，生活·读书·新知三联书店分别于 1999 年和 2003 年出版了萨义德的《东方学》（王宇根译）和《文化与帝国主义》（李琨译）两书的中译本，北京大学出版社出版了张京媛主编的《后殖民理论与文化批评》（1999 年）和巴特·穆尔－吉尔伯特等人编撰的《后殖民批评》一书的中译

---

　　① 盖亚特里·斯皮瓦克为国际著名学者，当代西方后殖民理论思潮的主要代表，现为美国哥伦比亚大学比较文学与社会中心主任。其主要代表有《从解构到全球化批判：斯皮瓦克读本》（*From Deconstruction to the Critique of Globalization: A Spivak Reader*）等。

　　② 霍米·巴巴是当代著名的后殖民理论家，与萨义德和斯皮瓦克一起被誉为后殖民理论的"圣三位一体"。其主要著作有《文化的定位》《民族与叙事》等。

　　③ 弗朗兹·法农出生于法属马提尼克岛，为精神病医师和作家。特殊的成长背景和经历使他相信暴力革命是第三世界结束殖民压迫和文化创伤的唯一途径。文中提到的几部作品被认为是有关 20 世纪五六十年代黑人解放斗争的经典著述。

本。中国社会科学出版社出版了罗钢、刘象愚主编的《后殖民主义文化理论》(1999年)，外语教学与研究出版社在2008年推出了任一鸣著的《后殖民：批评理论与文学》，北京大学出版社于2009年出版了赵稀方著的《后殖民理论》。这些编、译、著作的出版，帮助国内学界比较全面地了解当代西方有关后殖民理论的基本思想及其发展趋向。

鉴于后殖民理论只是本书使用的方法之一，笔者的梳理极其粗浅。从以上涉及"文明"和后殖民理论的研究可以看出，关于"文明"观念的著作和文章国内外比较多，但是专门探讨"文明"观念作为一种殖民意识形态的很少；在后殖民研究领域，很多学者将重点放在理论的发展及其在文学、文化方面的实践上，很少有学者将"文明"观念与后殖民批评相结合，从一个术语的产生、发展和演变的角度来揭示殖民活动及其对被殖民地和人民产生的影响。因此，笔者将从"文明"观念的萌芽、产生、发展及其演变来揭示这个概念所承载的价值评判体系，展示它在继承古希腊、罗马时期关于自身文明优越性的基础上如何成为18、19世纪欧洲人定义自我、抵制和蔑视非欧洲人的一个术语，如何承担起对外殖民"保护伞"的特殊职能。

## 三、 研究方法和基本框架

本书力图揭示"文明"观念这一充满价值意义的概念当初所指的实际内容以及与之相关的社会发展进程，具体包括：(1)考察"文明"观念在18、19世纪的产生、发展和演变过程；(2)欧洲文明如何取代"文明"观念并被普遍化和现代化；(3)"文明"观念如何被欧洲殖民者加以利用，成为进行殖民活动的口号和旗帜，并发展成为一种自在的意识形态的。

### 1. 研究方法

本研究的基本思路如下：遵循欧洲社会内部的变动以及欧洲与他者之间关系的变化对"文明"观念的影响内外两条线索，追溯从16世纪到19世纪"文明"观念的演变，揭示"文明"观念如何作为一种殖民意识形态被建构的过程，以及这个概念是如何随着殖民者的活动被推向全世界而具有普遍意义的。本书拟采用后殖民主义理论、意识形态及文化霸权理论来阐述和梳理。需要注意的是，这两种理论本身就有非常紧密的内在联系，笔者在讨论和阐述时会综合运用这些理论成果。

（1）殖民理论和后殖民理论

笔者认为，任何概念的产生和发展都是一个漫长的过程，"文明"也不例外。尽管本书论述的重点在 18、19 世纪，按照一些学者的看法应该属于殖民活动最兴盛的时期，是真正的"殖民"时期，无所谓"后"与"不后"的时间划分，但是作为一名 21 世纪的年轻学者，笔者有幸从更长的历史时期来综合考虑这个概念的起源、发展与演变，而不拘泥于"殖民""前殖民""后殖民"的历史时期划分，这就为研究提供了一种优势，也能更全面地把握"文明"观念内涵的演变。本研究的关注点是"文明"这个最早由欧洲学者提出并伴随着欧洲的殖民扩张而被带到世界各地的术语，这个名词所承载的帝国对殖民地文化的冲击显示出一边倒的绝对优势，欧洲的霸权得以确立。本书正是要关注这种将欧洲描述为"文明的"、将殖民地人民描述为"野蛮的"这种张力是如何得以确立并发挥影响的，因此有必要首先梳理后殖民主义的批评方法。

上文提及，本书的关注点是 18、19 世纪的欧洲殖民活动以及"文明"观念作为殖民意识形态的建构过程。那么该如何理解"殖民"呢？美国学者 H. L. 威斯林（H. L. Weslin）认为："殖民是一个技术术语，在原初的意义上，仅仅用于描述人们迁移到其他地方并在那里展开新的定居生活的现象。"[1] 从这个解释来看，"殖民"原本只是一个中性化的、描述性词语，与帝国主义无关。它仅仅用来描述人们住所的迁移。古希腊时期的殖民活动并不附带政治和经济控制，也没有文化优越感、种族主义等意识形态作为支撑。到资本主义时期，殖民和领土扩张与黑人奴隶贸易、资本积累以及对其他民族的奴役联系起来，殖民因而具有霸权即政治控制、经济剥削和文化渗透的含义。法国人类学家乔治·伯兰迪亚（Georges Balandier）在 1963 年给"殖民"下的定义是："在种族及文化方面均有异于原住民的少数外来者，因种族（民族）及文化优越之名，强行支配在物质方面处于劣势的多数原住民。"[2] 在伯兰迪亚那里，"殖民"一词已经不再是中性词而具有不同的意义：强调"优越"和"强行支配"，是一种"强者"对"弱者"的欺凌，本书也正是在此意义上理解和使用

---

① 转引自［英］巴特·穆尔－吉尔伯特等：《后殖民批评》，杨乃乔、毛荣运、刘须明译，北京：北京大学出版社，2001 年，第 4 页。

② 转引自许宝强、罗永生：《解殖与民族主义》，北京：中央编译出版社，2004 年，第 238 页。

"殖民"一词。

后殖民（post-colonial）一词原产生于第二次世界大战以后，大致用来指称那些独立后的殖民地国家。在《后殖民理论》①一书中，赵稀方从文学的角度对后殖民理论下了明确的定义。他认为，欧洲帝国主义在有意识和无意识的层面长期维持文化统治，而与此同时也存在殖民地本土文化对此的抵抗，后殖民文学正是这种本土文化与帝国文化斗争的结果，而"后殖民理论"就是用来描绘这种现象的。作为一种现象，它早在这个特定的名称出现之前就存在很久了。而当被殖民者开始反省和表达由帝国语言与本土经验两者竞争以及混合所带来的紧张时，"后殖民理论"就形成了。由此可见，"后殖民"所描述的内容就是"殖民"活动及其所产生的结果和影响，只是其名称有了变化。

事实上，后殖民批评不光可以从文学的角度入手，还可以将其应用扩展到政治、经济、社会、宗教等领域。后殖民批评不是单纯地反对什么，更多关注在不同文化之间的对抗关系以及对抗双方之间的关系等领域，是一种对文化关系的批评。澳大利亚学者、南威尔士大学教授比尔·阿希克罗夫特（Bill Ashcroft）就认为，后殖民理论不仅可以用来考察和分析后殖民文化历史，也可以作为一种研究现代化文化变革的理论工具。他的观点也为本书方法论的选择提供了一种有力的论据。此外，这位学者还具体解释了后殖民理论的"后"这一问题。他认为后殖民理论的研究对象是欧洲的征服给殖民地社会的文化和政治所带来的冲击以及那些社会的反应。这一术语中的"后"与其说意指"殖民主义结束之后"，不如说是"殖民主义开始之后"，因为帝国和被宰制社会的文化斗争一直持续到当前。② 由阿希克罗夫特和另外两位学者合著的《逆写帝国：后殖民文学的理论与实践》一书也表达了类似的看法："本书中所使用的后殖民（post-colonial）一词，却包括自殖民行动（colonization）开始到今日，所有被帝国化过程（imperial process）影响的文化。原因是肇始于欧洲的帝国主义侵略的整个历史过程，本身其实有着统一而连贯的关注。"③ 笔者认同阿希克罗夫特的看法：所谓的"后"理论实际上不能在时间上做出明确划

---

① 赵稀方：《后殖民理论》，北京：北京大学出版社，2009年，前言第18页。

② 章辉：《后殖民理论与当代中国文化批评》，开封：河南大学出版社，2010年，第7页。

③ ［澳］比尔·阿希克洛夫特、嘉雷斯·格里菲斯、凯伦·蒂芬：《逆写帝国：后殖民文学的理论与实践》，刘自荃译，台北：骆驼出版社，1998年，第1-2页。

分，它与殖民历史的整个过程密切相关。原殖民帝国对殖民地所产生的影响绝不停留在各殖民地政治独立之前而是持续至今，因此后殖民理论也涉及一系列的文化战役：帝国语言对于殖民地社会的冲击，欧洲的知识体系如历史和哲学的影响，殖民教育的结果和本质等等。

本书所要考察的"文明"概念及其作为一种殖民意识形态的建构正是后殖民批评理论关注的领域之一。众所周知，欧洲文化的核心在于欧洲民族和文化比所有非欧洲的民族和文化更具优越性的错误观念。另外，欧洲的东方观念本身也存在着霸权，这种观念不断重申欧洲比东方优越，比东方先进，这一霸权往往排除了更具独立意识和怀疑精神的思想家对此提出异议的可能性。① 这里的思想家不光是指欧洲各国的思想家，连受过殖民的非欧洲国家的很多学者也悄然认同这种观点。作为体现欧洲人自身优越感的一个术语——"文明"——不仅获得了原欧洲各殖民强国的认同，还随着殖民扩张而被殖民者带到世界各地，深刻影响了当地人认识"自我"和"他者"的角度，这是欧洲各国在文化上对原殖民地继续施加影响的一种表现。弗朗兹·法农的《黑皮肤，白面具》就是一个有力的证明。还要注意到，"文明"观念不仅体现了欧洲文化的巨大影响力，让欧洲人理所当然地认为自身很优越，它还让欧洲人产生幻觉，企图以"挽救者"和"领导者"的身份带领殖民地人民冲破"黑暗"，肩负起带领其他地区和人们走向以欧洲为模型和目标的新兴社会的"重任"。

（2）意识形态与文化霸权理论

本书还将分析殖民主义、帝国主义话语与当地利益和权力集团的关系，揭示"欧洲＝文明""非欧洲＝野蛮"的二元对立话语是如何被强加于大众、形成一种普遍性知识的过程。葛兰西（Antonio Gramsci, 1891—1937）关于文化霸权与意识形态以及文化帝国主义方面的理论为本书提供了强有力的理论支持。

首先，如果要考察"文明"观念作为一种殖民主义意识形态的建构过程，有必要弄清楚什么是意识形态、"文明"观念，及与其相关的理论是否可以成为一种意识形态等问题。

---

① ［美］爱德华·萨义德：《东方学》，王宇根译，北京：生活·读书·新知三联书店，1999 年，第 10 页。

马克思曾经论述道，各种意识形态总是以抽象的理论形式体现特定的阶级地位与阶级利益的。"如果从意识形态所涉及的范围来说，最狭义的意识形态是指统治阶级的意识形态，稍微宽泛的意识形态概念是指所有的阶级意识，并把一切阶级意识都称为意识形态，而更宽泛的意识概念是指一切文化现象，比如，我们也常常把政治思想、法律思想、哲学思想、道德观念等构造意义符号的文化现象都看作意识形态；最为宽泛的意识形态概念是指人类社会中的一切生活现象。"① 从上述定义可以看出，作为社会学重要的概念的"文明"观念和有关"文明"的思想描述了一种文化现象，也是一种意识形态。在此基础上发展起来的"文明使命论"也是体现一定阶级利益的理论形式，而且还成为一种在 18、19 世纪非常流行的意识形态。

接下来要考察的就是"文明"观念所体现的阶级意识问题。"文明"一词绝非普通的，可能一辈子连离家 50 千米外的村庄都没有去过的欧洲人凭空想出来的概念。需要"文明优越论"和"文明使命论"为自己做掩护的是那些与殖民活动有着密切联系的大资产阶级、贸易公司所属人和军火商。霍布森（John Atkinson Hobson，1858—1940）在《帝国主义》中提道，殖民主义、帝国主义的动机完全出于少数集团的利益，这些集团需要国家权力的配合，因此需要国内大众的支持。获取大众支持的手段，在于利用"种族的原始本能"，将生物进化论、生物社会学、文明使命论、文明托管论等殖民话语演化成为公众接受的知识。虽然霍布森没有明确使用"霸权"或"文化帝国主义"等字眼，但他细致地分析了政党、教会、新闻、学校这四种主要工具在构造知识过程中的作用，并得出了如下结论："帝国主义的工业和金融势力就是这样通过政党、新闻、教会、学校发挥作用的，把那些竞争、支配和贪得无厌等原始欲望加以荒谬地理想化，以此来形成舆论和制定国策。这些原始欲望经过和平的工业秩序时期残留下来，现在为了帝国的侵略、扩张和强制掠夺低等人种，再度需要这些欲望和刺激。为了这些实业政治家，在生物学和社会学中，编入了浅薄的便于征服低等民族的种族竞争理论，以使我们盎格鲁－撒克逊人得以占领这些民族的土地并依靠他们的劳动为生；同时经济学支持这样的议论，说我

---

① 王晓升等：《西方马克思主义意识形态理论》，北京：社会科学文献出版社，2009 年，引言第4 页。

们征服和统治低等民族的事业正是我们参加国际间分工；历史学则想出理由来证明为什么过去帝国的教训不适用于我国，而社会伦理学则为'帝国主义'的动机擦粉，把它说成是愿意担负起教育和提高'幼稚'种族的'任务'。"① 那些与殖民活动有着直接和最紧密利害关系的集团利用各种学科知识粉饰不甚光彩的扩张与经济盘剥，又利用市民社会的各个领域来加强和宣传这些知识。很明显，"文明"在帝国主义时期已经不再仅仅用来表述新型资产阶级的主张和身份诉求，它已成为一种殖民意识形态。

　　萨义德在《东方学》一书中除了运用福柯（Michel Foucault, 1926—1984）的话语理论②作为基本方法，还运用了葛兰西的文化领导权概念，认为帝国在进行对外殖民的过程中也有意识形态的支持。"帝国主义与殖民主义均非只是单一的累积或谋取的行动。两者均由令人印象深刻的意识形态结构所支持，或者所驱使，这包含某些领土与人民需要和恳求统治的想法，也包含各种加盟与统治阵营的知识形式。"③ 虽然该书没有直接阐述和使用葛兰西的文化领导权一词，但是可以看出萨义德同样强调殖民活动背后的"想法"和"知识形式"。而这些"想法"和"知识形式"在葛兰西看来就是一种文化意识形态。资产阶级文化意识形态上的领导权，是通过市民社会的渠道对人们的思想观念进行控制的，葛兰西所运用的"市民社会"概念无论在内涵还是外延上都明显区别于马克思的"市民社会"。马克思的"市民社会"概念主要是指经济活动领域，属于经济基础范畴。而葛兰西的"市民社会"概念则指从经济领域中独立出来与政治领域相对应的文化意识形态和日常生活领域，包括政党、工会、学校、教会等组织和新闻媒介、学术团体等文化机构，属于上层建筑范畴。④ 通过包括教会（宗教手段）、学校（教育机构）、新闻媒介等机构和手段宣传和灌输有利于自身的思想，维持统治和阶级利益。

① ［英］约·阿·霍布森：《帝国主义》，纪明译，上海：上海人民出版社，1960 年，第 175 - 176 页。

② 米歇尔·福柯，法国哲学家，对文学批评、哲学、历史学等领域有很大的影响，被认为是一个后现代主义者和后结构主义者。福柯关注权力和它与知识的关系，以及这种关系在不同的历史环境中的表现。简言之，"话语理论"就是控制舆论的权力。话语权掌握在谁手里，谁就决定了社会舆论的走向。

③ ［美］爱德华·萨义德：《文化与帝国主义》，蔡源林译，台北：台湾立绪文化事业有限公司，2001 年，第 41 - 42 页。

④ 衣俊卿等：《20 世纪的新马克思主义》，北京：中央编译出版社，2001 年，第 111 页。

结合本书要讨论的问题，我们可以明确，如果要在 16 至 19 世纪利用并将"文明"建构成为一种意识形态，殖民者至少要在以下三个方面让公众的看法达成一致：

第一，欧洲是"文明的"，其他地方是落后的、不文明的，甚至是野蛮的；文明是好的东西，欧洲有独有的或其他地区所没有的"文明因素"；

第二，文明代替野蛮是必然的趋势，因为历史是向前发展的，是一种从低级向高级发展的过程；

第三，欧洲进行海外拓展是为了扩散"文明"，是给当地部族和人们带来好处和福利的。

以上三点表明，使"文明"在 19 世纪下半叶成为一种殖民意识形态这种政治诉求有明确的、丰富的内涵和目的。当时的大资产阶级需要加深民众在上述三个方面的积极认同和响应，因为只有达到一致认同和积极响应的"共识"才能在有必要发动殖民战争、在有钱财和人员损耗的情况下消除国内民众的疑虑和反对，从而更好地帮助欧洲各国进行"肆无忌惮"的海外拓展和殖民活动。

接下来的一个问题就是如何做到这一点，如何让民众对这三个方面都认可，并且形成一种思维方式和潜意识，即如何使这种"共识"或"同意"产生。葛兰西提出了另一个重要理论——"文化霸权"理论。这种霸权的实现不是靠强制性的控制，也不是"自觉"的拥护，而是达到一种"自发的"统一，即在自己的工作、生活中不反抗现存制度和统治，而是自觉不自觉地认同。其最基本的含义是：处于统治地位的社会集团运用教育、宣传等文化手段，争取其他集团认同、支持并自动融入该社会集团的权力结构，以达到权力的维护、巩固与扩张的一种控制方式，是通过文化手段实现对被统治集团社会精神生活的控制。[1] 本书以"文明"观念为切入点，通过揭示其内涵和功能的演变来说明在 19 世纪下半叶欧洲各国统治阶级如何运用"教育""宣传"等文化手段，将"文明"观念变成各个社会阶层都认可和接受的一种世界观和思维方式，从而达到维护殖民扩张、攫取更多利益的目的。

西方马克思主义者认为，"文化霸权"这种领导权更突出地表现在一种思

---

[1] 王晓升等：《西方马克思主义意识形态理论》，北京：社会科学文献出版社，2009 年，第 51 页。

想意识是不是在文化中占据主流地位和中心地位，它不仅仅适用于考察和看待一个国家内部权力的实现和维护情况，还可以考察民族与民族、国家与国家之间占优势地位的文化、思想和意识是如何施加影响的。过去，西方国家对于非洲的长期的殖民统治，使殖民地人民产生了一种民族自卑感和边缘感，这使得他们即使从殖民统治中解放出来了，民族自卑感和边缘感也仍然根深蒂固，民族文化也始终被置于边缘地位。文化霸权不再仅仅是阶级斗争中的领导权，还包括民族、文化和性别之间的主导权。"文明"观念随着殖民活动的开展而被欧洲各国带到很多国家和地区，这种"欧洲 ＝ 文明""非欧洲 ＝ 落后/野蛮"的二元对立划分当然会引起当地知识分子的争议，但同时欧洲关于文明标准的划分也影响了他们头脑中对"文明"和"野蛮"的看法，从而进一步影响其自身民族文化定位和发展方向，印度就是一个很好的例子。

　　以上论述表明，葛兰西的文化霸权理论主要考察国家内部占统治地位的阶级是如何通过"非暴力"和"非强制"的手段来达到文化意识形态上的统治，这为本书的写作提供了非常好的理论和方法论支撑。在 18 世纪中叶，随着资本主义的发展和对外殖民活动的加剧，原来流传于欧洲各国上层社会的概念如"宫廷礼仪""礼貌"等概念无法满足新型资产阶级的要求。出于社会变化和彰显自身身份的需要，"文明"一词出现并在很短的时间内得到广泛传播，并随着资产阶级地位的不断稳固而超越资产阶级，在其他社会阶层中获得越来越多的认可。到了 19 世纪，随着资本主义进入帝国主义阶段，此观念已经在非欧洲地区产生影响。因此，本书还将借鉴文化帝国主义的理论，探讨这一观念与欧洲殖民主义之间的联系。实际上，文化帝国主义和葛兰西的文化霸权理论是一脉相承的：如果说葛兰西的文化霸权理论强调的是资本主义国家内部统治阶级如何强调其在文化意识形态方面的统治，那么文化帝国主义理论更多的是强调帝国在文化意识形态上如何对殖民地施加影响并维护其统治。萨义德论述了文化与帝国主义之间的关系："运用政治与经济权力，宣扬并普及外来文化的种种价值与习惯，牺牲的却是本土文化。"[①] 有一些学者认为文化帝国主义指的是：西方统治阶级对人们进行文化上的渗透和控制，以达到重塑被压迫人

---

　　① ［美］爱德华·萨义德：《文化与帝国主义》，蔡源林译，台北：台湾立绪文化事业有限公司，2001 年，第 5 页。

民的价值观、行为方式、社会制度和身份，使之服从于帝国主义统治阶级的利益和目标。"文明"与"野蛮"的划分与强调不仅深深影响了欧洲人如何确立自我认同，也影响了殖民地人民看待自身文化和身份定位的问题。

即使在当今社会，文化帝国主义仍然存在并通过以下三种主要渗透方式产生影响，这为今天回溯"文明"观念的研究提供了有力的支持和现实意义。这三种方式包括：一是在理论层次上推行以西方中心主义为基础的人文、哲学、社会科学理论，宣扬西方社会制度和价值观；二是在大众文化层次上通过各种文化媒体传播它们的文化，例如通过电视、国际互联网络、书籍、刊物、广告使广大民众耳闻目睹；三是在文化性的物质产品以及人们的衣食住行等日用品方面大做文章，使人们的环境和生活方式西方化。① 虽然这三种方式在本书重点论述的 18、19 世纪不可能完全实现，但是在讨论时可以借鉴此种划分。

如果说葛兰西关注的是资本主义国家内部占据主流的意识形态如何通过一种非强制的、潜移默化的方式形成民众心目中自觉或不自觉的意识，那么文化帝国主义批判理论中的文化霸权观点则跨越了国界：不仅在一个国家内部存在主文化对亚文化的控制与支配问题，就是在全球化的背景下，也有西方中心主义式的文化扩张、西方国家对第三世界国家输出与传播他们的价值观与意识形态的问题。这种观点对于我们看待 21 世纪的国际关系和格局有一定的借鉴意义，即使在本书讨论的 18、19 世纪仍然非常适用。因为这项研究的目的是揭示 19 世纪的殖民宗主国如何将这一承载欧洲中心主义的概念进行强化，让欧洲是"文明的"，殖民地是"野蛮的"、需要欧洲"教化"与"帮助的"的观念深入人心，从而方便其进行殖民活动。

综上，本书力图将后殖民主义批评方法、文化霸权理论、意识形态控制和文化帝国主义理论结合起来，阐述"文明"这一观念如何从 16 世纪开始进入欧洲资本主义国家的主流意识形态，不仅成为本国国民自觉接受和认可的一种观念和生活方式，甚至在某种意义上已经成为看待"自我"、欧洲文明和"他者"的思维方式；同时在被殖民国家和地区，该概念又如何被殖民者用来作为殖民活动的借口和"正义大旗"，成为赤裸裸的武力侵略和抢占方式的同谋，并通常在武装和暴力冲突平息之后发挥出其"巧舌如簧""妖言惑众"的

---

① 孙晶：《文化霸权理论研究》，北京：社会科学文献出版社，2004 年，第 65 页。

独特魅力，安抚和侵蚀被殖民地区上层乃至下层民众的思想，消磨他们的抵触和仇恨心理，使他们相信欧洲人带来的是"文明的""进步的""好的"思想和统治方式。善于强调和巩固在"文明"观念基础上建立起来的一整套价值体系、学术体系、生活方式，是欧洲殖民者力图取得殖民地民众对其统治自觉自愿认可和赞同的方法。

### 2. 研究框架

不做任何界定就着手研究一个没有起始点的进程是不可能的。不管我们从哪儿开始，看到的总是发展，总是还可以往回追溯，因此追溯性的研究必须界定范围，要尽量使这一界定与实际进程中的阶段相符。为了解"文明"观念作为一种殖民意识形态的建构与演变情况，本书以"16 至 19 世纪的欧洲殖民活动"为背景，在此首先有必要对这一时间跨度做一说明。选取 16 世纪作为论述的起始点并不代表本书不会涉及之前的史实，相反，任何观念的产生都经历了一个源远流长的过程，文明观念也不例外。虽说"16 世纪中叶到 18 世纪这段时间是现代'文明'观念形成的关键时期"[①]，而近代（或现代）意义上的"文明"观念产生于 18 世纪中叶以后，但在此之前文明意识和与文明内容相关的一些理论早已出现，本书写作过程不可避免要提及。但是由于主题相关度的原因笔者不会涉及过多，加之自身学识水平和能力所限，笔者也无法将此书做成一种百科全书式的历史书。

其次，笔者采用吴英在《世界文明通史：文明理论》导论中关于历史时期划分的观点。吴英认为，世界历史进程的启动时间可追溯到 15 世纪末至 16 世纪初，当时欧洲人开辟了通往印度和美洲的航路，从而发现了美洲大陆。葡萄牙著名航海家迪亚士（Bartolomeu Dias，约 1450—1500）于 1487—1488 年最早探险至非洲最南端好望角，随后意大利航海家哥伦布（Cristoforo Colombo，1451—1506）四次出海远航，开辟了横渡大西洋到美洲的航路，麦哲伦（Ferdinand Magellan，1480—1521）船队于 1519—1522 年完成了环航地球的旅程。这些新航路的开辟，打破了海洋对洲际大陆构成的天然阻隔，人类足迹逐渐踏遍世界各个角落，使全球逐步发展成为一个统一的大市场。如此算来，世

---

① 曹卫东、张广海等：《文化与文明》，桂林：广西师范大学出版社，2005 年，第 80 页。

界历史进程启动于 16 世纪，迄今已跨越 5 个世纪的历程。[①] 本书采用此种划分方法，论述的重点从 16 世纪开始。

而论述结束在 19 世纪末则是出于以下考虑：第一，以英法为代表的发达资本主义国家殖民扩张运动的高峰时期出现在 19 世纪下半叶，其标志是欧洲多个国家对于非洲的瓜分，此后，宗主国对于新领土的占领并无多大增加，资本主义的世界体系基本形成；第二，1914 年爆发的第一次世界大战是近现代西方文化的分水岭，也是本书论述的"文明"观念发展演变中的一个重要转折点。如果说战前在西方占主导地位的是以"进步"和自信为基调的文明乐观主义，那么战后笼罩西方的却是一种悲观失望的情绪。残酷的战争不仅使人们怀疑科学和理性的力量，也改变着人们对"文明"的看法。对于某些人来说，"文明"最终带来的并不是人类的幸福和自我完善，反而是一种破坏力无比巨大的力量。"文明"不再是历史进步的阶梯，而代表着人类社会的衰退和没落。鉴于这种巨大转变和主题相关度的原因，本书主体部分以 19 世纪末作为终结点。追溯过往是为了以古喻今，本书的落脚点还是在当下，因此在最后一章，笔者围绕"文明"观念在 20、21 世纪理论形式的变化展开简要的陈述，对"科技至上主义""文明差异性"等提法进行讨论。

按照此思路，本书的主体部分时间跨度为 15 世纪末至 19 世纪末，重点在于 18、19 世纪。对 16 世纪之前关于"文明优越思想"以及殖民合理性的论述是必要也是必需的，它是后文论述的基础。这段时期笔者将其大致划分成三个阶段。第一个阶段是古希腊罗马时期。对于大多数欧洲人来说，古希腊犹如他们的家乡（黑格尔语），这一时期关于异邦人"野蛮"和应该被"奴役"的论述植根于当时的奴隶制。第二个阶段是中世纪。在基督教替代罗马帝国成为精神上的统一旗帜时，它也继承了古希腊罗马时期的文明优越思想，并在教义、基督教哲学理论和实践中找到新的依据，还进一步通过贬低和进攻其他宗教（主要是伊斯兰教）强化了这种优越感。第三个阶段是在地理大发现之后到 16 世纪。文艺复兴和宗教改革的兴起，古希腊罗马时期的"我们—野蛮"的二元对立被重新发掘，此时欧洲人精神上的统一认同也被打破，"基督教的"欧洲被更世俗化的"欧洲"观念所取代，基督教再也无法作为"我们"

---

① 陈启能、姜芃等：《世界文明通论：文明理论》，福州：福建教育出版社，2010 年，导论第 16 页。

（欧洲人）与越来越多新的"他者"之间区分的唯一标志，欧洲需要一个新的观念来填补这一时期思想认同上出现的空白。

　　本书主体部分从 18 世纪展开，探讨"文明"观念如何产生、当时的思想家和哲学家在何种语境下使用这个名词并赋予其特殊的含义。虽然并没有直接使用"文明"这个名词，伏尔泰在《风俗论》中探讨了关于欧洲"文明"的思想。到了 18 世纪中叶，作为名词的"文明"（civilization）一词出现在法国。1756 年，法国启蒙运动时期重农主义思想家维克多·德·里凯蒂，即密拉波侯爵（Victor de Riqueti, marquis de Mirabeau，1754—1792）在一部名为《人口论》（*Traité de la population*）的著作中三次使用了"文明"一词，但其出发点都是宗教且该词并不具备现代意义上"文明"观念的内涵。在此之后，"文明"被 18 世纪的欧洲学者大量使用，用于观察和思考世界上不同形态的文化、欧洲发展的过程等。此时，越来越多新的人类社会进入欧洲人的视野，虽然伴有自身文化优越的想法，欧洲人还是力图去理解和"教化"其他文明，使其跟上欧洲的发展。一些欧洲人如探险家库克船长（James Cook，1728—1779）[1]、政治家马嘎尔尼（George Macartney，1737—1806）[2] 等在与其他文明接触的过程中采取较为客观和平等的立场，力图通过观察和学习其他文明的长处来应对欧洲社会发展中的问题。

　　19 世纪"文明"观念的发展与欧洲的对外扩张密不可分。随着资本主义的发展，原来由探险、传教和贸易混合驱动的殖民活动转变成以寻求更多经济和贸易利益为主导的积极的对外扩张，越来越多的地区被纳入以欧洲为主导的世界体系。基佐着重从宗教方面论证欧洲的"优越性"；戈宾诺（Arthur de Gobineau）[3] 则从血统方面认为白种人比黄种人和黑种人优越，处于"文明"阶梯的顶端；达尔文（Charles Robert Darwin，1809—1882）[4] 生物进化论的影

---

　　① 詹姆斯·库克，英国著名探险家、航海家和制图学家。他给人们关于太平洋的知识增添了新的内容。他还被认为在通过改善船员的饮食包括增加水果和蔬菜等来预防坏血病方面也有所贡献。

　　② 乔治·马嘎尔尼，英国 18 世纪著名的政治家、皇家大臣、杰出的外交家，曾于 1792 年被英国政府任命为正使以庆贺乾隆皇帝 80 大寿为名出使中国。这是西欧首次向中国派出正式使节。

　　③ 戈宾诺，19 世纪著名的种族主义者，雅利安主义的倡导者和鼓吹者，后文将有论述。

　　④ 达尔文，19 世纪英国著名的生物学家，进化论的奠基人。他曾乘贝格尔号舰进行了历时 5 年的环球航行，对动植物和地质结构等进行了大量的观察和采集。其《物种起源》一书产生了划时代的影响，书中所提出生物进化论学说对生物学、人类学、心理学、哲学等的发展都有不容忽视的影响。

响超出生物学的范畴，影响了欧洲思想家和学者们对其他文明的态度和观点。达尔文的生物进化论被引入社会学，由于"种族"的原因，原来有可能变得"文明"的部落和社会被彻底否定了，这些社会被认为无论怎样都不可能从内部变得"开化"与"文明"。也是因为"种族"的原因，"文明"成为欧洲人的专属，其他地方都是"野蛮的""落后的"，欧洲人有责任为其他地区带来"文明"和"进步"，打着"文明"口号的文明使命论和文明托管论甚嚣尘上，成为欧洲殖民者的工具，并进一步深刻影响了历史学、社会学、人类学、政治学等社会科学体系，使其成为符合欧洲各殖民国家利益"认知框架"的重要部分。

本书还将进一步论述"文明"观念作为殖民意识形态的原因和特点。"文明"观念在 19 世纪末期替代"基督教"成为对外扩张的借口，其主要原因是经济利益的驱使。此外，"文明"观念作为殖民意识形态的特点也很鲜明。"文明"观念的产生及其内涵的发展、演变与欧洲的对外扩张密不可分：在 19 世纪，该观念成为殖民主义活动的工具，被社会大众接受，成为一种意识形态；在人类社会从野蛮到文明的进程中，西方是进步的、创新的，是进步的终极目标，这一思想在科学的推动下得到广泛传播，并与权力紧密结合，成为社会科学体系中的一种"话语"；这一"话语"形式又被继承了欧洲文明传统的美国所强化，在当今世界仍然有广泛而深远的影响。在"文明"观念内涵演变的过程中，人文社会科学中的人类学、政治学、历史学等的发展都深受影响，"文明"与"野蛮"的看法与权力紧密结合，具有学科化、体系化的特点；另外，在"文明"观念被用作殖民活动的"挡箭牌"时，欧洲人对其他文明的看法具有趋同的特点，原来被很多欧洲人推崇的中国、埃及等国家不复往日的神秘与伟大，沦为"僵化的""落后的""野蛮的"，也成为欧洲文明的对立面。最后，到了 19 世纪末，科技的发展给欧洲人带来了生活方式的巨大改变，"文明"观念被物质化，被等同于科学技术。很多学者在批评了将宗教、人种、地理环境等因素作为衡量一个地区生活方式是否"文明"的做法之后，似乎对科学技术这一因素不置可否。科学技术在很多人的眼中成为衡量文明与否的标准；相应地，拥有先进科学技术的欧美各国也成了"文明"的代名词，这一观点至今仍影响巨大。以看似客观的"科学技术"作为衡量不同文明形态和社会文化的"金标准"这一理论和做法更具迷惑性，拨开重重迷雾会发现，其实质仍然是西方文明中心论的论调。

## 四、 篇章结构

"文明"一词从18世纪中叶出现到19世纪，其内涵在不断发生变化，大致经历了三个阶段。从18世纪中叶到19世纪初，这是"文明"观念出现和开始使用阶段。在这一阶段，"文明"一词与"礼貌""优雅的礼仪"等相提并论，表明个人的修养和受到的良好教育，同时也意指社会的进程和一种有秩序的社会状态。第二个阶段从约19世纪初持续到19世纪中叶，"文明"逐渐具有了现代意涵，所强调的不仅是优雅的礼仪与有礼貌的状态，更主要的是指一种有秩序和有系统知识的社会状态，与"野蛮"状态相对立。第三个阶段大致从19世纪中叶起到第一次世界大战之前，即1914年。在这一阶段，"文明"观念由于欧洲资本主义的发展而带有欧洲中心主义与种族主义色彩，并伴随着欧洲列强的殖民活动而得到"印证"和加强，以欧洲文明优越论和文明使命论为代表的欧洲殖民主义意识形态得以建立并被推向世界，并在知识科学领域、政治、经济、贸易和道德价值体系等方面形成了一套完整的理论体系。

"文明"观念、殖民主义和意识形态都具有内容丰富、理论驳杂的特点，本书试图将三者结合在一起，探讨"文明"观念作为殖民意识形态的产生和发展，并对其进行批判。按照研究思路，本书共分六章。

第一章涉及"文明"观念本身和"文明"观念产生之前有关文明优越论和殖民合理性的论述。在阐释中外若干学者对"文明"观念的定义和理解的基础上，本书力图探讨中外学者对这一术语理解的相同点与不同点，并简要厘清常被用作"文明"观念同义词的另一重要观念——"文化"，为后面的陈述划定使用范围。之后，该章将对"文明"思想进行简要溯源，分别对古希腊罗马时期、中世纪和地理大发现时期有关"文明"的思想进行梳理，说明任何观念的产生和发展都有其历史过程。

第二章论述18世纪的欧洲和"文明"一词的产生、使用情况。第一阶段即16世纪至18世纪中叶，是"文明"观念出现的关键时期，从"宫廷礼仪""礼貌"到"文明"的流行反映了欧洲人尤其是英法等国上层阶级兴趣、风雅、自豪感的变化。第二阶段围绕18世纪中叶展开。在这个阶段，"文明"

的形容词、动词和名词开始出现并被传播开来，其标志是 1756 年密拉波侯爵所提出的"文明"一词。就在这个词出现十年之后，"文明"观念被等同于欧洲观念，宣布了欧洲意识形态上与基督教的分离，"文明"观念已经超越阶级与国家的界限，开始成为西方国家用以表达自我意识的口号。

第三章介绍"文明"观念成为一种殖民意识形态的社会与理论背景。在18、19 世纪，拿破仑的征战推动了"文明"概念的传播；工业革命的蓬勃发展使得欧洲各国的实力得到极大增强。面对这些巨大变化，"文明"观念的内涵也在发生变化。同时"文明"观念的发展离不开欧洲的海外扩张，正是在海外扩张中，欧洲文明与其他文明才出现了前所未有的大面积的、深入的接触。在接触中，欧洲人才确认了自我文明的优越性，并将之体系化，成为一种意识形态。在 19 世纪，欧洲的殖民扩张更是达到了顶峰。"从 1815 年到 1914年，欧洲直接控制的地区从地球表面的 35% 扩大到了 85%。两个最大的帝国是英国和法国。"① 伴随着欧洲主导的世界殖民体系的形成和种族主义的流行，"文明"观念作为一种殖民意识形态也悄然产生并得到巩固。这一章还会重点分析基佐、戈宾诺和达尔文三位学者的相关理论和思想。

第四章讨论"文明"观念作为殖民意识形态在 19 世纪下半叶的确立。在这一时期，"文明"观念依托社会达尔文主义和种族主义成为一种殖民统治手段和工具，"文明使命论"和"文明优越论"广为流传。"文明"已经从最初的表达资产阶级自我意识的名词变成了各个阶层标榜自我身份优越性的一个术语，这一优越意识在与其他种族和社会相比较的过程中尤为凸显。另外，"文明"跨越了性别和国家的界限，成为普通欧洲人自我认同的一部分，"我们"是"文明的""进步的""开化的"，其他地区和社会是"落后的""低劣的"，"我们"有"义务"和"责任"去"帮助"他们，"文明使命论"和"文明托管论"甚嚣尘上，与少数政治家、殖民者的经济利益不谋而合。该章论述欧洲各国统治者将"文明"与"野蛮"的看法转化成一种世界观和社会心理结构的方式和手段，以及"文明托管记"和"文明使命论"的具体运用。

第五章对"文明"观念作为殖民意识形态的原因和特点进行总结。"文明"观念自产生就与欧洲的"他者"密不可分。历史上，欧洲从不乏对外交

---

① 赵稀方：《后殖民理论》，北京：北京大学出版社，2009 年，第 46 页。

流和与"他者"的互动，无论是以和平或野蛮的侵略战争的方式。从 11 世纪开始，到 18、19 世纪时，随着欧洲工业资本主义的发展，各国开始大规模地进行海外殖民，"文明阶梯"的出现标志着欧洲人已经将"文明"彻底地等同于欧洲，并将之视为世界上最高级、最有价值和值得传播、普及的概念与价值观。到 19 世纪中叶，"文明"观念完成了从欧洲文明到西方文明再到世界文明的转变。作为一种意识形态，"文明"观念与自然科学相结合，具有了"绝对真理"的色彩；同时，"文明"观念与权力相结合，深深影响了人文社会科学体系的建构；在两个世纪的时间里，欧洲对其他文明的态度也趋于一致，原来被认为拥有"伟大文明"的中国和埃及也沦为"落后"与"野蛮"的地方，除欧洲外，其他地区在欧洲殖民者眼中都是"愚昧"的。

　　第六章提出了对"文明"观念的几点反思。人类社会进入 20 世纪，"文明"似乎并未给人类带来太多的好处。恰恰相反，价值观的丧失、对"进步"观念的质疑成为第二次世界大战后一直持续至今的思潮。人们在思考，欧洲社会是否在"文明"的口号下慢慢地朝着文明的举止、朝着"文明"的社会和西方"文明"所特有的水准在前进，历经几世纪兴衰沉浮的"文明"观念是否已走向终结等问题。该章也将对这些问题展开思考，探讨如何在全球化背景下看待"文明"观念、文明标准以及"文明"观念内含的科学技术因素。

　　"文明"观念作为殖民意识形态的影响并没有随着欧洲殖民体系的瓦解而消失，相反，欧洲/西方文明优越论的观念依然根深蒂固，并在新的时期拥有了更加隐蔽的外衣。"历史终结论"成为其在新时期的表现形式。"文明"观念在很长一段时间内影响了我们的世界观，妨碍了我们对自身和欧洲的正确认识。欧洲和非欧洲的学者要认识到这个观念潜在的负面含义并努力消除它，同时也要认识到各个文明的独特性和之间存在的普遍联系，坚决抵制以科学技术发展水平作为衡量社会发展的唯一标准的做法，努力创建公平公允的对话平台，实现文明之间的和谐发展。

第一章

# "文明"观念及其萌芽

作为人文社会科学领域的一个重要概念，"文明"观念的含义和使用情况极其复杂，而对于本书来说，对其使用范围和意义进行界定和说明也是必要之举。因此，本章从"文明"观念的定义入手，着重分析不同时期中外不同学者对此观念的看法和理解。在此基础上，本章也会对"文明"观念在本书中的使用和定义进行说明。另外，"文化"这一伴随"文明"产生、发展和演变的概念，也会在本章进行简要阐述，借此以进一步明晰"文明"的定义。此外，任何观念都不是凭空想象的产物，在"文明"这个术语本身于18世纪出现之前，有关文明、文明优越性以及殖民合理性的思想早已产生和发展并经历了一个漫长的历史时期。在探讨有关"文明"的定义之后，本章将从古代欧洲人对"自我"和"他者"的界定中去寻求现代"文明"观念所蕴含思想的起源，并按照时间顺序大致划分为三个时期——古希腊罗马时期、中世纪和地理大发现时期。

# 第一节
# "文明" 的概念及辨析

"文明"观念是社会科学中一个极其重要的概念，其使用范围也跨越了学科的界限，进入历史学、心理学、政治学、文化研究等诸多学科之中并被赋予了具有各学科色彩的含义和定义。要想给出"文明"概念的唯一的、明确的定义几乎是不可能的，这正如布罗代尔所指出的那样，社会学的词汇几乎不可能有明确的定义。原因并非万物变化不居，而是由于大多数词语远非恒久不变，往往最简单的词语根据使用它们的思想以及思想赋予它们的特征，其含义发生着广泛而频繁的变化。①"文明"也是如此。古往今来，众多学者根据自己的学术背景、使用目的和理解的不同，给"文明"下了不同的定义。笔者将从几个具有代表性的著作或学者给出的定义中进行分析，找出"文明"观念所具有的基本特征。

《牛津高级词典》（*Oxford Advanced Dictionary of English*）对"文明"的定义做出如下解释："文明"的含义主要分两个层次：第一，指人类社会发展的较高级的阶段，这个阶段始于人类脱离蒙昧和野蛮阶段后，演化出与城市生活相联系的、讲究礼仪的生活方式。在使用中，这一含义又常和"文化"混同，指一个民族或地区脱离野蛮状态后所形成的那些社会生活方式及特征，例如"西方文明""中国古代文明"等。第二，指个人行为带有文雅特征和状态。

在《文明史纲》一书中，布罗代尔阐释了作为地理区域的文明、作为社会的文明、作为经济的文明和作为集体心态的文明观念。恩格斯（Friedrich Engels，1820—1895）在《家庭、私有制和国家起源》②中将阶级和国家的出现视为人类社会从野蛮进入文明阶段的标志。马克斯·韦伯认为工具理性取代价值理性成为控制手段是文明发展的标志，体现了资本主义文明的进步性，而且认为工具理性的胜利是必然的。

埃利亚斯在《文明的进程：文明的社会起源和心理起源的研究》中指出："文明"这一概念涉及技术水准、礼仪规范、宗教思想、风俗习惯以及科学知识的发展等；它既可以指居住状况或男女共同生活的方式，也可以指法律惩处或食品烹调；仔细观察的话，几乎每一件事都是以"文明"或"不文明"的

① ［法］费尔南·布罗代尔：《文明史纲》，肖昶、冯棠、张文英等译，桂林：广西师范大学出版社，2003 年，第 23 页。

② ［德］恩格斯：《家庭、私有制和国家的起源》，3 版，中共中央马克思恩格斯列宁斯大林著作编译局译，北京：人民出版社，2003 年。

方式进行的。① 阿瑟·赫尔曼（Arthur Herman）② 则认为，"文明"最初是指于罗马法或"公民"法之下的生活，而到了文艺复兴时期则指与野蛮相对立的一种生活方式和法律制度。它包括禁止凶杀、乱伦和食人，肯定人的创造力，尊重私有财产和法律契约，此外还有婚姻、友谊和家庭等基本社会规范。赫尔曼进一步指出这些规范是如何被人们习得的。通过集体理性，因为这些规范不是人为地制定出来的，而是从人们日常的交往中直接发现的。文明首先意味着人们是按照自然法则生活，而不仅仅是按照本能和习惯行事。③

基佐认为"文明这个词包含着更广泛、更复杂的东西，超过了仅仅是社会关系、社会力量和幸福的完善"④，那是"除社会生活的发展而外的另一种发展：个人的发展、内心生活的发展、人本身的发展，人的各种能力、感情、思想的发展"⑤。"因此，在这个大事实中包含着两个事实，它靠两个条件存在，并通过两个标志显示出来：社会活动的发展和个人活动的发展，社会的进步和人性的进步。"⑥ 可以看出，基佐是以社会物质生活的发展和个人内心生活的发展两个要素为尺度，来衡量一个民族或国家是否达到了文明。之后，基佐进一步从物质与精神两个方面来阐述"文明"的内涵。"对许多人来说，物质财富和社会权利还是不足的，但他们有许多伟大的人物在世界上发出耀眼的光芒。文学、科学和各种艺术大放异彩。人类无论在什么地方看到了这种荣耀的标志，这种被人类的天性所赞美的标志，人类无论在什么地方看到为崇高享受而创造的精神财富，人类就在那里承认它，称它为文明。"⑦ 在这一基础上，

---

① ［德］诺贝特·埃利亚斯：《文明的进程：文明的社会起源和心理起源的研究》，王佩莉、袁志英译，上海：上海译文出版社，2009 年，第 1 页。

② 阿瑟·赫尔曼，美国著名历史学家、历史作家、畅销书作家，约翰·霍普金斯大学史学博士，曾在苏格兰爱丁堡大学访学。其著作风靡欧美，在传统精英社会有广泛的影响。2007 年至 2009 年作为第一个非英籍人士被任命为苏格兰文化艺术委员会委员。其主要著作有《文明衰落论——西方文化悲观主义的形成与演变》（The Idea of Decline in Western History）、《甘地与丘吉尔：抗争与妥协的政治史诗》（Gandhi and Churchill）、《拼实业：美国是怎样赢得二战的》（Freedom's Forge: How American Business Produced Victory in World War Ⅱ）等。

③ ［美］阿瑟·赫尔曼：《文明衰落论——西方文化悲观主义的形成与演变》，张爱平、许先春、蒲国良等译，上海：上海人民出版社，2007 年，第 22 页。

④ ［法］基佐：《欧洲文明史：自罗马帝国败落起到法国革命》，程洪逵、沅芷译，北京：商务印书馆，1998 年，第 9 页。

⑤ 同上，第 10 页。

⑥ 同上，第 11 页。

⑦ 同上。

基佐认为假如一个民族的物质生活完全是幸福的，但这个民族的智力活动和精神生活却处在一种压抑状态，像一些小的贵族政治共和国，则不能称为文明。假如一个民族的物质生活只能维持温饱，宗教和道德的观念得到某种程度的发展，但自由原则受到扼制，人性受到抑制，就像印度等大多数亚洲居民的生活状况，这也不能算作文明。假如一个民族，人与人之间处处显示出个人自由的精神，但不断有混乱和不平等现象，横暴是这个社会状况的主要特色，就像欧洲曾经经历过的那样，也不是文明的事实。假如一个民族，每个人都非常自由和平等，但个人的才能和存在自生自灭，互不相干，一代一代人临死时看到的正是他诞生时看到的那个社会，这就是野蛮部落的状态，肯定没有达到文明。在基佐看来，社会发展和个人发展、物质生活和精神生活这两个文明的标准尺度是缺一不可的，只有两者都符合的时候才能称之为文明。

塞缪尔·亨廷顿总结了"文明"观念所具有的一些特点：文明社会不同于原始社会，因为它是定居的、城市的和识字的，文明化的是好的，非文明化的是坏的；除德国之外，文明被看作一个文化实体；文明是对人最高的文化归类，是人们文化认同的最广范围，人类以此与其他物种相区别；文明既根据一些共同的客观因素来界定，如语言、历史、宗教、习俗、体制，也根据人们主观的自我认同来界定。①

上述西方学者由于所处时代、文化背景和目的不同对"文明"做出了不同的阐释。从这些定义中可以看出，"文明"观念的内容芜杂、繁复，几乎无所不包。它既是描述人类物质成就的一个词语，同时也反映了人类精神文化方面的成就。但有一点是毋庸置疑的，不论这些学者所处的立场多么不同，"文明"在他们眼中都是一个正面的、积极的、向上的概念。

而中国学者对于"文明"的使用和理解却呈现出不同的特点。现代汉语学术中的"文明"概念，通常是作为英语"civilization"一词的对译词语使用的。在西方，"civilization"一词的正式出现和使用在18世纪中叶之后，而在中国，"文明"一词则至少已经存在两千多年。"文明"观念在中国学术中有其自身的特点，同时兼顾西方"文明"观念的若干共通性。《辞海》给文明下

---

① ［美］塞缪尔·亨廷顿：《文明的冲突与世界秩序的重建》，周琪等译，北京：新华出版社，1998年，第23—29页。

的定义为：（1）犹言文化。如物质文明；精神文明。（2）指人类社会进步状态，与"野蛮"相对，如李渔《闲情偶寄》中的"辟草昧而致文明"。旧时亦指新的或新式的。如早期话剧被称为文明戏，新式结婚为文明结婚。（3）光明，有文采。《易·乾·文言》："见龙在田，天下文明。"孔颖达疏："天下文明者，阳气在田，始生万物，故天下有文章而光明也。"《书·舜典》："濬哲文明。"（4）年号：①唐睿宗年号（684）。②日本后土御门天皇年号（1469—1487）。①

《汉语大词典》对"文明"也给出了8种的解释：（1）文采光明。《易·乾》："见龙在田，天下文明。"孔颖达疏："天下文明者，阳气在田，始生万物，故天下有文章而光明也。"亦指文采。与"质朴"相对。（2）谓文德辉耀。《书·舜典》："濬哲文明，温恭允塞"。（3）谓文治教化。前蜀杜光庭《贺黄云表》："柔远俗以文明，慑匈奴以武略。"（4）文教昌明。鲁迅《准风月谈·抄靶子》："中国究竟是文明最古的地方，也是素重人道的国度。"（5）犹明察。《易·明夷》："内文明而外柔顺，以蒙大难，文王以之。"（6）社会发展水平较高、有文化的状态。清秋瑾《愤时叠前韵》："文明种子已萌芽，好振精神爱岁华。"老舍《茶馆》第二幕："这儿现在改了良，文明啦！"（7）新的，现代的。《老残游记》第一回："这等人……只是用几句文明的辞头骗几个钱用用罢了。"（8）合于人道。郭孝威《福建光复记》："所有俘虏，我军仍以文明对待，拘留数时，即遣归家。"②

从这两部工具书对"文明"的解释来看，我们可以观察到几个有趣的现象：（1）"文明"一词中国古已有之，且是一个褒义词，多形容个人的文采、文治武功、睿智等才能，这与现代意义或人们通常使用的"文明"有所不同，也较少被人使用；（2）"文明"同时体现了社会发展阶段中较高的、有文化的状态。"中国古籍中的'文明'概念，是相对于人类社会发展史上的蒙昧状态而言的，其基本含义起于通常意识下的物质性的文饰，而在推广到社会文化的领域之后，即指人类的某种开化状态，亦即在制度、风俗、心理等层面上相对摆脱了原始社会质朴状况的特定文化形态"③，这与当今社会人们对"文明"

---

① 辞海编辑委员会：《辞海》（下），上海：上海辞书出版社，1979年，第3512页。
② 本书编辑委员会：《汉语大词典》，6版，上海：汉语大词典出版社，1990年，第1522页。
③ 陈启能、姜芃等：《世界文明通论：文明理论》，福州：福建教育出版社，2010年，第79页。

的普遍使用和理解相符；（3）"文明"被等同于社会学中另一个重要概念——文化；（4）在使用时，"文明"可被用作名词、形容词乃至副词，不需要西方语言那样的词形变化；（5）"文明"在近代获取了一个新的意思，被用来指一切与古代不同的，"新的，现代的"。"文明"所具有的这些特点有些是中国汉语文学术所独有的，如第（1）（4）（5）点，而第（2）（3）点则同西方英语世界中对"文明"的理解和使用一致，这反映了"文明"观念所独具的中国特色以及受"西学东渐"影响后所发生的转变。

山东大学文史哲研究院教授张富祥在《世界文明通论：文明理论》一书中分别追溯了"文""明""文明"的出现和使用情况，从学术的角度总结了中国古典"文明"的特征：（1）"文明"是个程度性的术语，是对人类开化状态的一种描述，当特定文化发展到一定阶段，在描述者看来已相对摆脱了原始的蒙昧状态后，即可称之为"文明"；（2）"文明"具有"进步"的性质，体现在社会组织方面，突出的标志是各项社会制度的建立和完善，这样的制度要求克服原始的散漫状态，而对社会生活实行分层的有系统的制度化管理，并最终指向以阶级统治为主导的国家的产生；（3）"文明"的发生有一定的物质基础，如生产力的提高和产品的相对剩余、金属工具的使用和推广、人群的集中和城市的兴起等，都是"文明"发生的重要标志，而财富的集中尤为"文明"成果有可能从低级迅速走向高级的突破性机制；（4）文字的创制和使用在"文明"起源的过程中有特殊的意义，它从诞生的那天起就不但成为"文明"自身的重大标志之一，而且成为社会管理的重要工具，并伴随社会分层的加剧、社会分工的日趋复杂及管理人员的职业化，逐步造成脑力劳动与体力劳动的差别；（5）"文明"是个综合性的指标，在中国古代，它突出表现为与武力征服和控制相对应的"文治"传统，这一传统的总体外在形式是礼乐制度，内在根据是"德性"修养与"德治"追求，因此古典"文明"的衡量标准偏重于道德精神的一面；（6）"文明"是个流动的、不平衡的过程，时代、地域不同，"文明"的表现形态亦不同。① 张富祥教授认为"文明"的产生离不开阶级、文字、城市和金属工具的出现，并具有流动性、向上性、综合性等

---

① 陈启能、姜芃等：《世界文明通论：文明理论》，福州：福建教育出版社，2010年，第73 - 106页。

特征，这也再次说明了中国汉语文学术中的"文明"观念与西方
"civilization"一词的共通性。

　　四川大学教授何平认为，在学术研究中，尤其是在历史学和社会学以及人
类学研究中，"文明"可以至少有三方面的含义：（1）指称以复杂的社会结
构、技术和行政体制的发展、精湛的艺术和抽象的思想为特征的社会发展的较
高级的阶段；（2）人类社会在技术、行政、思想和审美诸方面达到如此高水
平发展的过程；（3）作为"文化"的同义词，指称一个社会的物质和精神生
活的总的形态。①

　　英文"civilization"的词根"civil"有"文雅""文治"等义，这跟汉语
"文明"概念的中心意义——"与武力征服和控制相对的文治"——相同。进
一步推导，"civil"一词的拉丁文词根是 *civitas*（城市）和 *civis*（市民），与古
希腊罗马的"城邦国家"相关。《国际社会科学百科全书》（*International
Encyclopedia of the Social Sciences*）在"城市革命"（Urban Revolution）词条中
讲到了"文明"这一概念："文明是一个被人类学家用来表示与原始的和民间
的文化相对应的概念。"这一词条提到英国著名考古学家柴尔德（Gordon
Childe，1892—1957）关于"文明"的看法。柴尔德认为，城市是文明出现的
重要标志之一，而农村则是城市的支柱，多余的农业产品可以让那些并不生产
食物的人成为专家。他们是特权群体，免于生产食物的劳苦并在休闲的基础上
逐渐发展出文字、科学、机械、建筑、哲学和艺术。这些特权群体实行统治，
领导宗教仪式，征税，记录事件，筹划、实施重大的公共工程（灌溉系统、
道路、桥梁、建筑、墓地等），精心阐述与规范社会的传统与风俗。②"文明"
状态的出现与"城市"的出现密不可分，在城市发展的基础上才能出现"文
明"的萌芽，因此，"civilization"的最初含义暗含"城市化"之义也就不足
为奇了；反观之，中国古代"文明"的早期形态以礼乐文化的建立和演进为
主要表征，也是在"城邦"的基础上发展起来的。

　　首先，与西方的"civilization"相比，中国学术话语体系中的"文明"在
受其影响的同时，有自身的发展历史和使用特点，这从上文所选取的中外具有

---

　　① 何平：《文化与文明比较研究》，济南：山东大学出版社，2009 年，第 19 – 21 页。

　　② David L. Sills. *International Encyclopedia of the Social Sciences*，Vol. 16，New York：Macmillan，
1968，pp. 212 – 220.

代表性的著作和学者对"文明"的看法中可以看出。但就本书而言，此项研究不是讨论人类学家、历史学家或考古学家通常使用的"文明"意义，即具体的社会生活方式及特征，如古希腊文明、埃及文明、华夏文明等，本书所要探讨的"文明"观念以西方学术话语体系为背景，将其理解为建立在一种二元对立理论之上的认知，体现着自我—他者、文明—野蛮、欧洲—非欧洲的联系和对抗。

其次，笔者借鉴布罗代尔的分析，将本书所要探讨的"文明"观念作为一种社会心理结构和一种集体认同的载体来看待和使用，它是将某些物质的、经济的、生理上的特征和形式抽象出来，在与其他地区和社会形态的人相比较时固定下来、成为标榜自己与别人不同的一系列事物和价值情感的集合体，是一个价值评判体系，凸显为一种心理上的优势与不同。

最后，"文明"观念在发展过程中，继承了"宫廷礼仪"和"礼貌"等术语所体现出的少数人对社会内部其他大多数人的一种心理优越感。物质生活的发展给欧洲人的生活带来巨大便利，"文明"被物质化，欧洲人从这种"文明化了"的生活方式中——例如教育、医疗、交通、城市建设等方面——真实、直接地感受和体会到了科技带来的便利，增强了欧洲人的自信，他们自然而然地把这种革新等同于"文明"，等同于好的、所有非欧洲人也应该发展的一个目标。物质成就带来的优越感又通过强调言谈举止、教育背景、行为方式等方面的差异得到增强，再经过一系列诸如教会宣传、学校教育、学术团体的理论以及流行读物耳濡目染的影响，欧洲人将关注点从本国社会内部的阶级阶层差异投向遥远的社会外部，确信自己是"文明的"，非欧洲地区和民族史"落后的""野蛮的"。"文明"从而成为一种心理优势和人们头脑中有意识或无意识的建构。本国统治阶级为了自己的统治，又会根据自身的需要，强化这种感情与价值评判体系，使人们深信自己（欧洲人）是"文明的"，他者（非欧洲人）是"野蛮的"并需要被带去欧洲人的生活方式（文明），它也是殖民者公然进行殖民和掠夺活动的借口。

## "文明" 与 "文化"

在"文明"观念产生和发展的几个世纪中，一个古老的词语"culture"（文化）一直伴随着"civilization"（文明）这个词。确实，"文明"的现代含义在 18 世纪中叶确立时，就同"文化"的词义和演化相生相伴，当我们想要讨论"文明"时似乎绕不开"文化"这一术语。上文在论述"文明"定义时也说到在某些情况下将两者混用或等同是中国、西方学术圈都存在的一个现象。

近几个世纪以来有过几次关于"文明"与"文化"概念的论争。早在 18 世纪，英、法两国都在欧洲以"文明"国家自居，而德国知识分子则用"文化"概念来批判各国从法国宫廷沿袭而来的所谓"礼貌"（civilité）的肤浅。到了 19 世纪后期，特别是 1871 年统一后，随着德国在欧洲大陆的崛起并跻身为西方主要殖民国家之列，这两个概念的对立才暂时被淡化。20 世纪以来，尤其是在 1919 年前后，德国发动第一次世界大战，英、法再次以"文明"的名义联合起来对抗德国，这两个概念又重新变得针锋相对起来。

其实"文明"与"文化"有着不同的词根和意义所指。在英文中，"文化"一词起源于古拉丁词 *colere*，意思是"居住，培植"。后来从 *colere* 派生出了另一个词 *cultura*，意思是"耕种土地"。[①] 所以，"文化"最先表示的是一种完全物质的过程，而后才比喻性地被反过来用于指称精神生活。到了 18 世纪中叶，当"文明"一词在法国被广泛使用时，由于种种原因，德国人却用"cultura"作为法语"文明"的同义词，也用其指代"成为文明的人和受到教育的人的一般过程"。[②]

在使用中，众多学者对这两个名词莫衷一是，持截然不同甚至是矛盾的态度。很多学者认为这两个名词是一回事，在使用时并没有严格区分，甚至将它们作为同义词不加区别地交替使用。例如，弗洛伊德不屑于对"文明"与"文化"做出区分。泰勒（Edward Burnett Tylor, 1832—1917）[③] 在《原始文化》（*Primitive Cultures*）中指出："文化，或文明，就其广泛的民族学意义来说，是包括全部的知识、信仰、艺术、道德、法律、风俗以及作为社会成员的

① ［英］特瑞·伊格尔顿：《文化的观念》，方杰译，南京：南京大学出版社，2003 年，第 1－2 页。

② ［英］雷蒙·威廉斯：《关键词：文化与社会的词汇》，刘建基译，北京：生活·读书·新知三联书店，2005 年，第 153 页。

③ 泰勒，英国人类学家，进化学派人类学的代表人物之一，也是文化学研究的先驱，最早把野蛮人的生活方式当作一种文化类型来研究。

人所掌握和接受的任何其他的才能和习惯的复合体。"① 1830 年，黑格尔在柏林大学也交替地使用这两个词。

与此情况相反，一批学者对"文化"与"文明"有着截然不同的评价。夏尔·塞尼奥博斯（Charles Seignobos）指出："文明不过是道路、港口和码头之类的东西"——轻率地说文明是一些具体的物质东西，并非全然等于文化。马塞尔·莫斯（Marcel Mauss）断言："文明是人类所达到的全部成就。"而对历史学家欧仁·卡维涅克（Eugene Cavignac）来说，文明是"最低限度的科学、艺术、秩序和美德"。

同时，还有一批学者将"文明"与"文化"做了区分，当然这种区分与18、19 世纪欧洲各个国家内部所发生的变化有着千丝万缕的联系。首先要提到的是 18 世纪德国思想界的领军人物赫尔德（Johann Gottfried Herder，1744—1803）。赫尔德在《另一种历史》和《关于人类历史哲学的观念》中详细阐明了他的文化观念。他既反对杜尔哥（Anne-Robert Jacques Turgot，1721—1781）②和孔多塞（Condorcet，1743—1794）③所主张的"直线式"进步说，也反对伏尔泰主张的偶然进步说。这两种进步学说都从"纯粹理性"的文明观出发，将一种文化看作进入另一种文化的阶梯，认为"文化"只有在"文明"的进步中才具有真正的意义。而赫尔德则认为人类各民族、各时代的文化反映了它们独特的精神，有着特殊的价值；人类文化发展的整体性正体现在各种不同文化的个体性之中。因此，对各种文化的批判应当以它们的内在价值为标准。通过对 18 世纪启蒙哲学的"元批判"，赫尔德从文化史的角度进行历史哲学的研究，着重强调各民族、各时代的"独特精神"，从而在启蒙运动的"文明"观念之外确立了新的"文化"观念。

另一位德国社会学家阿尔弗雷德·韦伯（Alfred Weber，1868—1958）在《文化社会学原理》（*The Philosophy of Social Sciences*）一书中也对"文明"和"文化"做了区分。他认为所谓文明，是指理智和使用的知识及控制自然的技

---

① ［英］爱德华·泰勒：《原始文化》，连树生译，上海：上海文艺出版社，1992 年，第 1 页。
② 杜尔哥，法国政治家和经济学家，曾担任代理检察长、海军大臣、财政大臣等职务，因推行重农主义而闻名。
③ 孔多赛，18 世纪法国启蒙运动时期杰出代表之一，同时也是一位数学家和哲学家。其代表作《人类精神进步史表纲要》对后来的思想家造成了深远的影响。

术手段;所谓文化,则包含了规范原则和理念的诸种价值结构,是一种独特的历史存在和意识结构。在韦伯那里,"文明"是"文化"的反面,是一个负面的词语。一个人要拥有健全的人格和真正的自由必将依赖文化的力量。民族国家也是一样,要以"文化"而不是"文明"来塑造现代社会结构、国家制度,才能获得真正的现代化。按照韦伯的理解,现代性危机的根本原因显然就在于"文明"压倒了"文化",人在物质文明的大潮中彻底丧失了自由本质,而变为物的奴隶。韦伯认为,德国之外的西方世界在迈向现代化过程中所注重的是文明,因而是一种外在型的现代性模式,而德国的现代化基础是文化,因而是一种内在型的现代性模式。

20 世纪初的德国思想家奥斯瓦尔德·斯宾格勒在其名著《西方的没落》的第一卷和第二卷中大量使用了"文化"和"文明"这两个概念。斯宾格勒的"文化"概念有广义和狭义之分:广义的"文化"是指一个完整的历史类型,是历史研究的基本单位;狭义的"文化"仅指一个文化类型或历史类型的上升和强盛时期。"文明"则指一个文化类型或历史类型的衰落时期;当一个文化类型或历史类型生气勃勃、充满活力的时候,它就是文化;当一个文化类型或历史类型日薄西山、行将灭亡的时候,它就是文明。文化的特点是社会的创造力十分活跃,农村的质朴精神占主导地位;文明的特点是社会的创造力丧失,城市的理智气息支配着一切。斯宾格勒说:"每一种文化都有它自己的文明,文明是文化的不可避免的归宿。"①"文化"是正面的、积极向上并富有活力和创造力的,而文明则是僵硬死板的,是缺乏活力的,一种文化的没落即是其走向文明的过程。

社会学家诺贝特·埃利亚斯在《文明的进程:文明的社会起源和心理起源的研究》一书中关于文明是一个持续进程的观念,在西方思想界产生了广泛的影响。虽然埃利亚斯并没有发表对"文明"和"文化"的评价,但是在书中他阐述了"文明"和"文化"概念在欧洲不同国家发展和使用的情况。他主要对比了英国、法国和德国的情况。"文化"(Kultur)一词主要在德国受到欢迎,而"文明"(Zivilisation)地位较低,指那些有用的东西或次一等的价

---

① [德]斯宾格勒:《西方的没落》,张兰平译,西安:陕西师范大学出版社,2008 年,第 54 页。

值，即那些包括人的外表和生活的表面现象。在德语中，人们用"文化"（Kultur）来表现自我，来表现那种对自身特点及成就所感到的骄傲。①

可以看出，关于"文明"与"文化"两个概念的使用和评价相当混乱和复杂，造成此种状况的原因还是要追溯到这两个概念产生的历史条件和环境当中。根据"文化"在农业劳动中的词源学渊源，它的意义首先是某种类似"礼貌"（civility）的东西，然后在 18 世纪差不多变成了"文明"的同义词，意指一种普通的知识、精神和物质进步的过程。作为一个概念，"文明"等同于举止和道德，主要是一个法国式的概念。法国式的"文明"尤其强调政治、经济和技术生活，德国式的"文化"却更狭义地指涉宗教、艺术和智力。它还可以指一个群体或个体，而不是作为整体的社会的智力进化。"文明"减少了民族差异，而"文化"却使得它们更为突出。"文化"与"文明"之间的张力与德法之间的敌对状态有很大关系。

在德国，"文明"与"文化"的区分最终确立了"文化"的某种优先性，"文明"则被有意识地加以贬低。只要稍加注意即可发现，上文中对"文化"（Kultur）与"文明"（Zivilisation）这两个词做了区分的几位学者都是德国人。他们均认为前者承载了高贵的精神关注，后者接受了平凡的物质。这也难怪社会学家滕尼斯（A. Tonnies，1922）和阿尔弗雷德·韦伯（1935）会有这样的看法："文明"不过是大量的实用性技术知识、一系列应对自然的方式而已。相反，文化则是一套规范性的原则、价值和理想——概言之，也就是精神。

19 世纪初叶，"文化"开始从"文明"的同义词转变成其反义词。到 19 世纪末叶，"文明"还不可避免地附和了帝国主义的声音，这在一些学者眼里足以让"文明"的声誉扫地。德国人为此从法国人那里借来了"文化"这个词。"文化"于是就成了对后期帝国主义过分追求物质和经济利益的批判，也可以归为一种前马克思主义。实际生活中的"文明"越是显得掠夺成性和本质低劣，"文化"的概念就越是被迫采取一种批判的态度。"文化"这个术语出现的一个原因，是"文明"作为一个价值观术语正变得越来越不可信这个

---

① ［德］诺贝特·埃利亚斯：《文明的进程：文明的社会起源和心理起源的研究》，王佩莉、袁志英译，上海：上海译文出版社，2009 年，第 62 页。

事实。①"文化"成为在资本主义发展到帝国主义阶段的一种自我批判和反省。

不同国家的学者对待"文明"与"文化"态度的不同也反映了当时的国家关系,虽然对于法国人来说,这样的评价听起来有些刺耳。作为倡导一种新的生活方式和社会改革的口号,"文明"一词在法国具有优先性,这种优先性也因为法国的影响而在英国和美国得到了确立,而在波兰和俄国就像在德国(并通过德国的影响)那样,"文化"具有更高的价值。

当"文明"与"文化"在不同时期、不同的国家受到不同礼遇时,1874年泰勒在《原始文化》一书中将"文化"引入人类学研究使情况变得更加复杂。自此以后,英美人类学家已越来越趋向于使用"文化"这个词来描述他们所研究的原始社会,而"文明"这个词在英语中则通常适用于现代社会。几乎所有人类学家都沿用此例,他们提到原始文化时是与较发达社会所发展出的文明相对而言的。前文提到,《国际社会科学百科全书》把"文明"列在"城市化"这一子条目下,由此产生了把"文明"的概念与城市生活的习俗、价值观和制度相提并论的通行做法。这种定义为不少学者区分"文明"和"文化"提供了一个便利的方法:任何一个社会不论它的物质和思想的发展如何都有一种"文化"的存在;而"文明"的形成则需要相当程度的城市化,并与社会组织的复杂化和技术的较高发展相联系。②

第二次世界大战以后,在考古学、人类学和社会学等学术领域中,"文化"和"文明"几乎是同义词。与之相反,在历史学中,这两个词并不被认为是同义的。通常历史学家认为"文明"是指社会进化的一个较高级阶段后所形成的那些精神和物质生活形态,文化则更多地突出各个社会的价值观念和生活方式的特殊性。"文明"的词义包含"文化"的以上含义,但它也涵指发展到较高阶段后各个社会都会形成的那些物质的、精神的和制度上的共有的表象特征。③"文明"的内涵和外延比"文化"要广。

在关注了"文明"与"文化"之间的对抗之后,我们也要注意到这两个名词之间的相似性。和"文化"一样,"文明"一部分是描述性的,一部分是

---

① [英]特瑞·伊格尔顿:《文化的观念》,方杰译,南京:南京大学出版社,2003年,第11-12页。

② 何平:《文化与文明史比较研究》,济南:山东大学出版社,2009年,第48-49页。

③ 同上,第49页。

规范性的：它要么可以中立地标示一种生活形态，要么可以暗示性地赞颂一种生活形态的人性、启蒙和净化。"文明"意味着我们所身处的生活，同时也暗示这种生活是超越野蛮的；这个术语也让人联想起礼貌、高雅、教养、利益和温文尔雅的人际交往。"文明"因此既可以描述个人，又可用于社会，而教养是一个关于人格的和谐、全面发展的问题。作为事实的文明与作为价值观的文明是统一的。① 而作为分析范畴的"文化"和"文明"都有着广泛的适用范围，被运用于各门社会科学中，包括人类学、社会学、心理学、政治学甚至发展经济学。

20 世纪后半期举足轻重的思想家尤尔根·哈贝马斯（Jürgen Habermas，1929—　）对"文化"与"文明"的问题也有着相当的关注，但其立足点与前面几位思想家有着明显的不同。哈贝马斯所关注的更多的是"文化"与"文明"身处其中的现代性语境问题。实际上，哈贝马斯已经放弃了对"文化"与"文明"的区分，在很大程度上把"文化"概念与"文明"概念融合在一起，这种视角的转移具有某种标志性意义，至少表明"文化"与"文明"的概念已经逐渐脱离了其起源时历史条件的限制，具有了一种更加中性和规范的意义。② 哈贝马斯对"文明"和"文化"的不再区分，固然有其积极的意义。回首从 18 世纪开始的"文化"与"文明"之争，学者们确实耗费了大量的时间和精力来论证这两个词孰优孰劣，能够将这两个概念融合在一起使用，可以省去辨析和争论的功夫，也为非欧洲国家的学者摆脱欧洲主流思想的影响（因为不论是"文明"还是"文化"，其现代意义的确立和使用都是欧洲学者首先提出）、从新的角度、以新的概念来探讨人类社会发展提供了可能性。但是同时也要注意这种视角的提出是否意在抹杀"文明"观念所隐藏的欧洲中心思想以及打着"文明"旗帜所进行的殖民活动。另外，在 21 世纪的今天，"文化"与"文明"的融合使用能否实现，是否需要放弃一个概念来保全另外一个概念还是创造一个新的概念来代替"文明"和"文化"等问题还没有定论，这些问题在给学者提供研究空间的同时是否又会回到过去的"文明"与"文化"之争还不确定，因此需要辩证地看待哈贝马斯的做法。

---

① ［英］特瑞·伊格尔顿：《文化的观念》，方杰译，南京：南京大学出版社，2003 年，第 10 - 11 页。

② 曹卫东、张广海等：《文化与文明》，桂林：广西师范大学出版社，2005 年，导言第 10 页。

# 第二节
## 古代世界与中世纪的 "我们" 与 "他者"

在历史上，欧洲一直以自己为标准构建欧洲优越的思想。古代侧重地理因素的优越，中世纪侧重基督教的优势，15、16世纪开始强调文化因素，18世纪强调由宗教和地理因素促成的"欧洲文明"观念，19世纪则强调种族主义思想，20世纪后文化和地理因素又占据了主导地位。以上几个方面并不是截然分离的，只是不同时代不同的学者有不同的侧重点，这可以从古希腊罗马时期的"文明"和"野蛮"思想中管窥一斑。

古希腊人将人类划分为两大类：我们—他们，或者希腊人—野蛮人（Greeks-Barbarians）。"希腊透过与亚洲接触、比较，而发现了自己的独特性。希腊城邦中的公民都称其他民族为'野蛮人'。"① 这种划分的依据是语言，能够说希腊语的被认为是"我们"，不能说的被认为是"野蛮人"。据考证，荷马（Homer，前873—?）② 在他的著作中使用了"barbarophōnoi"或者"bar-bar-speakers"指代那些不会说希腊语的外邦人。作为一个描述性词语，荷马在使用时并没有附带任何种族的或贬义的色彩，"barbarian"和"野蛮"之间没有内在联系，在公元前6、7世纪时将"barbarians"等同于"野蛮人"或"低等人"或"奴隶"的过程也并不明显。到公元前5世纪时，这一趋势渐渐明显起来。

为什么不会说希腊语的外邦人会被认为是"野蛮的"并且理应受到希腊

① ［英］维克托·基尔南：《人类的主人——欧洲帝国时期对其他文化的态度》，陈正国译，北京：商务印书馆，2006年，第3页。
② 相传记述公元前12至公元前11世纪特洛伊战争及相关海上冒险故事的古希腊长篇叙事史诗《伊利亚特》和《奥德赛》是荷马根据民间流传的故事编写而成的。

人的统治呢？其原因要牵涉当时的奴隶制。实际上，在古希腊时期大多数的奴隶从源头上来说都是"barbarians"，即不会说希腊语的外邦人。那么问题来了，沦为奴隶的外邦人为什么就是"野蛮的""低等的""该受希腊人统治的"？要想得出一个明确的答案并不容易，虽然奴隶制在古希腊社会一直存在并在古代生活中起到了重要作用，但我们会惊讶地发现，这个主题从古代开始在文学作品中就很少被讨论。原因在于这项制度已被彻底而不加质疑地接受，因而没有一位古代作家感到有必要专门费笔墨来描述奴隶生活或探讨奴隶问题。① 在此，我们有必要厘清作为西方哲学思想奠基人亚里士多德（Aristotle，前384—前322）② 的相关看法，因为他的思想对西方文化的根本倾向和内容产生了深远的影响。虽然亚里士多德并没有一本专门论述奴隶和外邦人的书，我们还是可以从他的名著《政治学》（*Politics*）中找到他的关于"希腊人""野蛮人""奴隶"的思想脉络。

亚里士多德称奴隶是一种有灵魂的财产。在《政治学》的开头讨论城邦起源时他就提到了奴隶主与奴隶、丈夫与妻子、父亲与儿子这三种关系，认为这三种关系在一切有组织的社会中都是表现统治者与被统治者之间关系的基础性的社会方式。亚里士多德认为，"奴隶主—奴隶"关系与自然界中的关系一致，并提出了"天生的奴隶"（natural slaves）的原则。亚里士多德认为，人类的美好生活只能在城邦（polis）的框架内才能够实现，而在这个城邦中奴隶制是必须存在的，这些奴隶的智力状况是低于公民的。为了证明"天生奴隶制"的合理性，亚里士多德做出了一系列推理。

首先，亚里士多德断言财产和获取财产是人类获得美好生活所必不可少的一部分，并且认为那种在本性上不属于自己而属于他人的人，就是天生的奴隶，然后他断定在家务管理方面人们需要工具来打理财产。亚里士多德认为这样的工具要么是有灵魂的（animate）要么是没有灵魂的（inanimate）。其次，亚里士多德认为财富就是由大量的这类工具组成的，"奴隶就是一种有生命的

---

① ［美］威廉·威斯特曼：《古希腊罗马奴隶制》，邢颖译，郑州：大象出版社，2011年，第1页。

② 亚里士多德，世界古代历史上最伟大的哲学家、科学家和教育家之一。他对人文社会科学的几乎每个领域都做出了贡献。他的著述涉及伦理学、形而上学、心理学、经济学、神学、政治学、自然科学、教育学等众多领域。

所有物"①。接着他又将工具划分为创制工具（instruments of production）和实践工具（instruments of action），而"奴隶乃是实践的执行者"，是实践工具。接下来他认为工具都是财产的一部分，所以"奴隶不仅是主人的奴隶，而且整个属于他"。最后，亚里士多德认为，这种奴隶是天生的奴隶（a slave by nature），他们属于主人是自然现象。② 奴隶不仅是一种有灵魂的工具，也是实践工具，而所有的工具都是属于奴隶主的财产，这是一种自然现象，也证明了奴隶从属于其主人从根源上是合理的。

另外，亚里士多德还提出其他问题：天性如此的人是否存在、有没有人天生就是奴隶等。然后他问道：对于这些人，作为一个奴隶是不是更好更公正？亚里士多德相信自己在理论和实践中都找到了这些问题的答案。

> 无论是根据推理抑或事实，这个问题都不难解答。因为统治与被统治不仅必需而且有益。一部分人天生就注定治于人，一部分则注定治人。……在存在着诸如灵与肉、人与兽这种差别的地方，那些较低贱的天生就是奴隶。做奴隶对于他们来说更好，就像对于所有低贱的人来说，他们就应当接受主人的统治。那些要属于他人而且确实属于他人的人，那些能够感知到别人的理性而自己并没有理性的人，天生就是奴隶。而较低级的动物甚至不能理解到别人的理性，它们只服从自己的情欲。使用奴隶与使用家畜的确没有什么很大的区别。因为两者都是用身体提供生活必需品。自然赋予自由人和奴隶不同的身体，它使得一部分身体粗壮以适于劳役，使得另一部分身体挺拔，这虽然无益于劳作，但却有益于无论是战时还是在和平时期的政治生活。③

可以看出，对亚里士多德来说，奴隶由于其心智和身体上的弱势而处于从属地位，是"天生的奴隶"，那些能够运筹帷幄的人则天生就适于做统治者和

---

① ［古希腊］亚里士多德：《政治学》，颜一、秦典华译，北京：中国人民大学出版社，2003 年，第 7 页。

② Paul Cartledge. *The Greeks: A Portrait of Self and Others*, Oxford：Oxford University Press, 2002, pp. 138 – 139.

③ ［古希腊］亚里士多德：《政治学》，颜一、秦典华译，北京：中国人民大学出版社，2003 年，第 8 – 9 页。

主人。统治者与被统治者所具有的"天然性"使得主人和奴隶具有共同的利益，这些天生的统治者和被统治者为了得以生存和延续而建立了联合体。亚里士多德还进一步对比了"野蛮人"和"奴隶"，认为"野蛮人"远远没有希腊人发达，因为在野蛮人中女人和奴隶处于同样的地位，在他们之中没有天生的统治者，他们所形成的共同体只不过是女奴隶和男奴隶的结合而已。似乎野蛮人和奴隶在本性上是一致的。① 从这句话我们可以得出上面问题的答案：如果说野蛮人和奴隶在本性上是一致的，而亚里士多德又推测出奴隶就是天生该受希腊人奴役的，是低劣的，那么等同于奴隶的野蛮人自然也就是天生该受希腊人奴役的，对于"低劣的"他们来说能够受到"有理性、有更高才能"的希腊人领导还是更好的事情。

在当时，拥有不会说希腊语的奴隶不仅被认为是一件好事，并且在公元前4 世纪时最有雄辩才能和保守的希腊人还将不会说希腊语的邻居塑造为反面的、有奴性的形象并形成相关的理论，即有名的"希腊化"。一个即使不拥有任何奴隶的希腊人也会和他的奴隶主同胞一样衷心地拥护"自由"的观念：希腊人不曾也永远不会成为奴隶，而那些"Barbarians"从本质上来说就是有奴性的，是注定受奴役的。

亚里士多德在《政治学》中论述一个城邦的公民应该具有什么样的秉性时也论述了那些不是奴隶的"外邦人"与希腊人相比所显示出的劣势。他对比了欧洲（指的是他所知道的希腊世界以西和以北的地方）、亚洲（主要是指波斯帝国，不包括由希腊人定居的西部边陲）和希腊的情况。②

在亚里士多德眼中，希腊人不仅优越于亚洲居民，与欧洲居民对比时也显示出无与伦比的独特性："生命力旺盛""富于思想"。在人类发展史上，区分我族和"他者"是一种常见做法，以此界定己族排除外人。古希腊人以文化区分我族和他族，且暗含希腊文化更加优越的思想。亚里士多德将该思想发展成希腊人绝对优越于野蛮民族的完整的理论体系，这是一种本民族中心观或本文化中心观，成为近现代西方中心论与西方优种论、东方专制主义论与落后论

---

① ［古希腊］亚里士多德：《政治学》，颜一、秦典华译，北京：中国人民大学出版社，2003 年，第 2 - 3 页。

② Paul Cartledge. *The Greeks: A Portrait of Self and Others*, Oxford：Oxford University Press, 2002, pp. 54 - 55.

的思想根源。亚里士多德弱肉强食的强盗逻辑为古希腊人对内奴役其他民族、对外侵略其他国家提供了理论根据。

在公元前 4 世纪的前 75 年中，中古希腊世界大部分的奴隶从来源上都是"外邦人"（Barbarian origin），特别是在古希腊人打赢希波战争（Greco-Persian Wars）之后，最晚到公元前 450 年，外邦人天生"低劣"的形象被建立起来。希腊人被认为在心灵上、社会生活中和政治上都是自由的，而奴隶却和"Barbarian"画上了等号①。"这就是人们不愿意称他们自己为奴隶，而宁愿把这个词加给外邦人的原因。"② 那么，由希腊人来统治这些"野蛮的""低等的""天生的"外邦人也就不足为奇了，"希腊与波斯之间的冲突是造成由此而永久化的欧亚之间和东西方之间对立的根由"③。

不光是亚里士多德对希腊优于非希腊、"希腊人"优于"野蛮人"进行过论述，古希腊的其他思想家也深受"希腊化"的影响，为自己的希腊性（Greekness）而感到自豪。古希腊悲剧作家埃斯库罗斯（Aeschylos，前 525—前 456）④ 的剧本《波斯人》（*Persians*）中，"亚洲"一词就被用作波斯帝国的同义词。"早在公元前 5 世纪，'亚细亚'一词就是带有贬义的表述。它已不再是一个不带情感的地理名词，而是开始蕴含着专制独裁和野蛮的色彩，这两者与希腊人的理想是完全相悖的。在同一时期内，逐渐发展形成了一种信念，即在气候和自然地理方面亚洲比欧洲低劣。"⑤ 希波克拉底（Hippocrates，前 460—前 377）⑥ 也试图用气候和自然环境来解释欧洲的优越，指出亚洲稳定的气候是亚洲居民缺乏精神和勇气的原因，欧洲多变的气候是欧洲居民更积极上进的原因。⑦ 欧里庇得斯（Euripedes，前 485 或前 480—前 406）也认为

① Paul Cartledge. *The Greeks: A Portrait of Self and Others*, Oxford：Oxford University Press, 2002, p. 142.

② ［古希腊］亚里士多德：《政治学》，颜一、秦典华译，北京：中国人民大学出版社，2003 年，第 11 页

③ ［英］雷蒙·道森：《中国变色龙——对于欧洲中国文明观的分析》，常绍民、明毅译，北京：中华书局，2006 年，第 114 页。

④ 埃斯库罗斯，古希腊悲剧诗人，与索福克勒斯和欧里庇得斯一起被称为古希腊三大悲剧家。

⑤ ［英］雷蒙·道森：《中国变色龙——对于欧洲中国文明观的分析》，常绍民、明毅译，北京：中华书局，2006 年，第 114 页。

⑥ 希波克拉底，被西方誉为"医学之父"，是西方医学的奠基人，因提出人体"气质液体说"而闻名于世。

⑦ Denys Hay. *Europe: The Emergence of an Idea*, Edinburgh：Edinburgh University Press, 1968, p. 1.

"异邦人不知道什么是正义和法律，他们那里代替正义和法律的是暴力"①。被称为西方"历史之父"的希罗多德（Herodotus，前484—前425）② 也深受希腊人自我优越思想的影响。在《历史》（Historiae）一书中，他认为希腊联军以少胜多、以弱胜强的原因之一在于希腊人认识到他们是为保卫家园而战，他们的对手波斯则是为君主而战，希腊胜利、波斯战败的事实表明希腊城邦的民主制度远远优于波斯帝国的专制制度。

在很长一段时期内，希腊人以自我为中心，将古希腊世界以外的地方视为"野蛮人"居住的地方。"人们奉希腊人为导师，借取灵感，相信自己的文明和野蛮正相对峙；却是一点也不操心这里所谓的野蛮究竟是哥特式浪漫主义的野蛮、原始文明的野蛮、东方的野蛮，还是退化的野蛮。"③ 公元前2世纪中叶，希腊受到"蛮族"罗马的统治。有趣的是，古罗马人继承和延续了希腊人对待其他地区人们的看法，把生活在罗马文化区域之外的人称为"野蛮人"。波利比阿（Polybius，前201—前120）④ 在《通史》（The Histories）中写道："命运使整个世纪和它的历史倾向于同一个目标，即罗马帝国。"在波利比阿看来，罗马入侵亚洲是为了把亚洲从野蛮的暴行中解救出来。罗马是文明的对等物，罗马人混合采用了三种政体——体现君主制的执政官制度，体现贵族制的元老院制度，体现民主制的公民大会——所以能免于衰亡的命运。⑤ 伯特兰·罗素（Bertrand Russell，1872—1970）指出："罗马帝国和希腊城邦一样，通过自己的方式保持着对境外世界的优越感和恩赐姿态。尽管它与远东有一些联系，但却不足以使罗马公民注意到以下事实：世界上还存在着其他伟大文明，而这些文明是不能被简单地看作野蛮而不予考虑的。尽管罗马具有更宽广的视野，它还是被傲慢支配着，犹如它的文化祖先希腊。"⑥ 虽然古罗马人

---

① Euripides. *Medea*, London：William Heinemann Ltd., 1912，p. 537.
② 希罗多德，公元前5世纪的古希腊作家，他把旅行中的所见所闻以及第一波斯帝国的历史记录下来，著成《历史》一书，对后世了解古希腊历史具有巨大的作用。
③ ［英］维克托·基尔南：《人类的主人——欧洲帝国时期对其他文化的态度》，陈正国译，北京：商务印书馆，2006年，第4页。
④ 波利比阿，也译作波利比奥斯，古代希腊历史学家、哲学家。他曾剖析希腊城邦制度，提出希腊传统的政体循环理论，认为罗马是君主制、民主制和贵族制的混合。
⑤ 潘娜娜：《18、19世纪欧洲中心论思想研究》，成都：四川大学博士学位论文，2008年，第46页。
⑥ ［英］伯特兰·罗素：《西方的智慧》，亚北译，北京：中国妇女出版社，2003年，第146页。

曾被古希腊人认为是"野蛮人"，但是在占领欧洲广大区域之后，罗马人很快学会了古希腊人的傲慢和自我优越感，仍然将帝国范围之外的人类社会形态视为"野蛮"。

在古希腊罗马时期，欧洲文化中的我们—他者、"文明"—"野蛮"的划分和二元对立植根于古希腊的奴隶制度中。大量沦为奴隶的"外邦人"经过一系列的"论证""推理"，以及"戏剧化"被塑造为"野蛮""低劣"的形象。经过亚里士多德等思想家的论证，由希腊人来统治和占领"野蛮人"及这些人居住的地方成为符合自然规律的，且有利于"野蛮人"自身发展的理论，这一思想很快被古罗马人继承和发扬，继续保持对帝国以外的文明形态蔑视的态度。这种自我文明优越性的思想在古罗马帝国衰亡以后并没有消失，相反，文明优越的思想在中世纪披上了宗教的外衣，宗教优越代替了地理优越的思想。

公元476年，西罗马帝国在内外交困的情况下寿终正寝。日耳曼人成为罗马土地的新主人并相继皈依了基督教，接受罗马教廷的庇护，承认教皇的领导地位。法兰克王国于496年接受基督教，西哥特王国在671年改宗基督教。从10世纪开始，以不列颠、法兰西和德意志为中心，基督教向北欧、中欧、东欧广大地区传播。匈牙利（999）、波希米亚（1000）、波兰（1018）、丹麦和挪威（1027）都相继皈依了基督教。[①] 大量教区和教会的设立，使基督教获得了广泛的传播，确立了基督教在西方世界精神领域中的独霸地位，基督教世界代替希腊罗马成为欧洲的代名词。

克里斯托弗·道森（Christopher Dawson，1889—1970）[②] 指出，基督教会承袭了罗马帝国傲慢和自视为权威的传统，作为一个较高层次文明的使者，基督教带着罗马法的威望和罗马之名的权威来到日耳曼蛮族中间。罗马帝国政治制度的崩溃留下了一个任何日耳曼蛮族国王或酋长都不能弥补的巨大空隙，而这个空隙被作为新兴民族的导师和法律制定者的教会填补了。[③]皈依基督教使

---

① J. R. S. Phillips. *The Medieval Expansion of Europe*, Oxford：Oxford University Press, 1988, p. 33.
② 道森是当代著名的文化哲学家、历史学家和文化史学家。因为从小生活在浓厚的基督教氛围中，道森虽然研究领域十分广泛，但其主要兴趣集中在宗教信仰与文化变迁的关系方面。
③ ［英］克里斯托弗·道森：《宗教与西方文化的兴起》，长川某译，成都：四川人民出版社，1989年，第9页。

得日耳曼人摆脱了"野蛮"的状态。日耳曼人原本是"蛮族"，基督教会把基督教和罗马的文化传播给他们。基督教罗马和文明被视为可交换使用的术语。①基督教徒们继承了这种心理优越思想，并以宗教经文、宗教理论以及宗教冲突的方式体现出与其他宗教信徒的不同及优越感。

基督教经典赋予了基督教欧洲之存在不证自明的必然性：作为雅弗后代的基督徒们拥有占领其他宗教教徒居住地的权利。抱着这种想法，教皇格列高利七世（Gregory Ⅷ，1073—1108）及其后继者们提出并实施反土耳其的远征计划。这种打着捍卫信仰幌子的荒谬行动持续了三个世纪之久，其间欧洲一共向东进行了七次远征。这一行动带来的冲击使欧洲人"觉醒"，它意味着整个欧洲第一次有了联合的意识，这种思想在欧洲大陆信奉基督教的人民中间起着黏合剂的作用：所有的基督教徒有责任共同驱逐"异教徒"和"野蛮人"，有责任承担起保护欧洲大陆的义务，也有责任联合起来去"帮助"和"解救"那些被"异教徒"占领的地方。

基佐认为这是欧洲团结的首次演示：它是第一次真正意义上的全欧洲的历史事件。此前，我们从来没有看到欧洲人以同样的感情，因同样的原因而统一行动。②这种拥护欧洲联合的信念在欧洲人民和精英阶层那里总是不断地显现出活力，当今的欧洲一体化进程思潮不能不说与此相关。由于欧洲和基督教会的共同扩张，到14、15世纪，出现了欧洲与基督教相互认同的趋势，当庇护二世（Pius Ⅱ，1405—1464）③把"欧洲"一词当作"基督教"的同义语时，人们已不感到惊讶了。④世俗的"欧洲"由于宗教战争和共同对抗外来侵略者的缘故，也获得了一种强烈的认同感。

在论述基督教比其他宗教更加先进、优越和正统方面，教会也发展出了自己的一套理论体系。拉克坦提乌斯在《神圣制度》中用各种对比方法证明基督教比其他宗教优越。后来的思想家和学者强调基督教或者新教为欧洲提供了某种特殊的文化品质，提供了其他文明所没有的东西，推动了欧洲社会的快速

---

① Denys Hay. *Europe: The Emergence of an Idea*, Edinburgh: Edinburgh University Press, 1968, p. 23.

② ［法］皮埃尔·特里奥姆夫：《基佐的欧洲观》，秦川译，北京：北京大学出版社，2012年，第95−96页。

③ 他于1458年成为罗马教皇。

④ ［英］雷蒙·道森：《中国变色龙——对于欧洲中国文明观的分析》，常绍民、明毅译，北京：中华书局，2006年，第119页。

发展。著名的神学家圣·奥古斯丁（Aurelius Augustinus, 354—430）① 在《上帝之城》（*City of God*）中阐述了一套完整的理论，表达了信仰基督教的欧洲优越的思想，初步建构了"欧洲 = 基督教，非欧洲 = 异教徒"的认同界定模式。如果说天主教哲学的第一次成熟是靠圣·奥古斯丁的努力②，那么托马斯·阿奎那（Thomas Aquinas, 1225—1274）的《反异教大全》则将天主教哲学的发展推向巅峰，成为一部基督教的护教著作③，它论证了基督教的正统地位及其与其他宗教如伊斯兰教的对立，进一步推动了"基督教—伊斯兰教"的二元对立。

尽管中世纪的欧洲在财富、技术等方面远远落后于伊斯兰教邻居，欧洲人却坚信自己更加优越，因为他们有更大的希望进入天国。从 12 世纪开始，具有广泛世界意义的基督教取代了"欧洲"这一概念，因为欧洲没有承载任何感情，而基督教承载着感情。④这种对拥有不同宗教信仰的人的敌视甚至蔑视和心理优越感，对欧洲社会产生了深远的影响。宗教取代古希腊罗马时期以地理作为区分"文明"与"野蛮"的标准，在中世纪时，欧洲人认为信奉基督教的人比"异教徒"高人一等。欧洲民众生活包括教育、知识传播在内的方方面面无不受到宗教的影响，教科书中充满了宗教优越的思想，普通人对欧洲以外地区的看法也丧失了客观与公正。

毫无疑问，在漫长的中世纪，耶稣基督教的精神构成了欧洲优越感各种表现形式的思想基础。但是当欧洲人发现伊斯兰教徒不再像往常一样构成对基督教欧洲的威胁时，当地球上新的大陆、民族和文化被发现时，充当欧洲人头脑中一致对外口号和旗帜的"基督教"似乎不再符合当时社会的发展，人们需要一个新的口号来代替它，以显示与他人相比较时所展现出来的优越感。随着美洲大陆的发现，地球上新的地理区域跃入人们的眼帘，除了欧洲人熟悉的伊斯兰教徒外，世界上还存在信仰其他宗教的人或者无信仰者，这些新的美洲原住民对欧洲人头脑中根深蒂固的"基督教—伊斯兰教"二元对立模式形成巨

---

① 奥古斯丁为古罗马时期基督教思想家，欧洲中世纪基督教神学、教会哲学的重要代表人物。

② ［英］伯特兰·罗素：《西方的智慧》，亚北译，北京：中国妇女出版社，2003 年，第 154 页。

③ ［美］科林·布朗：《基督教与西方思想》（卷一），查常平译，北京：北京大学出版社，2005 年，第 96 页。

④ Heikki Mikkeli. *Europe as an Idea and an Identity*, Houndmills：Palgrave Publishers Ltd. , 1998, p. 30.

大的冲击，并伴随着宗教改革对基督教统治局面的打破而一起向新的二元对立模式转变，基督教的优越感逐渐让位于世俗的欧洲中心主义。

# 第三节
# 宗教改革和早期的殖民活动

近代以来，随着欧洲的全球扩张，文艺复兴对古希腊罗马传统的重新发掘，宗教改革对基督教在西方世界的统治地位的撼动等促使"基督教世界"的欧洲开始向一种世俗意义上的"文明"观念转化，地理大发现是其标志。在这一过程中，欧洲人将欧洲文明与其他地方的文化风俗相比较，以自己在物质上、科技上、政治领域方面的状况为标准，强调自身的优越性、进步、富强等特质，将其他地区和人们划归为"野蛮"一类，并通过思想模式得以强调和确立。

## 一、 地理大发现

1492 年哥伦布首次远航探险，发现了美洲的古巴、海地和一些小岛，开辟了从欧洲横渡大西洋到美洲并安全返回的新航路，从而把美洲和欧洲紧密联系起来。哥伦布对他发现的地方做了较详细的记载和描绘，使欧洲对这里有了初步的认识和了解。1498 年瓦斯科·达·伽马（Vasco da Gama，1469—1524）① 绕过好望角开辟了通向印度的海上航线，1522 年麦哲伦率领的船队第一次完成了环球航行。这些新航路的开辟以及美洲的发现，使西方人超越了从前熟悉的与拜占庭人和穆斯林人联系的轨道，进入与一些令人困惑的种族、教

---

① 瓦斯科·达·伽马，出生于葡萄牙锡尼什，航海家、探险家，从欧洲绕好望角到印度航海路线的开拓者。

义和文化联系的轨迹中。① 早期的航海家和船员们从其他地方带回的当地特产和大量闻所未闻的"奇闻异事",甚至还有人将当地人带回欧洲进行展览。面对新的社会形态和民族所带来的冲击,欧洲人头脑中固有的对世界的看法被迫做出改变。

在经历了起初的好奇之后,面对"新世界"美洲,欧洲人的心理优势却慢慢凸显。当时,无数的岛屿被发现,在西部和南部发现了一大块前人所不知道的土地——"新世界",这个新世界不仅仅在地理、政治、经济和军事意义上被征服,其思想领域也被迫转向基督教信仰。欧洲人画出了第一幅真正的世界地图,知道所有的人住在什么地方。地理空间的扩展为欧洲人提供了重构历史的空间,他们是当时唯一有这种特权的人。当时欧洲的社会经济状况与之前相比有了很大的发展。面对这种状况,欧洲人的自豪之情溢于言表:"我们可以断言,我们现在已经了解了整个世界,了解了人类的所有民族;他们能够相互交换各自的商品,相互满足各自的需求,他们就像同一城市或同一世界国家里的居民。"② 如果说文艺复兴促使欧洲人从时间的纵深方面思考欧洲的过去和现在,那么持续的海外探险则使得欧洲人能够从空间的横向扩展方面思考世界文化的多样性和欧洲文化的独特性。

欧洲人在发现、比较和思考其他文化与自身文化的过程中建构了新的认同,其中包含了欧洲对当时整个世界的理解。前往美洲的航海家、殖民者、传教士以及神学家,通过游记,日记,文学、历史、学术等著作描述着自己对新世界的感受,将欧洲"文明"形象与美洲、亚洲形象相对比,突出欧洲的优势,"这是一种权威模式"③。16世纪荷兰画家约翰尼斯·斯特拉丹(Johannes Stradanus)的作品,通过极富隐喻的画面,勾画了"文明的"欧洲与"未开化的"美洲相会的奇妙场景。在一幅题为《亚美利哥·韦斯普奇发现美洲》

① 何文华:《地理大发现时代欧洲建构的"美洲"形象》,《学术论坛》,2011年第10期,第102页。

② [英]约翰·伯瑞:《进步的观念》,范祥涛译,上海:上海三联书店,2005年,第35页。

③ Anthoy Pagden. *European Encounters with the New World: From Renaissance to Romanticism*, New Haven: Yale University Press, 1993, p. 93.

的画中，航海家韦斯普奇（Amerigo Vespucci，1454—1512）① 刚刚抵达美洲大陆，一手持西班牙国旗，一手拿着航海工具六分仪。在韦斯普奇面前，一个赤裸的美洲妇女从吊床上欠起身来，惊诧地看着他。② 这幅画作中韦斯普奇和美洲裸妇的形象形成鲜明的对比，航海家的穿着和六分仪无疑象征着开化和征服，而裸妇则象征落后和屈从。诸如此类关于"新世界"的感受和认知又通过当时印刷术的普及和流行而传播开来，美洲"落后"的形象在普通欧洲人心目中的地位随着大量教会报告、旅行日记、游记、文学作品的流传而日益根深蒂固。

地理大发现和早期殖民活动的意义不仅于此。在早期奴隶贸易的巨大利润面前，欧洲人对宗教的忠诚度也在逐渐降低。15 世纪 30 年代，西班牙在加那利群岛上进行殖民活动，开始将当地人变做奴隶。消息传到教皇尤金四世（Pope Eugene Ⅳ，1383—1447）那里，他立即颁布了一道训令（Sicut dudum），命令每个参与者收到训令日起，在 15 天内必须恢复这些加那利群岛居民的自由，否则将受到惩罚。但是教皇的训令被弃之不顾，他的两位继承人的训令也遭到了同样的命运。③ 在经济利益的巨大诱惑面前，欧洲人似乎已经摒弃了"基督教徒"所信奉的"人人平等"原则，连教皇的训令也开始置若罔闻。

欧洲人在面对越来越多的新的地理区域时，他们不光受利益和好奇感的驱使，也充斥着对非欧洲地区的强烈的优越感，"当欧洲人率先开始探索全球的时候，最让他们吃惊的不是西半球的发现，而是他们相对于其他地区的技术进步"④。此时的优越感已不能用对摩尔人所展示出的宗教优越感来展现了，因为这些区域的人们有着欧洲人闻所未闻的外表、饮食习惯、文化和风俗。至于他们有没有真正意义上的宗教，这也是一个争论不休的话题。无论如何，这些美洲人和原来的摩尔人是完全不同的，信仰基督教与否不是显示他们特性的

---

① 韦斯普奇，意大利商人、航海家、探险家和旅行家，美洲就是以他的名字命名的。他经过对南美洲东海岸的考察提出这是一块新大陆，而当时所有的人包括哥伦布在内都认为这块大陆是亚洲东部。

② ［英］迈克·克朗：《文化地理学》，杨淑华、宋慧敏译，南京：南京大学出版社，2003 年，第 81 页。

③ ［美］罗德尼·斯达克：《理性的胜利——基督教与西方文明》，管欣译，上海：复旦大学出版社，2011 年，第 157 页。

④ 同上，导言第 1 页。

词汇。

面对这种情况，文艺复兴时期学者对古希腊罗马时期经典著作的重新发掘派上了用场，"barbarous""savage""wild""bestiality"等词语不断用来指涉新发现的美洲。而在欧洲这一方，在"文明"观念诞生之前，没有其他更好的词语可以显示出欧洲人的优越感。千百年来宗教的影响还是促使欧洲人选择用宗教来彰显自己的不同与进步。但是要注意，此时的基督教已被赋予了更多的含义：它不光体现了宗教的正统、上帝的恩惠等，还承载了欧洲人以往在"异教徒"面前所无法展现的文化、科技、教育等方面的心理优势。所以"基督教"在这个时期仍然充当着殖民活动的"大旗"。

"欧洲人认为，仅仅获得土地是不够的，还需要使被征服者文明化，传播基督教成为达到这个目标的重要手段。在欧洲人看来，文明与野蛮的一个重要区别在于是否信仰基督教，因此传教不只基于宗教虔信，也是为了传递欧洲先进的文明价值观和生活方式。"① 面对这些"野蛮的"美洲人，除开当时的神职人员，当时的欧洲人普遍视传播基督教为一种"使命"：将上帝的旨意传播到世界的各个角落。殖民运动被打上"教化"和"传播上帝旨意"的烙印，这也是早期欧洲扩张的一个重要特征。

## 二、 文艺复兴

从 15 世纪开始，欧洲经历了其他各大洲所没有发生的巨变与转型，漫长的中世纪走向结束，欧洲迎来一个新的时代。"文艺复兴（Renaissance）就是此一转型过程中的一个现象。对古代的重新记忆，土耳其人的先进，世界观的扩展等，都在鼓舞着欧洲人视自己为文明，视其他人为野蛮。"② "文明"观念在此时期开始萌芽。

文艺复兴于 15、16 世纪开始于意大利，并传播到欧洲其他地方。由于印刷术的发明，更多的公众能够接触到许多世纪以来一直被忽视的著作，新创作出来的作品也能以更快的速度与大众见面。在此期间，社会思想被世俗化，人

---

① 张旭鹏：《"欧洲观念"的内涵及其历史演变》，成都：四川大学博士学位论文，2004 年，第 42 页。

② ［英］维克托·基尔南：《人类的主人——欧洲帝国时期对其他文化的态度》，陈正国译，北京：商务印书馆，2006 年，第 13 页。

们出现了一种强烈的需求，需要一种世俗的对世界和历史的理解和表述，对基督救世赎罪的使命以及神的天意的作用和意义的信念日渐衰退，而对人的活动、人的生活的社会形式和人在现世、当下的状态赋予了更多的重要性。

在欧洲的"文艺复兴"时期，在有关"文明"概念演化方面，起作用的主要不是科学知识的具体研究和新的发展（当然这些也起了重要作用），而主要是精神创新、新的自我意识的建立，以及关于过去和未来的预见和想象。欧洲文艺复兴时期的人文主义者，拘泥于传统文化的原则，把社会理想的形象指向过去，因而把古希腊罗马的古典时代看作真正的"文明"，是需要模仿的对象和榜样；同时，人文主义者在试图建立自己的理想时，依靠的主要是古代的语言、价值和文学。过分依赖古希腊罗马时期的成就，成为这一时期的时代局限，这就使这些学者还不能达到后来启蒙运动时期思想家的高度，还不能从现在和未来出发，还不懂得研究社会知识和历史知识的方法，因此"文明"概念在当时还不可能形成。然而，他们为"文明"概念和"文明理论"的诞生，为"文明"作为未来的形象的观念的诞生创造了前提，做出了贡献。①

由于人文主义者对古希腊罗马时期经典著作的重新发掘和研究，古典时期的关于城邦、个人道德发展的观念开始重新得到提倡。从文艺复兴时期开始逐渐形成的近现代"文明"观念，包含来自拉丁词"civilis"（公民的、国家的）、"civilitas"（彬彬有礼、谦恭）以及由其引申出的"civis"（公民）、"civitas"（国家、城市）的含义。这些词语体现了居住在城市和国家中的人所受到的影响，使之举止高雅，也表明了"文明"观念与现代意义上的国家的出现有密切关系。

虽然人文主义者由于时代的局限无法发展出近现代意义上的"文明"观念，但是他们为欧洲人脱离以宗教作为自我认同唯一标识做出了巨大贡献，也奠定了现代世俗"文明"观念形成的基础。在15、16世纪，人文主义者力图摆脱基督教神学对人们精神的桎梏，将焦点放在对现世生活的思考、对人的价值和行为方式的探索上，加上一大批古希腊罗马时期文献的发现，促使人文主义者将目光转向遥远的过去，以复兴古典希腊罗马文明为己任，挖掘古代欧洲优秀思想经典。正是在这一过程中，人文主义者发现希腊人发明的"野蛮"

---

① 陈启能、姜芃等：《世界文明通论：文明理论》，福州：福建教育出版社，2010年，第42页。

用语，能够更为恰当地展示出欧洲人在与刚发现的美洲居民进行对比时所呈现的方方面面所拥有成就的自豪感，他们迫不及待地用这种朦胧的"文明观"表达欧洲的优越也就不足为奇，这为欧洲的殖民扩张做了文化铺垫。18 世纪以后的哲学家和思想家在此基础上进一步发挥这种欧洲优越思想，逐步发展出历史线性发展的观点：在人类不断向前进步的过程中，西方是进步的、创新的，代表着进步的终极目标，到了 19 世纪这一思想得到广泛的传播。

## 三、 宗教改革

随着欧洲对外殖民活动的增多，欧洲人逐渐摒弃以往惯常使用的"基督教—伊斯兰教"二元对立模式来凸显欧洲人与新发现的美洲人之间的差异，原因除了上述讲到的"新世界"的特性和文艺复兴思想家对古希腊罗马经典的重新挖掘之外，宗教改革也是其中一个重要的原因。16 世纪的这场宗教改革运动，彻底打破了基督教世界统一的局面，新教和天主教两派并立。同时，罗马教廷至高无上的统治地位也一去不复返，教会的力量被严重削弱，欧洲人生活观念慢慢世俗化，关注点不再仅仅是"进入天国"。一个以人为主题、以自然为对象的理性主义时代在欧洲崛起，以信仰上帝为一切尺度的时代在历史舞台上拉下了帷幕。

16 世纪以后，欧洲逐渐从代表"基督教世界"向一种世俗的现代"文明"意义上的"欧洲"转化。"作为整体存在的教会已不再具有普遍性了，也不再具有丝毫团结的外表。这时最主要的事实是，强有力的经济关系把欧洲联结在一起，而且各国政治机构的相似、共同的文化背景以及语言上的近似，促成了一种初步的、现成的团结。"① 欧洲需要一个更加世俗的、更能反映当时资产阶级身份和发展需要的口号来代替教会，来标榜与"亚洲"和其他地区的不同。从感受上来说，欧洲从旧日的基督王国变成"欧洲共同体"（Europe des patries）正符合普遍的意识发展，并且间接促成其后出现的欧洲意识。尽管各国仍然彼此征伐，欧洲国家仍感受得到他们与其他大陆的差异：欧洲各国了解到他们属于同一文明；在理性思考、世俗事物、科学发展上他们都有共同

---

① ［英］雷蒙·道森：《中国变色龙——对于欧洲中国文明观的分析》，常绍民、明毅译，北京：中华书局，2006 年，第 120 页。

利益；尽管某些国家发展多一些、快一些。① 当欧洲各国发生战争时，这种朦胧的"欧洲"意识可能就会变得非常微弱甚至感受不到分毫，但是战争一旦停止，当欧洲人面对来自其他地区的"异邦人"时，相互之间的差异性就会缩小，共同感就会油然而生。

"新世界"的发现、文艺复兴和宗教改革的兴起对人们头脑中传统的以宗教来划分"我们"与"他者"的标准提出了挑战，人们开始用世俗的眼光来看待欧洲与非欧洲。宗教改革否定了教会的绝对权威，宣扬教义"先定论"，人可以获得精神上的自由和救赎的自主权，人文主义思想得到进一步弘扬。文艺复兴带来了西方思潮的转向，突破了以宗教僧侣所设置和倡导的宗教学术体系，人取代神重新开始成为社会生活的主体。一千多年来，人、人的生活再次成为学者关注的焦点，这形成人本主义的新的思想体系。更加值得注意的是，人文主义也反映了当时正在形成中的新兴资产阶级的利益和要求。对现世生活的肯定、对世俗物质财富的追求和对幸福的倡导反映了这一阶级的主张，推动了当时社会经济生活的发展和科学探索精神的兴起。更为重要的是，文艺复兴使人发现了自身，也发现了世界。"在中世纪，人类意识的两方面——内心自省和外界观察都一样——一直是在一层共同的纱幕之下，处于睡眠或半醒状态。"② 文艺复兴中的思想巨人，用自己的作品抨击教会的腐败和虚伪，肯定人的价值和尊严，提倡追求自由和幸福，这些思想被启蒙思想家所继承，他们继续高举理性的旗帜，批判宗教迷信，追求自由平等，主张人权神圣不可侵犯，将人文主义思想推向新的高度。宗教改革和文艺复兴时期所发展出来的对教会桎梏的突破、对人性的肯定、自由平等观念、世俗生活、物质财富的追求等都为"文明"观念内涵的进一步发展铺平了道路。

另外，地理大发现、宗教改革和文艺复兴也改变了欧洲人看待自我和他者的方式与态度。如前所述，宗教不再是欧洲人评判自我与他人的唯一标准，面对越来越多新的"他者"的出现，欧洲人的焦点开始从宗教往更世俗的文化、习俗、生活方式等方面转变。各方面的对比加强了欧洲人的自我优越感和自豪

---

① ［英］维克托·基尔南：《人类的主人——欧洲帝国时期对其他文化的态度》，陈正国译，北京：商务印书馆，2006 年，第 16 - 17 页。
② ［瑞士］雅各布·布克哈特：《意大利文艺复兴时期的文化》，何新译，北京：商务印书馆，2007 年，第 125 页。

感。世俗欧洲的再现和新世界的新现象对基督教的统一历史提出了挑战，历史学家企图以一种新的普遍历史理论代替僧侣提出的宗教史学，史学不再以《圣经》为权威和标准，人的历史而非神的历史成为史学的中心。

在这种新的理论构建中，非欧洲不自觉地被视为历史发展的低级阶段。法国人文主义史学家勒·卢阿（Louis Le Roy，1510—1577）在《宇宙万物的兴衰或变迁》中描述了人类从野蛮到秩序化社会的过程：最初人们与野生动物没什么分别，躲在有叶子覆盖的树枝下面，后来人们学着种庄稼，修建房子，吃熟食，变得有礼貌。为了解释各个时代文化的差异和风俗习惯的演变，他构想出一种以德行为衡量标准的帝国体系的文化观。根据各个时代帝国的文明进化程度，世界历史经历了从亚述、米堤、波斯、希腊、罗马到欧洲各国的演变。① 世界上其他地区都被勒·卢阿排除在外，这固然由于作者所处时代和眼光的局限，也说明这一时期的历史学家已经有欧洲中心论思想的萌芽。这种以作者身处的社会来看待其他地区和文明的现象也深深影响了后世西方史学家和思想家的态度和世界观。

# 小 结

综上所述，在"文明"这个名词正式于18世纪中叶出现之前，有关"文明"观念、文明优越论以及对其他地区优越感的想法和理论早已存在，在不同的时期各有侧重点：古希腊罗马时期以建立在奴隶制基础上的"希腊—野蛮"二元对立为特征，将语言和地理环境作为划分"我们"和"他者"的依据，并在奴隶制的基础上，将奴隶的特征赋予"外邦人"（Barbarians），使这个词语具有了"野蛮的""低劣的""天生该受奴役的"等含义；在中世纪基

---

① Ernst Breisach. *Historiography: Ancient, Medieval and Modern*, Chicago: Chicago University Press, p. 182.

督教一统西方世界的局面下，世俗的以语言和地理环境作为区分的标志让位给了宗教，"文明"更多地表现为宗教上的正统性，"希腊人—野蛮人"的二元对立被"基督教徒—异教徒"所取代，以上帝名义发动的战争也被认为是"理所当然"，是"正义"的；而在近代早期，以地理大发现为标志，古希腊的"野蛮"观念被重新挖掘用于观察新发现的美洲大陆居民，以此作为区别，标榜欧洲人的进步与富强，欧洲中心主义思想初露端倪。与此同时，与"文明"观念内涵有关的"公民""国家""城市"等概念也得以发展，这些都为"文明"观念的诞生以及"文明"被用作一种殖民意识形态奠定了基础。

第二章

# "文明"观念的诞生和发展

　　在正式讨论"文明"观念之前，本章将从另外两个欧洲社会曾经流行的词语"宫廷礼仪"和"礼貌"着手，分析它们曾经流行的时代背景和蕴含的价值内容，以此说明"文明"观念出现的必然性和必要性。时代的变化造成流行观念的变化，17 和 18 世纪是欧洲"文明"观念出现的一个重要时期，科学革命和启蒙运动启迪了欧洲人的思想，经济发展增强了欧洲的总体实力，技术进步给日常生活带来诸多便利，这些都提升了欧洲的自我意识。作为彰显新兴资产阶级经济地位和政治要求的口号，"文明"观念应运而生，用于指代人的进步和社会日趋完善的一种状态，并随着启蒙运动在欧洲各国的蓬勃开展从法国传播到欧洲各国。随着欧洲内部关于进步、富强等文明特征和民主、自由等意识的加深，在与世界其他文明相对比时，欧洲的优越感日益加强，欧洲思想家们越来越多地谈到"欧洲文明"。在对欧洲与非欧洲地区发展模式和原因进行思考的基础上，启蒙思想家对"文明"的理解和使用初步确立了"欧洲＝文明""非欧洲＝野蛮"的二元对立模式。

# 第一节
# "文明" 观念出现之前的 "宫廷礼仪" 与 "礼貌"

　　纵观人类社会的发展历程，任何一个社会在不同的历史发展阶段都有与其相适应的生活方式，并形成相应的社会主流价值观所倡导的行为准则，西方社会亦是如此。在"文明"概念形成和流行之前，"礼貌"与"宫廷礼仪"这两个概念具有与之相似的作用。在面对被他们认为是普通的、没有受过教育的阶层面前，欧洲的上等阶层曾以这两个概念表现出一种自我意识，来表明自身行为的特殊性。正是这种特殊使他们觉得自己有别于所有普通的、没有受过教育的人们。① 从"宫廷礼仪"和"礼貌"的名称上可以看出上等阶层所力图展现的优雅、高级、温和以及与下层阶级相比所表现出的身份高贵。从中可以推断出，作为彰显阶级身份和优越感的词语，"文明"至少在产生之初也有这样一个功能。

埃利亚斯认为，概念和流行用语的变迁体现了人类社会生活的变化：在中世纪，人们用来表达类似含义的概念是"宫廷礼仪"（courtoisie）；到了文艺复兴时期，具体是在 16 世纪中叶，"礼貌"（civilité）逐渐代替了"宫廷礼仪"；到 17 世纪，"宫廷礼仪"就越发不时髦了，至少在法国"礼貌"取得了优势；到 18 世纪，人们开始用"文明"（civilisation）这个词。"宫廷礼仪""礼貌""文明"这三个当时社会的流行用语体现了时代精神的发展。"文明"为什么会取代"宫廷礼仪"和"礼貌"成为 18 世纪下半叶的流行词语呢？在此有必要梳理一下"宫廷礼仪""礼貌""文明"之间的关系。

以法国为代表，在中世纪后期的欧洲宫廷贵族中形成了一套行为准则，并以此来表达一种自我意识，反映这一行为准则的核心概念便是"宫廷礼仪"（courtoisie）。当时还出现了一些关于"宫廷礼仪"的诗歌，使这种源于上层社会的行为方式扩展到广大中等阶级。到文艺复兴时期，随着宫廷贵族的衰落和市民阶级的兴起，"宫廷礼仪"这一概念并不能完全反映市民阶级和新贵族的行为准则，因此开始显得过时了，取而代之的是与市民阶级和新贵族行为方式相一致的"礼貌"（civilité）这一概念。"礼貌"作为反映欧洲上层社会行为准则的核心概念，16 世纪开始兴起，到 17 世纪广为流行，正如 1676 年一位法国作家所说："'彬彬有礼'和'宫廷礼仪'这些词开始老化了，已经不再时兴了。我们现在说有礼貌的、有教养的，或礼貌、教养。"② "礼貌"或

---

① ［德］诺贝特·埃利亚斯：《文明的进程：文明的社会起源和心理起源的研究》，王佩莉、袁志英译，上海：上海译文出版社，2009 年，第 103 页。
② 同上，第 143 页。

"有教养的"观念的产生和流行是由于当时的欧洲社会发生了巨大变化,观念的产生迎合了当时的社会需求。

16 至 17 世纪,传统的骑士制度与骑士观念随着封建制度的衰落而日趋没落,西欧社会正经历着巨大的变革。在人文主义者的倡导下,西欧上层社会的价值观念发生了变化,现世主义与个人主义逐渐成为人们追逐的时尚。社会经济和社会阶层的变化也带来了生活观念与生活方式的变化,这种变化体现在上层社会越来越注重"礼貌",对"礼貌"的要求程度越来越高。"礼貌"的兴起正反映了这一阶层不同于其他阶层行为准则的出现。"当骑士阶层和作为一个统一体的天主教土崩瓦解的时候,'礼貌'这个概念在西方社会里才有了意义。"①

有"礼貌"的人应该是什么样的呢?"人文主义者认为,一个全面发展的人,除了具备各种专门的知识外,还应具有高雅的举止、整洁的服饰和优雅的谈吐,懂得各种社交礼仪。"② 当时的人文主义者编写了各种各样有关社交礼仪与规范的手册,供人们学习与参考,其中要提到一本在当时上层社会影响非常大的小册子。这本小册子由尼德兰人文主义者、作家伊拉斯谟(Desiderius Erasmus Roterodamus,约 1469—1536)所著,于 1530 年出版,名为《男孩的礼貌教育》。这本小册子在当时受到广泛的欢迎,在出版后的 6 年时间里就再版了 30 多次。《男孩的礼貌教育》是伊拉斯谟为一个君主的儿子撰写的,但它对当时的上层社会产生了重大影响。③ 或许今天以一种规劝的方式正式写一本书来教导人们应该怎么去擤鼻涕有点匪夷所思,但是我们可以从伊拉斯谟不厌其烦地讲述哪种姿势是"礼貌的"看出,他将这些"不礼貌的"行为与从

---

① [德]诺贝特·埃利亚斯:《文明的进程:文明的社会起源和心理起源的研究》,王佩莉、袁志英译,上海:上海译文出版社,2009 年,第 121 页。

② 陈启能、姜芃等:《世界文明通论:文明理论》,福州:福建教育出版社,2010 年,第 120 页。

③ 在这本书中,伊拉斯谟对日常生活、行为方式以及社交生活中的礼仪都进行了阐述,对于一个人日常生活中身体的姿势、手势、服饰、面部表情、擤鼻涕等都做了详细的规定。书中伊拉斯谟对当时人们生活的方方面面几乎都做了比较周详的考虑,从公共空间"教堂"到私人空间"卧室",从一动"游戏"到一静"睡觉",他对什么是"礼貌的"、什么是"不礼貌的"都做了规定。比如现在比较难以启齿的放屁、擤鼻涕等行为,伊拉斯谟都用一种正规的、毫不难为情的态度写了出来。例如:"坐在椅子上不要摇来摇去,这样做看起来是在偷偷地放屁,或者是想要偷偷地放屁";"人的目光应该柔和、真诚、宁静,而不应该空洞、冷漠或像阴险恶毒的人那样东张西望";"用帽子或衣服来擤鼻涕是农夫的做法,把鼻涕擦在手臂或臂肘上是鱼贩子的举动,把鼻涕擤在手上然后擦在衣服上也不好。应该把鼻涕擤在手帕里,而且应该转过身去,特别是当有尊贵的和重要的任务在场的时候,如果用手指擤了鼻涕,然后把它甩在地上的话,应该立即用脚蹭去"。

事某种特定行业的人联系在一起，如"农夫""鱼贩子"。从中可以看出，伊拉斯谟的小册子实际上将特定行为与特定职业阶层联系在了一起。上层社会一定是"礼貌的"，否则就和那些"粗鄙的"下等阶层毫无区别，是自毁身份和地位。《男孩的礼貌教育》所阐述的"礼貌"，反映的是欧洲文艺复兴时期上层社会想要显示出自己与其他阶层的差异性，描绘出了这个阶层所倡导的一种生活方式。但是我们需要注意，伊拉斯谟的小册子所说的"礼貌"概念已经不再是为骑士阶层所写，它反映出阶级力量的变化和社会的变迁。正如埃利亚斯所说：人文主义者所著的关于礼貌的书成了中世纪与近代有关的礼貌书籍之间的一座桥梁。伊拉斯谟的书具有双重特性：它在许多方面保持了中世纪的传统和特征，许多传说中的关于礼仪的规定和准则在这本书中又重新出现；同时，它又包含了一些新规则的萌芽。随着这些新规则的发展，逐渐地形成了一种观念，这种观念把封建骑士的礼貌概念挤到了次要地位。① 伊拉斯谟"礼貌"概念的流行印证了骑士阶层的衰落和欧洲宫廷社会以及王权力量的增强。

另外，"礼貌"这个概念的诞生和流行反映了欧洲上层社会已经超越了国界的限制，形成了一种社会模式和形态。在这个圈子里，不同国家上层社会之间的差异远远小于自身与本国其他阶层的差异。在这个社会中，人们说一种共同的语言，先是意大利语，然后是法语，这些语言代替了以往的拉丁语；人们接受着类似的教育，有类似的进餐礼仪，追求类似的奢侈品，谈论着差不多的话题。它们表明欧洲上层社会超越国别的限制，形成了一个与以往中世纪不同的、具有很大同质性的整体。

需要注意，"礼貌"概念的流行反映了当时的社会状况：骑士阶层的衰落，新兴宫廷贵族的崛起。"礼貌"的流行成为这个贵族社会形成的基础，也是它的重要标志，反映了这一阶层的状况、自我意识和特点。这一观念的流行是与当时社会经济状况和现实相应而生的，那么随着社会进一步的向前发展，当这些经济基础和社会状况发生进一步改变的时候，"礼貌"也走向了它无法避免的衰落之路。"到 18 世纪，随着专制主义宫廷社会在欧洲失去其重要性和市民阶层的兴起，反映行为准则的'礼貌'这一概念逐渐让位于'文

---

① ［德］诺贝特·埃利亚斯：《文明的进程：文明的社会起源和心理起源的研究》，王佩莉、袁志英译，上海：上海译文出版社，2009 年，第 143 页。

明'。"①

其实观察一下"礼貌"和"文明"两个词在不同语言中的翻译就可以看出它们之间非常密切的联系。英文中"文明"是"civilization"。而"礼貌"一词，拉丁文为"civilitas"，法语为"civilité"，英语为"civility"，意大利语为"civilità"，德语为"Zivilität"，除了表示文雅的行为举止外，也用来描述"井然有序的社会"。从两个词的英文拼写上可以看出它们有同一个拉丁文词根"civili-"。就含义而言，"礼貌"一词与"文明"概念的含义也非常接近。两者都可以指人的行为和举止，指人的社会状况，他们的起居、交际、语言、衣着等。这两个概念也都继承了拉丁文中"civilis"（公民的、国家的）、"civilitas"（彬彬有礼、谦恭）以及由其引申的"civis"（公民）、"civitas"（国家、城市）的含义，具有某种"国家""社会"的指代功能，这两方面的含义与近现代"文明"观念的基本含义相符合。

综上，要想了解"文明"观念的产生及其所承载的丰富内涵有必要往前追溯，考察在"文明"观念产生之前广为流传的"宫廷礼仪"和"礼貌"（或"有教养"）。但正如前文所述，观念的流行和变化反映着社会的变迁。尽管两者在含义上如此接近，但是"文明"却替代了"礼貌"，说明并印证了欧洲社会发生的其他变化，使人们"摒弃了""礼貌"而选择"文明"。下一节将讨论和阐释"文明"观念出现的社会背景。

# 第二节
# "文明"　观念出现的背景

18 世纪中叶时，西欧经济和社会出现了很多变化：与自由主义思想发展

---

① 陈启能、姜芃等：《世界文明通论：文明理论》，福州：福建教育出版社，2010 年，第 121 页。

有关的生活的巨大变化，经济和社会的现代化，西方国家的资产阶级民主革命，文化的蓬勃发展。所有这些导致了社会生活的急剧变化和节奏的加快，促使人们世界观的改变和新的哲学观念的出现。一句话，欧洲社会从上到下，政治、经济、科技、价值观等各方面出现了与以往完全不同的变化，这些变化构成了近现代"文明"观念形成的背景。

## 一、 科技的发展和资本主义经济的上升

"文明"观念的产生和发展有实实在在的物质基础，"文明"反映它赖以发生的物质层面的内涵，并伴随着社会物质生产的提升发生演化。在此笔者认同马克思、恩格斯的观点：应该站在现实历史的基础上，不是从观念出发来解释实践，而是从物质实践出发来解释观念的形成。[①] 18 世纪的欧洲在经济和科技方面出现的重大变化构成了近现代"文明"观念产生的重要背景之一。

17 世纪的科学革命使得人类对自然的认识发生了具有划时代意义的飞跃，揭开了"思想革命"的序幕。美国学者赫伯特·巴特菲尔德（Herbert Butterfield）给予了科学革命很高的评价。他认为，科学革命是现代世界和现代精神的真正起源，当人们在谈及最近几个世代中被传入像日本那样的东方国家的西方文明时，不是指希腊罗马哲学和人文主义者的思想，也不是指日本的基督教化，而是指在 17 世纪后半世纪开始的改变西方面貌的科学、思想方式和文明的所有器具。[②] 由科学的新发现和崭新的科学基本概念与理论的确立所导致的科学知识体系的根本变革，其影响不仅局限于科学领域，它更成为人类认识领域的革命。科学发现将人类对客观世界的认识提高到一个新水平，也确立了种种新的认识客观世界的原则。这些都进一步摆脱中世纪宗教神学对人们头脑的束缚。

自然科学建立在对自然现象的规律性和普遍秩序的认识之上。哥白尼（Nicolaus Copernicus, 1473—1543）经过三十多年的潜心研究，特别是经过实际观察和严密的数学运算，在《天体运行论》中论述了地球绕其轴心运转、

---

① ［德］马克思、恩格斯：《马克思恩格斯选集》（第 1 卷），中共中央马克思恩格斯列宁斯大林著作编译局编译，北京：人民出版社，1995 年，第 92 页。
② ［美］赫伯特·巴特菲尔德：《近代科学的起源（1300—1800 年）》，修订版，张丽萍，郭贵春等译，北京：华夏出版社，1988 年，引言。

月亮绕地球运转、地球和其他所有行星都绕太阳运转的事实。这为后来自然界一系列规律的发现奠定了基础。布鲁诺（Giordano Bruno，1548—1600）拥护哥白尼的学说，进一步指出宇宙是统一的、物质的、无限的和永恒的。开普勒（Johannes Kepler，1571—1630）根据实际观察和精密的计算，从理论的高度对哥白尼学说进行了科学论证，发现了行星运行的重要规律：行星沿椭圆轨道绕太阳运行，太阳居于这个椭圆的一个焦点上。伽利略（Galileo Galilei，1564—1642）继承了哥白尼和开普勒的理论，进一步挑战了传统宇宙论，从实验和理论上否定了统治西方一千余年的亚里士多德的落体运动法则，确立了正确的自由落体定律。但是这时的科学还只是一堆孤立的事实和定律，可以用来描述某些现象但几乎不能预测。牛顿（Isaac Newton，1642—1727）对这些定律和事实进行了总结，为我们提供了一个统一的定律体系。

科学革命不仅挑战了传统的物理原则，还为人们带来了思维革命，告诉并启迪人们从新的角度和方法来观察世界。培根（Francis Bacon，1561—1626）抨击了占据统治地位的亚里士多德学派的三段论推理，提出坚持小心观察、综合数据、得出规律、再用实验验证的方法。他把这种科学归纳法用于历史研究中，强调科学知识的重要性。另一位科学家笛卡尔（René Descartes，1596—1650）则提出了不同的方法：演绎推理法。在他看来，实验仅仅是演绎的辅助手段，只有凭借演绎推理和数学方法才能获得可靠的知识。在科学质疑精神上，笛卡尔比培根走得更远。他怀疑一切，决定使自己摆脱一切权威的束缚，一切从零开始，主张用理性而非上帝或者权威来评价一切。笛卡尔提出了两个绝对的原则——理性的至高无上的地位和自然法则的不变性；其思想工具是一种严格的新式分析方法，既适用于物理知识的研究，也适用于历史研究。[①] 笛卡尔的原则进入哲学思想体系中，这就使得科学革命的影响突破了自然科学研究的范畴。对理性、科学方法和严谨态度的倡导为以后的思想家所尊崇，也进一步解放了人们的思想，使其不再拘泥于所谓的神的权威。

在这次变革中，原来那个分阶层、有限的，以人类居住地为中心的，被上帝安排好的宇宙系统被哥白尼、布鲁诺、牛顿等一系列的科学家和哲学家逐渐

---

① ［英］约翰·伯瑞：《进步的观念》，范祥涛译，上海：上海三联书店，2005 年，第 46 页。

推翻，同时无限的、无等级、无神性的机械宇宙图学诞生了。①

　　18 世纪时，一小群下定决心的改革者把科学制定为真理的新基础，以这坚硬的台基为一切知识的根据。他们的真理所具有的绝对性，恰似西方人自罗马帝国时代以来所依赖的基督教真理。他们把和宗教狂热有关的思考习惯（以为超然而绝对的真理是可知的），转移到这个理解自然世界的新的机械方法上。后来又把这种信念转接到所有知识探索上。②

　　科学革命不仅改变了人们的世界观，更重要的是它使得欧洲的世界霸权成为可能，也使欧洲人有了一些可以吹嘘和自认为优越于其他民族的资本。"欧洲的艺术、宗教或哲学没有给非西方民族以巨大影响，因为非西方民族已在这些领域做出了类似的贡献。但是，在科学和技术方面，就不存在如此的平等，只有西方掌握了自然界的种种秘密，并为了人类的物质进步而对它们进行了利用。"③ 地理大发现初期，指南针、大型造船术、航海仪、地图测绘手段等已经让欧洲人尝到了"甜头"：新航路的开辟使欧洲人可以采取主动态度，到达世界上其他地方，接触其他的民族和文化；"新世界"的发现为欧洲带来了大量的金银等物质财富，也让欧洲人的心理满足感日益增加。这些成就的取得与科学技术的发展密不可分。到了 17、18 世纪，欧洲人一方面震惊于新的科学事实的发现，另一方面又为这些事实的应用感到自豪，从科技的发展中欧洲人真实地感受到了科技带来的好处。

　　印刷术扩大了知识的传播范围。最初只有很少的人能看懂科学家的运算和定律，很快在印刷术的帮助下，一些基础和应用性的自然科学知识便借助杂志、手册以及科学信徒的布道得到越来越广泛的传播。科学知识被大量应用到制造业中，带来巨额利润的同时也便利了人们的生活，人们生活的便利反过来又促进了科学知识的传播。"18 世纪中国的土木工程师已成为新的宣道教士，

---

　　① ［法］亚历山大·柯瓦雷：《从封闭世界到无限宇宙》，邬波涛、张华译，北京：北京大学出版社，2003 年，第 11 页。

　　② ［美］乔伊斯·阿普尔比、林恩·亨特、玛格丽特·雅各布：《历史的真相》，刘北成、薛绚译，北京：中央编译出版社，1999 年，第 3 页。

　　③ ［美］斯塔夫里阿诺斯：《全球通史——1500 年以后的世界》，吴象婴、梁赤民译，上海：上海社会科学出版社，第 271 页。

他们提出的得救之道是眼前就看得见的。瓦特改良完成蒸汽引擎的时候，俨然是实现了培根与笛卡尔承诺的实验家和理论家。"① 随着殖民扩张的进程，科学知识被传播到世界各地，连遭到西方奴役的人们，也承认欧洲的这一优越性，并积极向西方学习。

随着一系列科学技术的出现和普及，欧洲的社会和经济状况也发生了变化。斯塔夫里阿诺斯（Leften Stavros Stavrianos，1913—2004）指出 17 和 18 世纪对于整个世界具有重要意义，从此时开始，西北欧国家开始在政治、军事、经济以及一定程度的文化上控制了全世界。"西北欧的世界霸权实际上直到1763 年以后才实现。但是，1600 至 1763 年是为这一霸权奠定基础的阶段。"② 这一时期，欧洲的农业、工业和商业都出现了一些新的变化。英国、荷兰、法国等西欧国家更多采用货币地租和分成租的方式，农民获得了更多的自由；酿造业、制革业、玻璃以及漂染化学原料制造业等发展起来了，英国出现了编织机，德意志出现铁丝拔丝机和切割机，荷兰出现了高效印刷机等，这些都为商业的进一步发展创造了有利条件，重商主义一度非常流行。

在这一时期，欧洲日益增长的"文明"意识同国家的财富、商业的发展和经济的进步诸因素有着密切联系。英国经济学家亚当·斯密（Adam Smith，1723—1790）认为，财富的丰裕是一个文明国家存在的前提。他指出，历史上一些文明的国家往往被野蛮的邻国征服，原因在于没有一支训练有素的常备军，因此"一个国家要永久保存其文明，甚或相当长久地保存其文明，只有一个方法，那就是编制常备军"③。而维持常备军及其所需的种种先进武器需要花费巨额费用，所以国家的富强成为保障其文明成果的不可或缺的条件。近代以来，随着欧洲的扩张、世界市场的建立以及资本主义的出现，欧洲的经济有了长足的发展，物质财富激增，能够承担浩大的国防开支，因而能够文明化，"对野蛮国家立于优胜的地位"④。不仅如此，一个国家雄厚的财力使之能

---

① ［美］乔伊斯·阿普尔比、林恩·亨特、玛格丽特·雅各布：《历史的真相》，刘北成、薛绚译，北京：中央编译出版社，1999 年，第 12 页。

② ［美］斯塔夫里阿诺斯：《全球通史——1500 年以后的世界》，吴象婴、梁赤民译，上海：上海社会科学院出版社，第 157 页。

③ ［英］亚当·斯密：《国民财富的性质和原因的研究》（下卷），郭大力、王亚男译，北京：商务印书馆，1985 年，第 269 页。

④ 同上，第 271 页。

够支付司法费用、便利社会商业的公共设施费用和人民的教育费用，对于主持社会正义、发展经济、促进文化繁荣以及保持国家的文明特性十分重要。

英国启蒙运动思想家亚当·弗格森（Adam Ferguson，1723—1816）同样肯定了工商业的发展对于欧洲文明的意义。在《市民社会史论》中，弗格森提出了"商业艺术"（commercial arts）的概念，以区别于那些以盈利为目的的经济行为———一般民用艺术。① 文明国家就是商业艺术发达的国家，而未开化国家则是对商业艺术不屑一顾的国家。所以"衡量礼貌和文明程度的原则在于商业艺术的进步"②。

而在"文明"观念最先出现的法国情况却有所不同。18 世纪中叶的法国正处在社会变革的前夕，重商主义政策受到越来越多的批评，而重农主义思想却在法国经济和政治舞台上扮演着重要角色。重农主义者认为社会与经济发展像自然规律那样，存在着不以人们的意志为转移的客观规律，这就是自然秩序。各种政治、经济和法令规章必须以自然秩序为准则，不能违背自然秩序。因此，他们反对政府过多干预经济和贸易，认为必须建立一个按照自然秩序组织起来的理性的管理机构。因此重农主义者在政治上属于改革派而不是革命派，主张对旧制度进行改革。

"文明"这一概念的出现在某种程度上就是这种改革要求的反映。重农主义者把"文明"看作社会发展到新阶段的一种状态，是脱离了蒙昧与野蛮的一种状态，期望通过社会改革把社会变成一个文明社会。所以，美国学者马兹里希（Bruce Mazlish）评论说："文明"观念是启蒙运动改革精神的产物，它是作为一个理想和法国君主制问题的解决方法而被提出来的。密拉波只是在其中起了一个带头作用。③

不管是推行重商主义还是重农主义，西欧各国的经济在 17、18 世纪都取得了快速进步。"文明"观念在 18 世纪中叶的出现也绝非某个人突发奇想的产物，它与当时科技、社会、经济、政治等方方面面的变化有着密切的联系。科学技术的进步不仅带来了生产力的提高，它还带动了人们思维方式和世界观

---

① Adam Ferguson. *An Essay on the History of the Civil Society*, Cambridge：Cambridge University Press，1995，p. 184.

② 同上，第 193 页。

③ Bruce Mazlish. *Civilization and Its Contents*, Stanford：Stanford University Press，2004，pp. 13 - 14.

的变革，是一次文化革命和思维革命。在此过程中，从某一学科的突破中所形成的科学思维方法迅速向其他学科传播，甚至扩展到广泛的生活领域；而技术上的革命使得人与人之间交往的可能性进一步扩大，欧洲人得以踏上更远的"征程"，"发现"世界上越来越多的区域；科技的进步也推动了经济的增长，实现了生产方式的革新；经济利益的稳步增加也使得现代国家的形成成为可能。

## 二、 社会阶级与阶层的变化

到"文明"观念出现的 18 世纪，欧洲社会的阶级状况发生了悄然的变化。这里有必要分成两种情况来讨论：一种是以英、法为首的包括荷兰、西班牙在内的君主集权程度相对较高的国家，另一种以德国、意大利为代表的民族国家统一历史并不长、中央集权程度较弱的国家。此种划分也说明了为何"文明"与"文化"这两个概念在各个国家的流行和使用情况有所不同。

首先要注意到的是法国，因为法国的情况与欧洲其他国家的情况完全不同。早在 18 世纪，至少是市民阶层的上层人物与宫廷贵族之间在习俗方面就没有明显的区别了。如果说从 18 世纪中叶起，行为和习俗随着中等阶层的迅速发展，或者换言之，随着宫廷社会吸收了中等阶级上层人物后的不断扩大而逐渐发生了变化，那么，这些变化并没有阻碍 17 世纪宫廷贵族传统的延续。宫廷市民和宫廷贵族说的是同一种语言，读的是同样的书，在某一层次上，遵从同样的礼仪和规矩。市民阶层和宫廷贵族的特征出现相互渗透和吸收的趋势。当后来社会与经济比例的失调打破了旧制度的结构时，当市民阶层成为一个具有民族意识的群体时，原来为宫廷所特有的、在某种意义上是宫廷贵族和宫廷化了的市民阶层与其他阶层相区别的那些社会特征（诸如行为方式和习俗的形成，交际形式及情感方式的形成，重视礼仪、斟词酌句、注重交谈能力和发音的清晰等）逐渐演变成了民族特征，虽然所有这一切最早都是在法国宫廷内部形成的，然后才通过连续不断的扩展运动逐渐从社会特征演变成了民族特征。[1]

---

① ［德］诺贝特·埃利亚斯：《文明的进程：文明的社会起源和心理起源的研究》，王佩莉、袁志英译，上海：上海译文出版社，2009 年，第 99 页。

德国则遵循一条完全不同的发展轨迹。首先，德国在很长一段时间都处于分散或中央集权相对薄弱的情况。当英、法两国已各自经历了形成其民族和文化特征的决定性阶段时，当这两个国家的语言早就找到了它们的规范及固定形式时，德国还处在一个相对分散的状况，方言而不是一个统一的语言占据着主导地位。从宫廷直至市民阶级的上层说的都是法语，所有"有教养的人"、所有"受尊敬的人"说的也是法语，法语成了德国上流社会的标志。因此，同法国不同，语言问题就已经将德国社会的上层和下层明显区别开来。

德国的经济发展也远远落后于英国和法国。在 17 世纪的德国，市民阶层是相当贫困的，即使到了 18 世纪也是如此。18 世纪中期以后，德国的市民阶级开始慢慢富裕起来，可是即便如此，在组成德意志的许多小国中，那些专门经商的市民阶层发展相当缓慢。德国的知识分子相较英国、法国没有一个统一的、强大的市民阶层为后盾，因此他们更加希望在某个特定的精神领域为德语创造一个模式，至少能够在这个领域实现德国的统一。而"文明的"和"文明"概念最早是由法国启蒙思想家提出的，也被法国思想界广为流传，显然已经与法国人的形象联系在一起了。德国的知识分子阶层在极其缓慢的德国民族主义上升的过程中意识到了这一点，也希望用一个不同的词语来表现德国的民族特征。"文化"就是在此过程中开始了与法语中"文明"的联系与对抗的过程。①

法国和德国社会阶层变化的不同解释了为什么在近现代意义上的"文明"观念产生之初在这两国受欢迎程度是不同的，也说明了为什么德国众多的学者要将"文明"与"文化"进行区别：这固然是每个国家学者所站立和思考的角度不同，但更多说明了当时欧洲社会发展的状况。法国国力强盛，文化影响力广泛，是启蒙运动的中心。法国的启蒙运动与其他国家相比，声势最大，战斗力最强，影响深远；提倡"文化"观念是相对弱小的德国知识分子为了摆脱法国的影响而做出的抗争。

---

① ［德］诺贝特·埃利亚斯：《文明的进程：文明的社会起源和心理起源的研究》，王佩莉、袁志英译，上海：上海译文出版社，2009 年，第 3 - 35 页。

# 第三节
# 近现代意义 "文明" 观念的出现

虽然前文已经梳理了关于"文明"思想、文明优越性的看法，但是"文明"（civilization）① 本身却是一个新词，出现较晚，在 18 世纪的法国还不太引人注目。在名词"civilization"出现之前，和这个词有关的一些用语已经出现。名词"civilization"由"civilisé"（开化的）和"civiliser"（使开化）构成。"civilisé"和"civiliser"这两个词存在已久，在 16 世纪就已经得到普遍使用。1560 年，法国学者开始以"civilisation"的现代含义来使用"civilisé"并取代"policé"，指通向人类行为、法制和政府体制的复杂化的社会演化过程。② 16 至 17 世纪的法文中，已广泛使用"使文明"和"文明的"这些用法。③ 清教徒塞巴斯琴·明斯特尔（Sebastian Münster）在《宇宙志》（*Cosmographia Universalis*）中认为欧洲是最小、最谦逊的大陆，也是文明开化程度（civilized）最高的大陆。④

著名学者费弗尔（Lucien Febvre）对"文明"的这些词义进行了开拓性的研究。费弗尔认为与文明相关的这些用语展现了两方面的变化：一是指称人

---

① 本书中关于"文明"的拼写有两种："civilization"和"civilisation"。原因在于该词在法语中首次出现的是"civilisation"，而现代美式英语中"文明"的拼写为"civilization"。除非是引文原文使用"civilisation"，文中出现的"文明"一词笔者统一为"civilization"。

② George Huppert. "The Idea of Civilization in the Sixteenth Century", in Anthony Molho, John A. Tedeschi, eds., *Renaissance Studies in Honor of Hans Baron*, Dekalb: Northern Illinois University Press, 1971, pp. 757-769.

③ Lucien Febvre. "Civilization: Evolution of a Word and a Group of Ideas", in Peter Burke, ed., *A New Kind of History: From the Writings of Febvre*, New York: Routledge and Kegan Paul, 1973, pp. 219-257.

④ Heikki Mikkeli. *Europe as an Idea and an Identity*, Houndmills: Palgrave Publishers Ltd., 1998, pp. 40-41.

的行为举止的文雅，二是指称社会发展从低级的野蛮状态到有教化的高级阶段（politesse）的演变。① 他认为"civilization"的使用是服务于18世纪思想界的一个特殊需要：创造一个词来表达"理性不仅在宪法和政府行政领域，而且也在道德和思想领域扩散并取得支配地位的情况"②。

名词"civilization"在产生初期其含义和用途跟本书所探讨的近现代意义上的"文明"观念还不是一码事。大约在1732年，"civilisation"还仅仅是一个法律用语：它指称一种正义的行为，或者一种对刑事犯罪进行民事（civil）诉讼的审判，其现代含义——人和社会"进入开化状态的过程"——则出现得较晚，在1752年才出现在法国政治家和经济学家杜尔哥（Anne-Robert Jacques Turgot，1721—1781）的笔下。当时，他正在写作一部通史，尽管他本人没有将其发表过。

在提到杜尔哥时我们需要提到另外一个人物——法国启蒙思想运动的先驱之一伏尔泰。虽然伏尔泰本人在当时没有使用"文明"一词，但是他的文明思想影响了许多后继者。著名的法国历史学家布罗代尔就认为，文明史开始于18世纪，而伏尔泰的《风俗论》（1756）则是其开端。③ 在《风俗论》中，伏尔泰指出，"人类精神的历史"经历了自然的时代、神的时代、人类的童年时代（野蛮时代）和理性时代（当时的英国、古代的中国）。④ 伏尔泰认为这种历史主要是通过理性来体现的。人的主要品质是理性，而理性是超时间的，是永恒的力量，它在时间的流逝中把自己表现出来，这就是"人类精神的历史"。虽然伏尔泰没有用到"文明"这个词，但是从他的表述中我们可以看出，伏尔泰对于人的理性的强调以及所揭示的理性和人的历史发展的关系已经触及了近现代"文明"观念的核心内容。

如果说"civilisé"最初意指建立一个好政府，即"policé"，那么"civilisation"一词很快便不再仅用来指称一种特殊的政府形式了，它指的是把人从古老的习惯、规范及物质生活方式中解放出来，转向一种更为复杂的，或

---

① 何平：《文化与文明史比较研究》，济南：山东大学出版社，2009年，第46页。

② Lucien Febvre. "Civilization: Evolution of a Word and a Group of Ideas", in Peter Burke, ed., *A New Kind of History: From the Writings of Febvre*, New York: Routledge and Kegan Paul, 1973, p. 228.

③ ［法］费尔南·布罗代尔：《资本主义论丛》，顾良、张慧君译，北京：中央编译出版社，1997年，第121页。

④ ［法］伏尔泰：《风俗论》（上册），梁守锵译，北京：商务印书馆，1995年，第2页。

称为"文明的"生活方式。文明不再是某一种形式，而成为一个历史过程，它有始有终，它使人类社会摆脱了古老的野蛮状态，变得越来越美好。① 这种变化可以从密拉波对"文明"一词的使用情况中显现出来。

"文明"一词最早正式在出版物上出现是在 1756 年的一部名为《人口论》的著作中。这部书的作者即密拉波侯爵，他是著名的革命家密拉波伯爵（Honoré Gabriel Riqueti，comte de Mirabeau）的父亲。② 密拉波在该书中三次用到这一名词。第一处的表述是："宗教无疑是人性首要的和最有用的约束力，是文明的主要动力。"③ 第二处是："由此可见，经由文明和财富而从野蛮走向堕落，这种自然循环是怎样也可能发生在一个聪明谨慎的大臣身上，就像机器报废前的修理重装。"④ 第三处是："在财政事务中我们可以看到，这野蛮和压制的幽灵或鬼怪压倒了文明和自由。"⑤ 从这三处密拉波对"文明"的使用可以看出，第一处使用"文明"，密拉波揭示了宗教和文明的关系：宗教是文明的动力。而这个宗教根据密拉波写作该书的背景来看毫无疑问指的是基督教。作为"文明"动力的基督教也教导人们，劝人从善、善待他人并且行为举止要符合规范；第二处和第三处中密拉波侧重于将"文明"用于指以教养和礼貌为核心的行为，与野蛮相对立。从这三处的表述上来讲，"文明"含义有差异也有所侧重，但是无疑密拉波是将"文明"当作有教养的、有礼貌的、与野蛮相对立的一个名词来使用的。

在密拉波后来的另一著作中，"文明"的含义更为明确："我非常惊讶，我们在所有领域的研究中所具有的错误观点，在文明的问题上居然表现得这么突出。如果我提出这样的问题：文明究竟意味着什么？大多数人一定会回答：国人之文明在其风尚之温和，生活城市化，彬彬有礼，高雅举止蔚然成风，其

---

① ［美］阿瑟·赫尔曼：《文明衰落论——西方文化悲观主义的形成与演变》，张爱平、许先春、蒲国良等译，上海：上海人民出版社，第 23 页。

② ［法］费尔南·布罗代尔：《文明史纲》，肖昶、冯棠、张文英等译，桂林：广西师范大学出版社，2003 年，第 22 页。

③ 原文是："La religion est sans contredit le premier et le plus utile frein de l'humanité；c'est le premier resort de la civilisation."

④ 原文是："De-la nâitroit comment le cercle naturel de la barbarie à la decadence par la civilisation et la richesses peut être repris par un ministre habile et atrentif，et la machine remontée avant d'être à sa fin."

⑤ 原文是："Voyons dans les états de finance ce revenantbon de la barbarie et de l'oppression sur la civilisation et la liberté." 以上三处原文均引自：Bruce Mazlish. *Civilization and Its Contents*，Stanford：Stanford University Press，2004，pp. 5 - 6.

人遵从礼仪犹如法律。我认为，这一切仅仅是道德的表面现象，而不是它的本来面目。如果文明不能赋予社会以道德的实质与形式的话，那么它对社会便毫无贡献可言。""你们的文明以及你们引以为荣并自以为高于普通人的那些东西，所有这些都没有什么价值。"① 从以上关于"文明"的阐述中可以看出，此时密拉波赋予"文明"更多的期望。如果说他在《人口论》中用到"文明"更多是为了表示一种个人有礼貌、有教养的话，那么在此密拉波对宫廷贵族所理解的文明进行了批评，认为文明并不是表面的礼貌行为，尤其不是那些贵族所理解的"引以为荣并自以为高于普通人的那些东西"，而是具有实质意义的道德。"对普遍社会意义上'文明'的追求，反映了密拉波对'文明'理解的深化和社会改革的要求。结合密拉波对'文明'介于野蛮与堕落之间的表述，可以得知，密拉波所谓的'文明'，是人类这样一种生活状态：既非贫穷而野蛮（缺乏教养），亦非富裕而堕落（讲求奢华和虚伪理解），而是介于期间的一种繁荣和具有真正道德的生活状态。"② 密拉波所使用的"文明"强调的是物质层面上的"繁荣"和精神层面的"有道德"两者相结合的这样一种生活状态，已经脱离以前片面追求个人谈吐、举止的"文雅""有礼貌"，也超越法律意义上的"公民的"、与"刑事的"相对应的范畴。

"文明"或"文明化"这个词和其现代意义——指人类社会生活的文雅化和相关活动以及这一过程所达成的状况——不久传入英语国家。到 1772 年（或许更早些），"civilization"这个词已经传到英国，并取代了"civility"（教养），尽管后者历史更为悠久。在英国，对"文明"进行过较早且影响深远的理论家是之前提到过的启蒙思想家弗格森。他在 1767 年首次完整地提出了"文明"是一种历史过程的看法。他认为，"文明"是人民生产活动发展和财富增加的结果，是人们建立的用以保卫自己所有制的国家机构的结果。

① ［德］诺贝特·埃利亚斯：《文明的进程：文明的社会起源和心理起源的研究》，王佩莉、袁志英译，上海：上海译文出版社，2009 年，第 102－104 页。
② 陈启能、姜芃等：《世界文明通论：文明理论》，福州：福建教育出版社，2010 年，第 122－123 页。

# 第四节
# "文明" 观念与启蒙运动

近现代含义的"文明"概念出现在启蒙运动时期，也因为启蒙运动得到发展。18 世纪末以来，包含"教化"和"文雅化"过程以及所达到的状态这两方面含义的"civilization"一词已被普遍使用并很快在欧洲各国传播开来，因为它顺应了历史发展的潮流，反映了当时新兴资产阶级的利益及其在政治上进行改革的愿望，成为资产阶级用以区分自己与宫廷贵族和下层普通们民众的标识，"文明观念由此成为启蒙运动历史进步观的基石，它也是 18 世纪晚期以后世界史和文化史的编撰理论基础"①。启蒙运动和"文明"观念的发展相辅相成，互相促进。从本质上来讲，启蒙运动就是一场反封建、反教会的资产阶级思想文化解放运动，启蒙思想家们抨击天主教会，展望未来资本主义社会，希望能够启迪人们的头脑，反对愚昧主义，提倡普及文化教育。思想家的目的和愿望就是让人更加"理性""有知识"，成为"文雅""开化的"；社会能够进入更加"理性""有序"的状态，这些思想无一不与"文明"观念契合。

"文明"概念出现后，在法国迅速传播开来，这一方面导致了宫廷贵族传统的扩大，另一方面导致了宫廷化了的市民阶层"行为方式与习俗的形成；交际形式及感情方式的形成；重视利益，斟酌词句、注重交谈能力和发音的清晰等"②。此后，随着"文明"的迅速传播，它成了启蒙思想家的常用词汇，

---

① 何平：《文化与文明史比较研究》，济南：山东大学出版社，2009 年，第 46 页。

② ［德］诺贝特·埃利亚斯：《文明的进程：文明的社会起源和心理起源的研究》，王佩莉、袁志英译，上海：上海译文出版社，2009 年，第 34 页。

也成为启蒙思想家所追求的目标，那就是人类理智和知识的进步，体现了一种民族的自我意识，成为近代资本主义社会区别于封建社会的标准。①

在启蒙时代，思想界关注人的"自我完善"以及人为社会进步已达到的"优雅"和"有秩序的状态"，那时把"文明"与"优雅的礼仪"相提并论，并与"野蛮"相对立的情况非常普遍。例如，伯克（Edmund Burke，1729—1797）在《对法国大革命的反思》中写道："我们的礼仪、文明及所有与礼仪和文明相关的美好事物。"② 1830 年，英国学者穆勒和诗人柯勒律治（Samuel Taylor Coleridge，1772—1834）③ 把"文明"和"举止和态度的优雅"等同起来。"意指优雅的行为和礼仪以及相应的社会组织和知识体系的现代意义上的文明词义在 19 世纪初得到确立。"④ 当启蒙思想家纷纷发表对"文明"观念的看法和理解的同时，不少思想家已经从全球的角度来理解"欧洲"，来理解他们心目中的"欧洲文明"。欧洲话语中"文明"观念所蕴含的浓厚的欧洲中心论色彩也在启蒙思想家对该词的理解和使用中被逐渐确立起来。

孟德斯鸠（Montesquieu，1689—1755）⑤ 在《论法的精神》（De l'esprit des lois）一书中提出了著名的"气候决定论"，从客观的自然环境中寻求欧洲文明优异、独特的原因。他认为气候对于欧洲文明中"自由"的形成非常重要。作为参照物的亚洲，由于没有温带，严寒与炎热的地区相毗连，各国实力相差较大，造成强国吞并弱国。而欧洲温带极为广阔，各国气候依照纬度的高低逐渐变化，并无明显差异，每个国家实力都差不多。由此，孟德斯鸠得出结论：

> 在亚洲强国和弱国是面对面的；好战、勇敢、活泼的民族和巾帼气的、懒惰的、怯懦的民族是紧紧地相毗连着的；所以一个民族势必为被征服者，另一个民族势必为征服者。欧洲的情况正相反；强国和强国面对着面，毗连的民族差不多一样的勇敢。这就是亚洲之所以弱欧洲之所以强的

---

① 谢晓娟：《从"文明"含义的演变看西方文明中心论》，《辽宁大学学报》（哲学社会科学版），2011 年第 4 期，第 2 页。

② ［英］雷蒙·威廉斯：《关键词：文化与社会的词汇》，刘建基译，北京：生活·读书·新知三联书店，2005 年，第 48 页。

③ 英国诗人和评论家，浪漫主义诗歌的主要代表人物。

④ 何平：《文化与文明史比较研究》，济南：山东大学出版社，2009 年，第 55 页。

⑤ 法国启蒙思想家、社会学家，法学理论的奠基人。

重要原因；这就是欧洲之所以有自由亚洲之所以受奴役的重要原因。①

气候所造成的欧洲文明的优越性，使孟德斯鸠提出了将欧洲文明作为一种标准推广到全世界的构想，他认为这样将有益于世界文明的进步。例如，俄国之所以开化得既容易又迅速，主要在于它引入了欧洲的风俗与习惯。但是这种文化扩张主义不应当以武力胁迫为前提，而是通过引导使欧洲以外的国家接受欧洲的价值标准。② 孟德斯鸠的解释不免牵强附会，但是却具有反宗教神学的性质，他企图证明社会的历史发展进程不是由上帝的意志所决定的，而是由自然世界的因素决定的。这种强调地理因素在人类社会发展中具有重要作用的论调也成为欧洲中心论的理论依据之一。

启蒙运动的另一位大师伏尔泰（Voltaire，1694—1778），原名弗朗索瓦 - 马利·阿鲁埃（François-Marie Arouet），出身于富裕资产者家庭。上文已经提到了他的名著《风俗论》，在此有必要详细阐述。伏尔泰从 1729 年开始写作这本书，一共有 197 章，其中只有第 1 ~ 7、53、60、142 ~ 162、191 ~ 196 章一共 34 章是关于亚洲、美洲和非洲的叙述，占全书的 17%，剩余部分关于欧洲的叙述占据了 83% 的篇幅，从书的篇幅比例上来看欧洲就远远超过其他几个大洲之和。

不光如此，伏尔泰还企图从深层次挖掘欧洲优于其他地区的原因。他指出理性和勇气是西方兴起的主要原因：西方敢于打破权威，逐渐发展出理性思维并用于实践，例如中国有指南针，但未真正用以指引船舶航行，而西方却在指南针的帮助下发现了美洲。伏尔泰通过将欧洲的不断发展与亚洲民族停滞于多年前的成就进行对比，在一个扩大的空间范围里更自信地展示近代欧洲文明的活力。③ "文明"所蕴含的"理性"因素已经被伏尔泰认为是欧洲独有的，推而广之，缺乏"理性"和"勇气"的其他地区和民族也就不能实现长期的发展，也不可能达到一种"文明的"状态。

实际上，在伏尔泰的意识中已经有一个关于各民族智力和发展状况的排

① ［法］孟德斯鸠：《论法的精神》（上册），张雁深译，北京：商务印书馆，1961 年，第 275 页。
② 同上，第 311 页。
③ 张国刚、吴莉苇：《启蒙时代欧洲的中国观：一个历史的巡礼与反思》，上海：上海古籍出版社，2006 年，第 110 页。

序。伏尔泰认为黑人长相奇怪，智力低下。

> 这些黑人的圆圆的眼睛、扁塌的鼻子、从来就是很厚的嘴唇、形状各不相同的耳朵、他们头上的卷发、甚至他们的智力程度，使他们与其他人种有极大的差异。①
>
> 可以这样说，他们的智力同我们所理解的智力虽不属于另一类，却是十分低下的。他们无法精神贯注，缺乏组合的能力，不善于判断我们的哲学对他们有什么好处或坏处……由于很少同别的民族往来，黑人部落没有任何宗教信仰……②
>
> 毫无疑问，他们的理性尚未发达到相信有什么天主上帝的程度。他们还处在可以接受以共同需要为基础的雏形社会这种愚蒙阶段。③

这种极度蔑视黑人的态度深深影响了欧洲思想家对这块大陆的看法，也为后来欧洲各国殖民者瓜分非洲大陆提供了思想根源。

不仅非洲被伏尔泰认为是"落后""低下的"，美洲大陆的情况也是如此。在伏尔泰看来，美洲人仍然处于野蛮状态，大部分民族处于未开化的蒙昧状态，好几个民族仍生活在纯自然状态中。伏尔泰的《风俗论》表现出其对非西方文明的一种强烈兴趣。在很长一段时间里，民众对其他国家和地区的了解往往依靠书籍。虽然伏尔泰所处的时代得益于航海大发现，传教士的四处奔走宣教及传回欧洲的记载，让伏尔泰有可以收集相当完整的资料，但他毕竟从未跨出欧洲半步，也没有特意去参考大量书籍以弄清细节或进行实地考察，却试图以此描述一个大概的世界轮廓，这是失之偏颇的。作为形象塑造的主体，作者对异国形象的展示具有决定性意义。撇开一手资料的掌握情况，作者身份、思维方式、写作目的等因素也在很大程度上决定了他们所塑造的异国形象的大致面貌，可以说异国形象是作者在"社会集体想象物"基础上的主观想象和个性化表达的总和。伏尔泰眼中和笔下的非洲也好，美洲也罢，其形象绝不是

---

① ［法］伏尔泰：《风俗论》（上册），梁守锵译，北京：商务印书馆，1995 年，第 16 页。
② ［法］伏尔泰：《风俗论》（下册），谢戊申、邱公南、郑福熙等译，北京：商务印书馆，1997 年，第 4 - 5 页。
③ 同上，第 7 页。

当地客观现实的必然产物和完全复制。面对与欧洲发展极为不同的非洲和美洲，伏尔泰并没有采取客观、公正的角度来思索不同民族发展的特性和不同，相反，他对其他文明形态有着极端的鄙夷和轻视。

尽管伏尔泰避免"用我们的习惯来衡量一切"①，但是他仍然不自觉地将欧洲作为类比的标准，美洲人和黑人被比喻为野兽，欧洲被赋予了优越性。强调欧洲人与非洲和美洲人在智力和创造性方面的不对称，主张民族优劣的标准是伏尔泰所谓的"智力等级"，这种二元对立的思想，使欧洲中心论、民族优越论、民族沙文主义都有了比较充分的理论解释。这种极度蔑视非洲和美洲的态度深深影响了欧洲思想家对非欧洲地区的看法，也为后来欧洲各国殖民者瓜分非洲大陆提供了思想根源。所以，尽管伏尔泰承认欧洲的贪欲和好战，但有着各民族智力和素质有高低之分想法的他为欧洲的殖民行为进行辩护也就不足为奇了。

作为启蒙运动先驱的伏尔泰关于不同民族（种族）的人的看法对同时期和后世的欧洲思想家产生了深远的影响。例如，他认为各民族的天资和特性是由肤色决定的，是大自然做出的安排。黑人的肤色决定了黑人是他人的奴隶，因此被运送到美洲去伺候欧洲人。伏尔泰还采纳了当时的一些偏见如认为梅毒是美洲特有的，是哥伦布从新大陆带回来的。他认为西班牙在殖民地所做的伤天害理的事情被夸大和过分指责了。他还认为欧洲的好战狂热使得他们有机会征服其他民族，而印度和中国人的温和性格使他们被征服。在论证了东方的停滞、美洲和非洲的野蛮之后，伏尔泰得出结论：欧洲是优越的，有资格去征服和奴役其他"野蛮""落后"民族。伏尔泰对非欧洲人的贬低和侮辱及奴役非欧洲民族合法的论调，成为近现代西方列强侵略亚非拉各民族的理论渊源。从西方霸权主义者强词夺理地美化西方侵略史、软硬兼施地推行西式民主的过程中，可以看到伏尔泰强盗逻辑的现代应用：欧洲（西方）应统治与奴役非欧洲（非西方）的野蛮民族，因为只有西方基督教国家才是文明国家。伏尔泰笔下的非洲、美洲和亚洲与真实的亚非拉地区之间隔着文学的想象和现实的需求，尤其当作者在殖民主义和种族中心主义视野下注视时有着十分明显的意识形态倾向，也就导致他们塑造的非欧洲形象大多是负面的，而这些负面形象与该地区的真实面貌相去甚远。

---

① ［法］伏尔泰：《风俗论》（上册），梁守锵译，北京：商务印书馆，1995 年，第 296 页。

英国政治家休谟（David Hume，1711—1776）① 的欧洲"文明"观念也是建立在与"野蛮"对立的基础上的。列维斯顿（Donald Livingston）指出：

> 野蛮在休谟的道德词汇表中是一个常被使用的术语，它是在与文明辩证相对的情况下被使用的。文明过程由劳动和创造的激情所推动，文明人被赋予"勤劳""知识""人性"的特性，相对的野蛮人则是懒惰、无人性和无知，在原初的野蛮社会，几乎整个儿缺乏商业与思考的艺术。……野蛮的根源在于无知和恐惧，人作为一个"贫困的动物"开始其生涯，生于无知和恐惧，只有通过知识才能摆脱这一状况。②

实际上，休谟主要在三个层次上使用"文明"一词。第一，与"原初的""自然状态的""野蛮"相对。野蛮社会没有国家，没有"商业"，没有"思考的艺术"，没有科学和"知识"，只有简单的满足基本生存欲望的需要；第二，"文明"作为一种先进的政治制度区别于"野蛮"，"对于休谟来说，'文明'本质上是一个政治或法律的概念：'文明'的进步是'法律与自由'的发展，是'有益的法律约束与正义'的发展（没有法律，自由仅仅意味着无所顾忌），也是休谟政治哲学中作为政府职责的'正义'在历史中的实现"③；第三，文明指个人的心智能力培养达到一定程度，具有某种教养，具有"勤劳""知识""人性"的特征，在互相交谈中表现出某种谦恭和尊重。

休谟认为黑人（非洲人）天生低于白人（欧洲人），这一点与伏尔泰一致，不同于伏尔泰将差异归咎于气候和水土，休谟更相信是人种天生的差别使得黑人低等：由于天生肤色的原因，无论属于哪一层次的黑人在与白人相比时都是低下的，自然天性决定了白人能够创造出高等的文明，而黑人自己无法实

---

① 休谟出生于苏格兰爱丁堡一个贵族家庭，主要著作有《人性论》《道德和政治论说文集》《人类理解研究》《道德原理探究》《宗教的自然史》《自然宗教对话录》《自恺撒入侵至 1688 年革命的英国史》等。

② Donald Livingston. *Philosophical Melancholy and Delirium: Hume's Pathology of Philosophy*, Chicago: University of Chicago Press, p. 21.

③ Duncan Forbes. *Hume's Philosophical Politics*, Cambridge: Cambridge University Press, 1975, p. 296. 转引自潘娜娜：《18、19 世纪欧洲中心论思想研究》，成都：四川大学博士学位论文，2008 年，第 110 页。

现进步，只能模仿或者接受白人的指导。康德（Immanuel Kant，1724—1804）在《论优美感和崇高感》① 一书中表达了对休谟这种观点的赞同。在康德看来，"理性"只有在现代欧洲才能走向成熟，才能使人的全部才能得到充分发挥，因为黑人在"思考能力"和"皮肤颜色"方面都和白人不一样。撇开天生的因素不谈，康德认为根据欧洲的经验，人类只有通过启蒙才能获得完全运用理性的能力，而只有欧洲经历了启蒙运动，因此，欧洲可以为全世界各族人民提供某种典范，为其他民族送去启蒙的火种。宪法和法律可以促使各族人民的艺术和科学达到繁荣昌盛的地步，即使由于自身的缺点没有达到，也可以获得启蒙的萌芽，启蒙的萌芽可以促使人们走向更高阶段的进步。康德鄙视野人没有法律的自由，他认为那种疯狂的自由，粗暴地、畜生式地贬低了人道。除了和伏尔泰一样对黑人持有蔑视的态度之外，康德还提出了欧洲人可以作为全世界各族人民的典范，为他们送去启蒙火种的想法，这一观点不能不说和帝国主义时期殖民者打着"文明"旗帜进行扩张和统治的做法相关。

吉本（Edward Gibbon，1737—1794）出生于一个拥有大地产的资产阶级家庭，作为一个历史学家，他为自己生活在自由、文明的国度感到很自豪："我没有落到奴隶、野蛮人，或者农夫的命运；大自然的恩惠使我诞生于一个自由、文明的国度，科学与哲学的时代，具有荣誉地位、体面地享有许多财富的家庭，我在回想时不能不感到快乐。"②

与前面讲到的几位思想家不同，吉本强调基督教对欧洲文化认同的重要作用，基督教把"文明的"高级因素传给了野蛮人，野蛮人掌握了欧洲的科学，成为欧洲历史的传承者：

> 为野蛮人打开天堂之门的基督教使得他们的道德和政治情况产生了一个极为重要的变化。他们同时还开始使用文字，这对于一个把自己教义写在圣书中的宗教来说，是至关重要的；当他们研究那神圣的真理的时候，他们的头脑，由于了解到遥远的历史、自然、艺术和社会，便会在不知不觉中逐渐充实起来……信奉基督教的野蛮人可以读到的维吉尔、西塞罗和

---

① ［德］康德：《论优美感和崇高感》，何兆武译，北京：商务印书馆，2001 年。

② ［英］爱德华·吉本：《吉本自传》，戴子钦译，北京：生活·读书·新知三联书店，1989 年，第 17 页。

李维的不朽作品，在奥古斯都统治时期和克洛维和查理大帝时代之间，一直在进行着无声的交谈。人类的好胜之心由于能记起一个更完美的状态而得到鼓舞；在暗中被维持着的不灭的科学之火烘暖并启迪了趋于成熟的西方世界。①

在吉本看来，基督教为野蛮人带来的好处极多，不光使他们的道德和政治状况发生变化，更重要的是基督教为野蛮人带来了知识和真理。吉本为欧洲达到的文明开化水平感到非常自豪，也由此认为"一个哲学家应该放大他的眼光，把其居民已达到同样文明和开化水平的欧洲视为一个大共和国"②。在面对非欧洲的民族时，吉本认为应该消除欧洲各国之间的差异性，更多地看到它们所具有的共性。他认为野蛮民族是文明社会的共同敌人，欧洲目前的进步——既有独立政府的自由又有政府的联合——有足够的自我更新能力，不会像以往的各种文明那样陷于停滞、衰落乃至消亡，它是人类进步的新希望。吉本进一步指出欧洲的殖民地（美洲）也是欧洲的一部分，与欧洲有着共同的文化，有着区别于其他人类的艺术、法令和习俗体系，因此，吉本把美洲文化认同为欧洲文化，他认为欧洲的文明和制度将会在美洲兴起和繁荣。吉本对欧洲和非欧洲地区的看法看似并不像之前思想家那样，认为二者是完全对立的两极，实则更有迷惑性。他承认"野蛮的"美洲有变得更加"文明"的可能，弱化欧洲和殖民地之间的差异，许之以美好的发展前景。我们要清醒地认识到，吉本的出发点仍然是欧洲—非欧洲二元对立的思维方式，并未以平等、开放的姿态对待不同民族和文化的差异，反而采用"上帝视角"，以代表"人类社会发展方向"的"优等公民"自居，愿意承担引导"蛮族"走向"光明""繁荣"未来的责任。换言之，吉本认为，只有欧洲才是文明的，欧洲人应统治与奴役非欧洲的野蛮民族，这在本质上就是美化殖民主义并为其摇旗呐喊。

---

① ［英］爱德华·吉本：《罗马帝国衰亡史》（下），黄宜思、黄雨石译，北京：商务印书馆，1997 年，第 134 页。

② 同上，第 141 页。

英国思想家威廉·罗伯逊(William Robertson, 1721—1793)[①]也通过对欧洲、东方、非洲和美洲的观察和比较,来证明和突出欧洲的优越和进步。欧洲人通过利用自身在科学和生活改善方面的进步,占据了优势地位,逐渐使得美洲人期待他们所缺乏的那些舒适感。欧洲发现并殖民美洲这一事实证明了欧洲人的才能、勇气和雄心。欧洲人不光自己取得了进步,还帮助美洲地区的人们逐步实现"自由"和"开化"。欧洲靠行之有效的政府和有效的法律措施来确保各国的自由和进步,如果没有政府的保护,就不能确定个人的安全,也就不可能在科学上做出任何进步,也不可能使行为方式文明化。美洲的居民对政治制度和政府一窍不通。传教士被派到美洲去指导他们,使之文明化,教他们耕种,驯养动物,修建房子,教会他们艺术和制造,使美洲人尝到社会的甜蜜,使他们习惯于安全和秩序,这一切都是欧洲人给美洲带来的"好处"。

第一位认为文明的进化在近代欧洲达到了它的制高点的思想家是法国哲学家图尔果(A. R. J. Turgot)。在他看来,欧洲社会在克服人性中的野蛮成分方面要比历史上其他文明更加彻底,为各民族的发展提供了一个普遍性的标准,它不断发展着的理性与科学精神便是其成功的最好证明。图尔果认为如果所有的人类都能按照欧洲社会的发展模式不断克服"野蛮性",思想不断得到启蒙,那么各民族在行为方式上将会越来越接近,民族与民族之间的间隙会不断缩小,整个人类就会朝着同一目标前进,结果是人类的进步在本质上趋同,而欧洲则居于世界的主导地位。图尔果幻想到那时,人类该是多么伟大的万物之主!而那时人类的理性又该是多么的完美无瑕呵![②]要注意,图尔果自始至终都没有放弃欧洲在人类社会发展历程中占据主导地位的看法,如果这个美好图景实现的话,那时通行的"理性"也仍然是欧洲的理性。

法国历史学家基佐也表达了对"文明"的看法:"我相信有关人类具有共同目的之类的东西,以及需传播人类的(文明)成果和有一需要记载和描述的文明通史。……进步的观念和发展对我来说就是'文明'这个词包含的基

---

[①] 罗伯逊,爱丁堡神学教授,主要著作有《查理五世皇帝在位时期的历史》《北美洲史》《印度史》等。

[②] [美]阿瑟·赫尔曼:《文明衰落论——西方文化悲观主义的形成与演变》,张爱平、许先春、蒲国良等译,上海:上海人民出版社,2007年,第27页。

本观念。"① 德国哲学家黑格尔（Georg Wilhelm Friedrich Hegel，1770—1831）在《历史哲学》中更明显地表露出他对欧洲文明优越性以及在全球的"肩负使命"的信念："欧洲人在世界各地航行，对他们来说地球是他们活动的范围。""那些还未被置于他们的影响之下的社会，要么他们认为不值得去麻烦，或者他们认为迟早要落入他们的控制之下。"②

从上可以看出，17、18 世纪的启蒙思想家从不同的社会历史现实出发表达了自己对于"文明"观念的看法，他们的观点与当时资本主义的发展和科学技术的进步有着密不可分的关系。在自然科学对知识进行整理分类、系统化和科学化思潮的影响下，许多社会思想家也开始尝试将自然法则引入观察人类社会，认为人类社会也受到普遍自然规律的制约，从而可以采用自然科学方法剖析社会的构成变化，以发现人类社会的普遍法则。孟德斯鸠试图从气候和土壤等自然因素去解释欧洲人与非欧洲人的差异，"关于各种各样的气候和生态环境、风俗和政治、信仰体系和语言体系被收集在知识列表中，根据西方的文明尺度来估量和计算其价值"③。同时，很多思想家也从"文明"和"野蛮"角度对比欧洲和非欧洲，凸显欧洲的优越。

在欧洲启蒙运动时期和新兴自由主义思想的影响下，"文明"观念的价值内容在 18 世纪得到迅速扩大，这一概念被赋予了一系列价值观念，"包括人文性、理智、安全、自由、所有制、容忍等等，从而成为一种理想……"④。"法国启蒙思想家们提出的'文明'，是指一种新的生活状态和一个新的社会发展阶段，它与野蛮相对立，同时也并非仅仅局限于宫廷社会。它是在法国中产阶级知识分子要求改革的呼声中诞生的，体现了一种民族自我意识。"⑤ 还要注意的是这一时期，"文明"观念不仅在内涵上得到扩大，还被思想家贴上"标签"，被等同于"欧洲"，成为欧洲的代名词。此外，在关于人类社会发展

① ［法］基佐：《欧洲文明史：自罗马帝国败落起到法国革命》，程洪逵、沅芷译，北京：商务印书馆，1998 年，第 1 页。

② Gerhard Masur. "Distinctive Traits of Western Civilization: Through the Eyes of Western Historians", *American Historical Review*, Vol. 67, 1962, p. 607.

③ Ranajit Guha. *History at the Limit of World-History*, New York: Columbia University Press, 2002, p. 12.

④ 陈启能、姜芃等：《世界文明通论：文明理论》，福州：福建教育出版社，2010 年，第 147 - 148 页。

⑤ 同上，第 123 页。

方面，线性理论开始流行，欧洲被放在文明发展的前列，成为其他各民族效仿的榜样，是人类发展的终极目标。西方 18 世纪启蒙运动以后，这些观点被后来的思想家所继承和发展，为殖民主义、帝国主义辩护的生物进化论、文明使命论等观点成为西方主流话语。

需要注意的是，一些启蒙思想家也不是全然对欧洲以外的社会和文化持否定态度，将它们置于"文明"的对立面。"启蒙运动的特征在于它视欧洲以外的文明为人类文明家族的一员。其他文明与欧洲平等，甚至在某些方面更要优于欧洲。启蒙哲士自认是世界公民，相信不同的人性才能让整体人类合而为一。"①一个特别突出的例子是伏尔泰，他在《风俗论》中将欧洲置于整个人类文明发展史的框架中加以考察。在开篇，伏尔泰对中国文明大加赞赏，并处处以中国在科学技术、文学艺术、道德法律、政治制度上的伟大成就对照欧洲的浅薄与不足。

但是这些启蒙思想家对于其他文明（包括中国在内）无论是赞美还是贬低都是出于阐述自己观点的目的。正如德国学者卡尔·曼海姆（Karl Mannheim, 1893—1947）指出的那样，所有关于自然科学和社会科学的知识，都或多或少存在想象性的内在逻辑起点，或乌托邦式、或意识形态式，乌托邦否定现实秩序，意识形态肯定维护现实秩序。② 在 17、18 世纪关于中国的"赞美之词"中，不少思想家美化了中国的形象，他们头脑中的中国是他们梦想中的国度，尤其是因为能够亲临那里一睹实情，从而能从梦中醒过来的人没有几个。中国不是一种现实，而是一种模式，或者说是一种乌托邦。在启蒙思想家那里，他们对于中国的赞美更多的是为了对照欧洲各国的政治情况，反映一种改革的诉求，目的还是欧洲的进步。对先进的思想家来说，缺少世袭特权的中国对拥有贵族和享有特权的教士的欧洲而言构成了当时的一大进步。因而，对一个启蒙思想家刚刚开始产生某些影响的社会而言，它注定瞩目中国，因为这里哲人治国的梦想显然已经实现。③ 所以，尽管"伏尔泰承认中国的物

---

① 在这里要注意启蒙思想家头脑中对中国文人地位的评价："中国文人的社会地位，甚至超出欧洲文人。中国文人不只当幕僚，更有欧洲知识分子所向往的权力，得以直接管理统治人民。当年耶稣会士的报告书颇有影响。这些报告多少带着恭维与美饰之辞。"

② ［德］卡尔·曼海姆：《意识形态与乌托邦》，黎鸣、李书崇译，北京：商务印书馆，1999 年，第 194 页。

③ ［英］雷蒙·道森：《中国变色龙——对于欧洲中国文明观的分析》，常绍民、明毅译，北京：中华书局，2006 年，第 72 页。

质发展已在西方之后，但对那一代的欧洲人来说，道德奇迹、理性、挥别战火的自由等等需求，远比物质发展重要"①。而同期仍然有很多思想家如孟德斯鸠、卢梭（Jean-Jacques Rousseau，1712—1778）等对中国的评价甚低，这不是说每个思想家眼中的中国不同，只是不同的思想家因为所站角度、目的不同而对同一个对象有了不同的看法。

　　18 世纪是近（现）代文明的开始。这一时代面临的精神层面的重要问题是如何克服中世纪的宗教价值危机，或者说克服旧的天命论意识的桎梏并找到新的发展路径。当时有不少社会集团和他们的思想家力图回到中世纪的天命论或民间的半异教文化的观念去。在此背景下，有什么新的思想理论可以与之对立，并回应新时代的要求呢？历史表明，在 18 世纪只有"文明"和"进步"的思想可以担此重任，可以指出走出这一危机的积极的道路，并可以保留关于人的本性的宗教观念中的积极内容，也就是说，过去的"基督教世界"概念所承担的价值内容转移给了"文明"，"文明"概念也因而被神圣化了，被宣布为人类历史的目的。② 除此之外，在新思维不断涌现的启蒙运动时期，理性也构成了关于"文明"的重要组成部分，也成为启蒙思想家所认为的只有欧洲可以到达较高级、有序状态——"文明"状态的依据。某些思想家在对比欧洲与非欧洲地区时已出现种族主义思想的端倪，这是值得注意的。

# 小　结

　　本章追溯了"文明"观念出现之前欧洲各国流行的"宫廷礼仪"和"礼貌"概念，阐明了为何欧洲社会出现的一些变化会导致新兴资产阶级转而拥

---

　　① ［英］维克托·基尔南：《人类的主人——欧洲帝国时期对其他文化的态度》，陈正国译，北京：商务印书馆，2006 年，第 163 页。
　　② 陈启能、姜芃等：《世界文明通论：文明理论》，福州：福建教育出版社，2010 年，第 147 - 148 页。

抱"文明"观念。科学革命不只给人们带来新的科学事实、理念，还带来了思维方式的变革，进一步启迪人们打破中世纪宗教神学观的束缚，从新的角度看待自身和世界。随着科学革命所带来的技术革新和资本主义经济在各国的发展，资产阶级需要一个新的观念来反映其独特的阶级属性和政治改革要求，"文明"观念继承"礼貌"的基本含义又适应了时代的变化。"文明"这一概念在其形成初期是中等知识分子阶层进行社会内部斗争时所运用的工具，到后来，随着市民阶层的崛起，"文明"这一概念便成了民族精神的体现，成了民族自我意识的传达方式。这个观念本身所反映的体现个人进步和社会发展到一个较高级阶段的内涵在不同国家所受到的欢迎程度是不一样的。在法国、英国等国家，"文明"被普遍地用来辨识它们在科学、技术和艺术等方面所取得的成就；在德国，"文化"受到了更多的欢迎。"文明"观念的出现与启蒙运动密不可分。不同国家的思想家纷纷发表了对"文明"观念的看法和理解。在18世纪，启蒙思想家赋予了这个观念初步的二元对立模式：欧洲是"文明"的代表，非欧洲地区因为种种原因只能处在欧洲发展之后，要以欧洲为发展模式和目标。这种欧洲文明"优越性"的表述深深影响了后世的思想家，"文明"观念在他们的使用中逐渐变成了意识形态的工具，具有欧洲中心主义的色彩，这种主张也成了后来殖民者推行"文明使命论"的依据。

第三章

# "文明"观念成为殖民意识形态的背景

18 世纪的"文明"观念和文明理论受到启蒙运动和革命时代的熏陶，具有浓郁的自由主义精神。进入 19 世纪，欧洲发生的变化更加迅猛，对 18 世纪中叶后出现的"文明"观念冲击也更大。法国大革命和拿破仑的征战使"理性"和"进步"成为 19 世纪上半叶响彻欧洲的口号，也进一步推动了"文明"观念在欧洲各国的传播和流行。正是在拿破仑的征战中，"文明"观念首次被作为侵略的口号加以使用；拿破仑被推翻以后，欧洲获得了一时的和平，民主主义、民族主义和工业革命已经成为几股不可阻挡的潮流；与此同时，欧洲各国对海外殖民地的需求更加强烈，以欧洲为主导的现代世界体系初步形成；以黑格尔为代表的思想家进一步论证了欧洲是"文明的"，代表着人类社会发展的目标和模式。到了 19 世纪下半叶，情况又发生了变化：达尔文生物进化论的出现和种族主义的广泛流传使欧洲占领非欧洲地区有了"科学"的依据和理论作为支撑。这些变化都对"文明"观念的发展和功能的演变产生了巨大影响。

# 第一节
# 法国大革命和工业革命

## 一、 法国大革命对 "文明" 观念的影响

19 世纪的欧洲更加复杂，变迁也更加迅速。自由、民主和独立统一的风

暴在法国大革命以后席卷了整个欧洲，拿破仑革命和民族主义的兴起冲击了人们的思想，"可以毫不夸张地说，位居俄罗斯、土耳其以西，以及斯堪的纳维亚以南的欧洲大陆国家，在这二十年的战争期间（指拿破仑战争），其国内制度没有一个完全未受法国大革命的影响"①。1789 至 1799 年的法国大革命以及拿破仑战争对整个欧洲历史进程的影响非常深远，正如法国学者乔治·勒费弗尔（Georges Lefebvre）所言："从 1789 年至 1815 年，欧洲各国的历史在很大程度上都以这一伟大事件为转移。"②

大革命通过无偿铲除封建的等级特权制、废除封建土地所有制和农民的人身义务、取消内地关卡与地方的苛捐杂税等措施结束了法国一千多年的封建统治。法国大革命在《人权和公民权宣言》中明确了人与生俱来的自然权利，即自由和平等，对人们思想意识中的陈旧观念进行了总的清理，使得"自由""平等"的观念深入人心。这些思想又随着拿破仑的征战被带到欧洲其他地区。对于每一个被纳入帝国版图的欧洲国家来说，不论是情愿还是被迫，它们最终都或多或少接受了法国式的制度与"文明"，这种情况一直持续到 1848 年欧洲革命。在对待宗教上，此次革命无异于又一次宗教改革，但范围之广、程度之深是后者无法比拟的。除了避难权，大革命剥夺了它所有的权利。③

在法国大革命的过程中，"文明"这一概念在众多的革命口号中并没有起到特别大的作用，因为它所表明的是一个逐步发展的过程，一个进化的过程，而且并没有否定其原来作为资产阶级革命口号的意义。但是当大革命开始缓和下来时，这一概念却成了一个响彻全球的口号。在这一时期，"文明"概念已经变成了法国为自己进行民族扩张和殖民活动的辩护词。1789 年，拿破仑率军向埃及进军时就用到了这个口号："士兵们，你们要去从事的事业是征服，这一征服将对文明产生无法估量的意义。"④ 很快，其他西方国家纷纷仿效法国，发现了"文明"观念的另一大用处——可以用作殖民活动的大旗和辩

---

① ［英］艾瑞克·霍布斯鲍姆：《革命的年代：1789—1848》，王章辉等译，南京：江苏人民出版社，1999 年，第 119 页。

② ［法］乔治·勒费弗尔：《法国革命史》，顾良、孟湄、张慧君译，北京：商务印书馆，1989 年，导言第 2 页。

③ ［英］托克维尔：《旧制度与大革命》，冯棠译，北京：商务印书馆，1992 年，第 46–47 页。

④ ［德］诺贝特·埃利亚斯：《文明的进程：文明的社会起源和心理起源的研究》，王佩莉、袁志英译，上海：上海译文出版社，2009 年，第 48 页。

护词。

　　与形成"文明"概念的 18 世纪相比，这一时期欧洲其他国家认为"文明"不光是在法国、这一进程在他们自己的社会内部也已经完成，自己的国家也已经是一个现存的，或者稳固的"文明"提供者，是一个向外界传递"文明"的旗手，他们用文明的成果来炫耀自己。这也是为什么当拿破仑的军队在欧洲内部征战时，"文明"并不能凸显法国的特殊性与"高人一等"，而在大革命结束，当欧洲各国重新将关注点和视线放在对外殖民扩张时，他们受法国的启发，发现"文明"观念的实际功效。从这时候起，那些推行殖民政策，并因而成了欧洲以外广大地区上等阶层的那些民族，便将自身的优越感和文明的意识作为为殖民统治辩护的工具，就像当年"文明"概念的鼻祖"礼貌"和"开化"一样，曾经被宫廷贵族上等阶层用来为他们的统治进行辩护。①

　　"文明"观念虽然在大革命期间并不是一个特别响亮的口号，但是拿破仑的征战促进了此观念的传播与流行。战争期间，"文明"以更加迅猛的势头被传播到欧洲更加广阔的区域。"Zivilisation"一词轻而易举地便根植于德国，与更古老的词"Bildung"（教养）并行不悖；另一方面，在荷兰，尽管"civilisatie"一词出现得较晚，但它还是遭到"beschaving"一词的抵制，后者源于动词"beschaven"（意为"使变得优雅""使更尊贵""使开化"）；在阿尔卑斯山以南，意大利已经并很快地在"civilisation"的意义上使用但丁作品中的古雅字眼"civiltà"；1835 年，罗马尼奥西（Romagnosi）徒劳地试图创造"incivilmentog"一词，在他看来，该词指的是"文明的进程"，其本身便是"文明"（civilization）②；对斯特拉波（Strabo）来说，欧洲是最多变的大陆，提供了最丰富的物藏，欧洲是最独立的大陆，免于外国的统治，欧洲的人和政府都是最好的。③

　　法国大革命对"文明"观念的影响不光在于它推动了这个观念的传播及

---

　　① ［德］诺贝特·埃利亚斯：《文明的进程：文明的社会起源和心理起源的研究》，王佩莉、袁志英译，上海：上海译文出版社，2009 年，第 48 页。

　　② ［法］费尔南·布罗代尔：《文明史纲》，肖昶、冯棠、张文英等译，桂林：广西师范大学出版社，2003 年，第 23 – 26 页。

　　③ Anthony Pagden. *The Idea of Europe*, Cambridge：Cambridge University Press, 2002, p. 37.

其在欧洲其他国家的影响力并深刻地影响了其他国家思想家和民众对于"文明"和"野蛮"的看法，更为重要的是，大革命暂时动摇和削弱了另外一个曾经影响颇广的观念——"欧洲"，这为"文明"成为欧洲各国普遍认可的一种价值观和自我优越感、共同感的确立提供了空间。

众所周知，"欧洲"这个词语起源于希腊神话中一个叫作"欧罗巴"（Europa）的女子。欧罗巴是腓尼基国王的女儿，她的美貌引起统治宇宙最高的神宙斯的爱慕，于是宙斯变成一头公牛把她劫到克里特岛，并把其所在大陆命名为欧罗巴。另一种更为科学的解释是"Europe"源于"erib"或"erebu"，意为"进入"或"没入"，指日落和西方。根据这种解释，欧洲指"日落的地方"或"西方"。① 前文所论述的早期有关优越性和殖民合理性思想时，实际上也从另一个侧面揭示了关于"欧洲"的思想。

"欧洲"是一个观念，一种想象，但并不是一个地理概念，它的形成经历了很长时间。"古希腊是第一个'欧洲'……因为有了希腊，我们才能将欧洲人联结在一起。"② 起先欧洲这个观念所指的也只是中部希腊，后来希腊人的扩张才使之包括整个希腊本土，然后又向北方和黑海、地中海各地扩展。后来罗马探险者和士兵又把欧洲观念扩展到北方和西方，几乎到达现代欧洲的各地。"欧洲"成为一个不断变化、内含不断丰富的观念。直到 16 世纪，现代意义上的欧洲观念才从欧亚大陆中分离开来，并继续扩张，超越了欧洲的地理疆域概念，并通过商人、探险家的舰船传播到非洲、印度、中国和美洲各地，因此，地理上并不属于西方的美国、澳大利亚等国也被认为是欧洲文明的一部分。

1766 年，法国神父鲍多（Baudeau）明确使用"欧洲文明"（La civilisation européene）这个概念，他指出：改变美洲印第安人不仅在于使之皈依基督教，更要使之接受欧洲文明，把他们塑造成真正的法国人。③ 显然，传教已服务于传播欧洲文明这个更高的目标，而"文明"也逐渐替代"基督教"

---

① Roberta Guerrina. *Europe: History, Ideas and Ideologies*, London: Arnold, 2002, pp. 2 - 3.

② ［英］维克托·基尔南：《人类的主人——欧洲帝国时期对其他文化的态度》，陈正国译，北京：商务印书馆，2006 年，第 2 页。

③ Kenvin Wilson, Jan van der Dussen. *The History of the Idea of Europe*, London and New York: Routledge, 1995, p. 64.

"基督教世界"等概念,构成近代早期欧洲观念的重要内涵,中世纪传统的基督教世界与非基督教世界的对立逐渐转化为"文明"的欧洲与"不文明"的美洲之间的对立。在欧洲扩张时期,欧洲的特性是与它所征服的美洲不可分割的。美洲的发现扩大了欧洲人的视野,扩充了欧洲人对于其他人类生活方式的知识,同时也作为一种参照物和对立面加深了欧洲对自我文明特征的意识。

法国大革命后,民族主义作为一种模式很快传遍整个欧洲,成为各国人民反对封建专制、争取民主和自由,乃至争取民族独立的思想武器。民族主义的到来,使"欧洲"这种更具普遍性和世界意义的观念受到冲击,"欧洲观念"的传统内涵,如文化传统上的统一性和认同感、政治上的联合与统一,逐渐被打碎并融入民族国家的体系之中。"欧洲"对于以民族利益为重的各国而言,不再是首选的理想。在英国,当拿破仑战争结束后,其对外政策的重心开始转向海外殖民地,奉行"光荣孤立",与欧洲只保持一种外在的联系;在德国看来,"欧洲"仍然与法国的野心联系在一起,它更关心的是德国的统一和利益。普鲁士政治家弗雷德里希·根茨(Friedrich Gendz)曾是一个"欧洲理想"的支持者,但民族至上的政治形势令其对欧洲的未来更加悲观,在参加了维也纳会议后,他写道:"'欧洲'一词现在让我心中充满厌恶之情,我已经失去作为欧洲人的所有欲望。"[1] 对欧洲各国家来说,"欧洲"无疑只是一个政治口号,为了国家利益可以随时被放弃。[2]

"文明"替代"欧洲"成为19世纪欧洲占据主流的思潮凸显了欧洲民族意识的觉醒,在基督教统一理念被打破之后,欧洲各个国家开始更多地关注它们之间的不同和民族利益的纷争,这也在一定程度上解释了19世纪欧洲各国在对外扩张中矛盾加剧的原因。从19世纪开始,"文明"的词义与民族个体的概念联系起来,它概括地指称任一民族社会的文化思想传统,例如"中国文明"和"法国文明"。这种用法为19世纪后期考古学和人类学意义上的"文化"概念做了铺垫。1814年英国下议院文献中已使用"印度人的文明"。法国哲学家皮埃尔·西蒙·巴兰歇在1819年出版的《年轻人和老年人》中使

---

[1] Heikki Mikkeli. *Europe as an Idea and an Identity*, Houndmills:Palgrave Publishers Ltd., 1998, p. 67.

[2] 张旭鹏:《"欧洲观念"的内涵及其历史演变》,成都:四川大学博士学位论文,2004年,第72页。

用了法文"civilisation"的复数形式"civilisations"，他谈到"古代文明"和"以前所有文明的遗产"。① 这种用法暗指一个人类群体，无论它的物质和思想发展水平有多高都可以被称为是一种文明形式。1860年后，英文中也出现文明的复数形式。

19世纪上半叶欧洲发生的变化对"文明"观念的冲击可以从两位重要思想家对"文明"的理解来了解。第一位是法国思想家奥古斯特·孔德（Auguste Comte，1798—1857），其主要著作有《实用实证教程》《论实证精神》《实证政治体系》等②。从其主要作品的名称可以看得出来，孔德对实证非常看重，他认为一切知识都是可以被证实的，而经过证实的知识可以让人明白，所有被观察到的现象都是普遍现象的一部分。③ 而"文明"就是孔德所认为的那种"普遍现象"。"文明"是历史进程的中心现象，是社会的精神生活，表现为宗教、哲学和科学。孔德准备从"文明"这个"普遍现象"中演绎出有关社会历史其他所有现象的实证知识。④ 在孔德看来，历史就是"文明"的一般运动，这是不以人的意志为转移的运动。孔德把文明发展划分为三个阶段：神学阶段、形而上学阶段和实证阶段。在神学阶段，人对现象的认识还只是就事论事，但是承认背后存在有实质的东西或某种力；在形而上学阶段，人在认识过程中已求助于抽象的本质；在第三阶段，认识的任务转向外部世界现象的观察和确立这些现象之间的有规律的联系。⑤ 在孔德看来，文明只有在第三个阶段，即实证阶段或科学的阶段，才能获得迅速的和自由的发展。孔德的文明理论属于线性文明理论，并具有强烈的欧洲中心主义色彩。

黑格尔是另一位对"文明"观念的发展产生了很大影响的重要的思想家。黑格尔虽然没有专门论述"文明"观念的著作，但是他的文明理论是与他的历史哲学体系紧密结合在一起的。他在分析历史发展时所描述的就是社会文化

---

① Lucien Febvre. "Civilization: Evolution of a Word and a Group of Ideas", in Peter Burke ed., *A New Kind of History: From the Writings of Febvre*, New York: Routledge and Kegan Paul, 1973, pp. 235 – 236.

② 其主要著作有《实用实证教程》（6卷，1830—1842）、《论实证精神》（1844）、《实证政治体系》（4卷，1851—1854）、《实证主义教义问答》（1852）、《实证逻辑体系》（1856）等。

③ ［法］孔德：《实证哲学和社会研究》，载何兆武主编，《历史理论与史学理论——近现代西方史学著作选》，北京：商务印书馆，1999年，第254页。

④ ［法］孔德：《论实证精神》，黄建华译，北京：商务印书馆，1996年，第2页。

⑤ 陈启能、姜芃等：《世界文明通论：文明理论》，福州：福建教育出版社，2010年，第154页。

整体的发展，这个社会文化整体就是现在所说的"文明"，黑格尔的"世界历史进程"就是指的"文明的进程"，"世界历史性民族"被用来指现代意义上的"文明"概念。

黑格尔把人类发展的历史与人的成长进行类比，将其划分为童年（东方世界的中国、印度和中东）、青年（希腊诸文明）、成年（古罗马时期）和老年时期（日耳曼民族时期）。日耳曼国家是人类的老年，个性已经完善，上升到神的阶段，这也是黑格尔极力推崇的时期："自然界的'老年时代'是衰弱不振的；但是'精神'的'老年时代'却是完满的成熟和力量，这时期它和自己又重新归到统一，但是是以'精神'的身份重新回到统一。"① 黑格尔对古希腊、罗马文化推崇备至，认为这是欧洲文化的根源：

> 一提到希腊这个名字，在有教养的欧洲人心中，尤其在我们德国人心中，自然会引起一种家园之感。欧洲人远从希腊之外，从东方，特别是从叙里亚获得他们的宗教，来世与超世间的生活。然而今生，现世，科学与艺术，凡是满足我们精神生活，使精神生活有价值、有光辉的东西，我们知道都是从希腊直接或者间接传来的，——间接地绕道通过罗马。后一种途径，是希腊文化传给我们所取的较早的形式。此外它又通过昔时的普遍教会传来，这个教会本身也是导源于罗马的，就在今天它还保持着罗马人的语言。宗教的教训以及拉丁文的福音，来源都是教会神父。我们的法律，也以自罗马取得最完善的形式自夸。日耳曼人的粗犷性格，必须通过来自罗马的教会与法律的严格训练，受到磨炼。通过这种训练，欧洲人的性格才成为柔韧，担当得起自由。②

日耳曼文化融合了希腊、罗马和基督教文化，代表了现代欧洲的文化特性，因此它是人类历史发展的"老年"阶段，个性已经达到完善。毫无疑问，黑格尔在论述日耳曼文化时有着强烈的民族国家意识，这与当时欧洲民族主义的兴起和欧洲主要民族国家正在形成这样一个事实有密切的关系。

---

① ［德］黑格尔：《历史哲学》，王造时译，上海：上海书店出版社，1999年，第110－116页。
② ［德］黑格尔：《哲学史讲演录》（第一卷），贺麟、王太庆译，北京：商务印书馆，1959年，第157页。

　　黑格尔没有陷入狭隘的民族主义，去一味赞颂日耳曼文化，他承认并认识到其他文化的可取之处，尤其是古希腊罗马文化作为欧洲文明的源头的重要地位，推动了突破国家边疆界限的"欧洲"和"文明"观念的发展，试图从世界史角度去考察不同地区、民族和文化，也正因此其思想才对后世的欧洲各国产生了广泛而深远的影响。但是黑格尔仍然没有摆脱传统"欧洲中心论"的影响，他站在欧洲优越性的高度来俯视世界各个民族：美洲和非洲人没有摆脱粗暴和野蛮的自然状态，是欧洲人给美洲带来光明和独立精神以及发展所需要的技术。非洲本土被黑格尔认为是处于野蛮状态的、位于"有意识的"历史之外的，对世界文明发展基本没做什么贡献。居住于此的非洲黑人则是完全野蛮的自然人，缺乏自制，没有上帝的精神崇拜和公理的制裁。黑格尔认为欧洲人把非洲人变为奴隶是因为后者没有"自由意识"，而未能拒绝做奴隶，而依靠贩卖非洲人从中攫取巨额利润的欧洲人是否拥有"自由意识"显然不在黑格尔的考虑范围内。欧洲人依靠黑格尔推崇的"自由意识"，在利益和欲望的驱使下去奴役他人，这本身就是不自由的。这种种族主义、区域人种文化优势论的"双标"行为贯穿了欧美国家的殖民过程，背后体现出的是包括道德领域在内"强者制定规则，弱者只能接受规则并受其约束"的丛林法则，是一种强盗逻辑。

　　而对亚洲，黑格尔是以中国、印度、波斯等帝国为例来论述的。在他看来，中国是世界历史的开端，却因为停滞不前而被排除在世界历史进程之外。"中国很早就已经进展到了它今日的情状；但是因为它客观的存在和主观运动之间缺少一种对峙，所以无从发生任何变化，一种始古如此的固定的东西代替了一种真正的历史的东西。"①中国的"停滞"使其无法发展和创造出真正的历史。中国的宪法精神是建立在家庭关系基础上，个人既属于每个小家庭，受家长的约束，又属于中国这个大家庭，受皇帝的约束。

　　黑格尔对印度的评价：印度是没有历史的，因为印度人的自我意识还没有发展到相当程度，"中国和印度可以说还在世界历史的局外，而只是预期着、等待着若干因素的结合，然后才能够得到活泼生动的地步"②。在印度，一切

---

① ［德］黑格尔：《历史哲学》，王造时译，上海：上海书店出版社，1999 年，第 123 页。
② 同上，第 123 页。

都被奴隶化了。宗教、战争、手艺、贸易等等都被严格地区分开来，这种区分使得个人意志的种种需要枯竭，所以印度人陷落在最退化的精神的奴隶生活中。假如说中国是一种道德的专制政体，印度就是一种没有原则、没有什么道德和宗教规律的专制政体。

黑格尔对波斯的评价要稍高一些，"波斯人是第一个历史的民族，波斯历史的开始，便是世界历史真正的开始"①。因为在历史上，波斯同西方的关系更为紧密。尽管如此，波斯也是低劣的，因为它具有东方世界专制和奴性的特征。波斯人没有自由和坚强的意志，勇武和野蛮相结合，而这种勇武并不是遵守秩序的那种镇静的勇敢，并且当精神开放自己时，这种心地马上就软弱下来，让精力和能力消沉下去，使之成为一种软弱的肉欲的奴隶。②所以希腊人仍然是优于波斯人的，因为只有希腊能够消除这种消极的精神，融合各种文化的长处。

从上述关于黑格尔的美洲观、非洲观和体现在以中国、印度和波斯为代表的亚洲观的简要陈述中可以看出，虽然黑格尔对非西方地区是褒贬程度不一，比如亚洲是历史的起点，非洲和美洲是没有历史的，但是总体来讲，相比较欧洲，"精神的光明"已经从亚洲开始转向欧洲，在日耳曼民族和基督教文化中达到顶点。

而欧洲在黑格尔看来则代表着人类社会发展到的高级阶段，他声称，既然"世界历史就是自由观念发展的历史"，那么"欧洲绝对是历史的终点"。③现代欧洲入侵亚洲是为了传播文明。以英国为例，黑格尔认为英国人担任了在全世界传播文明的使命，英国的商业精神使得他们遍历四海五洲，在与各野蛮民族接触中，帮助他们发展实业，使得各民族放弃不法横行的生涯，并尊重私产。可以看出，黑格尔继承了孟德斯鸠、休谟、伏尔泰等人的思想，将欧洲以外的地区看作"野蛮""落后"的他者，加强了自我优越的思想，成为欧洲中心论的集大成者，因此，美国学者杜赞奇认为，黑格尔发表于1822—1825年

---

① ［德］黑格尔：《历史哲学》，王造时译，上海：上海书店出版社，1999年，第178－179页。
② 同上，第194页。
③ 同上，第156页。

之间的《历史哲学》，其哲学体系显然适用于觊觎世界的殖民霸权。①

黑格尔的世界历史观同他的哲学思想是一致的，具有整体主义、精神至上主义和神秘主义的特点，他对世界历史的划分和对世界历史的发展过程的有牵强附会的地方，经不起认真推敲，并表现出强烈的欧洲中心主义和大日耳曼主义倾向。其建构了以"希腊世界"为起点，以"日耳曼世界"为终点的理性世界发展逻辑，这种历史观不仅造成"欧洲中心论"在近代人类世界的长期盛行，也给人类文明的正常交流带来深远的不良影响。黑格尔根据世界历史各个民族的自由实现程度不同而把人类历史划分为四个时期，世界历史是自由意识的进展，整个世界历史也因此成为自由意识展示并实现自身的过程，黑格尔对自由概念的论述充满了浓厚的唯心主义色彩。

## 二、 工业革命

19 世纪的另外一个重要特征是开始于 18 世纪后期的工业革命在这个世纪经过蓬勃发展并完成。工业革命于 18 世纪 60 年代开始于英国的棉纺织业，80年代因蒸汽机的发明和使用得到了进一步发展，逐渐从手工劳动向动力机器生产过渡，产量大幅度提高。1760 年英国出口的棉花制品货物其价值不到 25 万镑，到 1800 年它的出口价值超过 500 万镑，在 1760 年，英国进口了价值 250万镑的原棉，在 1787 年为 2200 万镑，在 1837 年为 3660 万镑。② 到 1830 年，一位英国纺纱工人用他的机械纺纱机每小时所纺的纱已经是印度工匠用传统纺纱机所纺的 350 至 400 倍。1814 年印度从英国进口 100 万米棉纺织品，1820年进口 1300 万米，1890 年超过 20 亿米。③ 1830 年左右，工业革命开始传播，在欧洲得到蓬勃发展，它给煤和铁的使用、舟车的行驶、土地的所有权、城市的成长、贸易和商业、轮船的行驶、铁路的通行、电报的使用、河川的通航等方面带来了变化。例如，1850 年帆船从英国运输总共 3 396 000 吨货物，而蒸汽船仅运输 168 000 吨货物。即使在 1880 年帆船仍比蒸汽船重要。但到了 1890

① ［美］杜赞奇：《从民族国家拯救历史》，王宪明译，北京：社会科学文献出版社，2003 年，第 5 页。

② ［美］罗伯特·E. 勒纳、斯坦迪什·米查姆、爱德华·麦克纳尔·伯恩斯：《西方文明史》（下册），王觉非等译，北京：中国青年出版社，2003 年，第 693 页。

③ ［荷］韦瑟林：《欧洲殖民帝国：1815—1919》，夏岩、聂平俊、夏冠中译，北京：中国社会科学出版社，2012 年，第 24 页。

年情况开始扭转，因为在这年，帆船运输了2 936 000吨货物而蒸汽船运输了5 042 000吨。[①]

工业革命还带来了欧洲大陆政治体系的变化：1830 年比利时脱离荷兰独立，钢铁供应充分使其成为欧洲大陆上第一个有待工业化的国家，到了 1870 年大多数比利时人依靠工业或贸易生活；德意志也加速了工业革命的进程，如 1818 年普鲁士建立了旨在加速国内自由贸易的"关税同盟"。到 1840 年为止，这一同盟扩展到除奥地利以外的多数德意志邦国。由于政治上不统一、行会强大等原因，德国工业革命开始时速度非常缓慢，1871 年德国统一后工业飞速发展。工业革命大大加速了欧洲国家的发展，给各国带来巨大的经济效益。为了展示英国工业革命的巨大成就，1851 年伦敦举办了世界上首次世界博览会，被称为"万国工业博览会"，展馆为著名的"水晶宫"，是世界上第一座仅用金属和玻璃建造的建筑，美轮美奂。

"对欧洲来说，19 世纪是一个生产力提高、经济增长和社会更加繁荣的世纪，尤其是 19 世纪后 25 年。尽管欧洲当时的财富分布不均，但已开始惠及范围更大的社会阶层。"[②] 同时，工业革命也是经济思想上的革命，不仅改变了欧洲甚至整个世界的生产关系，也将整个世界都纳入资本主义的生产轨道中。

> 英国纺织业的增长开创了一种建立在新的生产方式基础上的社会秩序。在这种生产方式的主导关系下，资本家购买机器并雇用工人开动机器，而新的劳动群体为了换取工资不得不屈从于工厂工作的纪律。对生产手段的控制使得资本能够购买必需的机器和劳动力，并根据利润的高低来加以安排。与此同时，资本也能够让那些低利润领域里的机器停转，解雇劳动力，并在其他能获得更高回报的领域内重新开始生产。在新生产方式的条件下，资本能够引发持续的国内和国际移民潮，将更多人群纳入它的轨道，在它扎根的任何地方和任何时间里再生产出它的战略关系。……新工业不仅要求必须有劳动力和机器，也必须有原料，为了向工厂供应这些

---

① ［荷］韦瑟林：《欧洲殖民帝国：1815—1919》，夏岩、聂平俊、夏冠中译，北京：中国社会科学出版社，2012 年，第 24 页。

② 同上，第 26 页。

原料，世界上的大量地区都被重组了。①

工业革命意味着：（1）旧的限制制造业的重商主义法规日渐被抛弃了——工业巨头可以为所欲为，雇工和支付工资可随他们所愿；（2）限制和管制对外贸易的法令被废止了，进口谷物的关税被废除了，保护关税被取消了，自由贸易逐步建立起来；（3）重商主义者对殖民地价值的信念受到了很大的怀疑。② 经历了工业革命洗礼的西欧国家在社会发展各个方面取得的成就支撑起 18 世纪以来人们对于"进步"的信念。虽然在相当长一段时间内，以卢梭为代表的一些思想家所提出的关于人性逐渐堕落的提法，如"高贵的野蛮人"（noble savage）等挑战着"进步"的信念，但是到了 19 世纪，当欧洲人面对其他地区的停滞不前与自己居住大陆在技术创新、物质繁荣、军事强大等方面形成的鲜明对照时，欧洲人热切拥抱了"进步"观念，将"欧洲"等同于"进步"和"文明"。也正是从这一时期开始，"进步"成为"文明"和核心，成为人类历史发展的统一目标。

# 第二节
# 殖民扩张和现代世界体系

随着工业革命的蓬勃发展，资本主义经济在欧洲各国得到不同程度的发展，欧洲各国对原材料、商品销售地和海外资源的需求也达到前所未有的高峰，这也成为欧洲国家扩张领土的支持力量。资本主义的发展离不开殖民扩

---

① ［美］埃里克·沃尔夫：《欧洲与没有历史的人民》，赵丙祥、刘传珠、杨玉静译，上海：上海人民出版社，2006 年，第 346－347 页。

② ［美］海斯、穆恩、韦兰：《世界史》，冰心等译，北京：世界图书出版公司北京公司，2010年，第 389 页。

张,而欧洲的殖民扩张到 19 世纪末达到顶峰。"19 世纪 80 年代,欧洲不仅是
支配和改变世界的资本主义发展核心,同时也是世界经济和资本主义社会最重
要的组成部分。……从人口上说,欧洲人在 19 世纪末所占的比例远高于 19 世
纪初——从每五个人当中便有一个欧洲人上升到每四人当中便有一个。"① 以
英国为例,英帝国面积的 1/3,包括帝国人口总数的 1/4,都是在 19 世纪的最
后 30 年中获得的:

**表 4.1 1900 年英国的附属国、殖民地和保护地②**

| 附属国 | 面积（平方英里③） | 估计人口 |
|---|---|---|
| 欧洲附属国 | 119 | 204 421 |
| 亚洲附属国:<br>印度（1 800 258 平方英里,居民 287 223 431 人）<br>其他（27 321 平方英里,居民 4 363 257 人） | 1 827 579 | 291 586 688 |
| 殖民地 | | |
| 非洲殖民地 | 535 398 | 6 773 360 |
| 美洲殖民地 | 3 952 572 | 7 260 169 |
| 澳洲殖民地 | 3 175 840 | 5 009 281 |
| 合计 | 9 491 508 | 310 833 919 |
| 保护地 | | |
| 亚洲 | 120 400 | 1 200 000 |
| 非洲（包括埃及、英埃苏丹） | 3 530 000 | 54 730 000 |
| 大洋洲 | 800 | 30 000 |
| 合计 | 3 651 200 | 55 960 000 |
| 总计 | 13 142 708 | 366 793 919 |

从表格中可以看出,英帝国从 1884 年开始的 15 年之间,帝国面积增加了
大约 300 万至 325 万平方英里。其他欧洲强国的情况也差不多:德国于 1884
年采取在非洲设置保护地和吞并大洋洲的政策,在以后的 15 年中,德国把约

---

① [英]艾瑞克·霍布斯鲍姆:《帝国的年代:1875—1914》,贾士蘅译,南京:江苏人民出版
社,1999 年,第 8 页。

② [英]约·阿·霍布森:《帝国主义》,纪明译,上海:上海人民出版社,1960 年,第 15 页。

③ 1 平方英里≈2.59 平方公里。

100 万平方英里的面积和约计 1 400 万的人口置于其殖民统治之下；法国于 1880 年在塞内加尔和撒哈拉扩张之后，翌年吞并突尼斯，并于 1884 年积极展开对非洲的争夺，同时加紧它在亚洲东部和老挝的统治。它于 1880 年和 1900 年获得的领土（新喀里多尼亚和其他属地除外）面积共达 350 多万平方英里，原住民约有 3 700 万，差不多全部都处在热带或亚热带；意大利从 1880 年起也采取同样形式，远征阿比西尼亚（今埃塞俄比亚），但这次远征给予意大利以挫折，它在东非的属地仅有厄立特里亚殖民地和索马里兰保护地；1884—1886 年非洲协定的结果，葡萄牙分得刚果海岸安哥拉的广大地区，东非的广大地带于 1891 年又完全处在它的政治支配下；荷兰在东印度群岛和西印度群岛取得广大而重要的属地；俄国以亚洲为主要目标，并且直接扩充帝国的疆界；美国也吞并夏威夷并接管古老的西班牙在美洲的势力。

表 4.2　1900 年各大国及其殖民地面积和人口情况①

| 国家 | 殖民地数 | 面积 （平方英里） | | 人口 | |
| --- | --- | --- | --- | --- | --- |
| | | 本国 | 殖民地 | 本国 | 殖民地 |
| 联合王国 | 50 | 120 979 | 11 605 238 | 40 559 954 | 345 222 239 |
| 法国 | 33 | 204 092 | 3 740 756 | 38 517 975 | 56 401 860 |
| 德国 | 13 | 208 830 | 1 027 120 | 52 279 901 | 14 687 000 |
| 尼德兰 | 3 | 12 648 | 782 862 | 5 074 632 | 35 115 711 |
| 葡萄牙 | 9 | 36 038 | 801 100 | 5 049 729 | 9 148 707 |
| 西班牙 | 3 | 197 670 | 243 877 | 17 565 632 | 136 000 |
| 意大利 | 2 | 110 646 | 188 500 | 31 856 675 | 850 000 |
| 奥匈帝国 | 2 | 241 032 | 23 570 | 41 244 811 | 1 568 092 |
| 丹麦 | 3 | 15 289 | 86 634 | 2 185 335 | 114 229 |
| 俄国 | 3 | 8 660 395 | 255 550 | 128 932 173 | 15 684 000 |
| 土耳其 | 4 | 1 111 741 | 465 000 | 23 834 500 | 14 956 236 |
| 中国 | 5 | 1 336 841 | 2 881 560 | 386 000 000 | 16 680 000 |
| 美国 | 6 | 3 557 000 | 172 091 | 77 000 000 | 10 544 617 |
| 合计 | 136 | 15 813 201 | 22 273 858 | 850 103 317 | 521 108 791 |

---

① ［英］约·阿·霍布森：《帝国主义》，纪明译，上海：上海人民出版社，1960 年，第 18 页。

从上述两个表格中可以看出，19 世纪后期毫无疑问是帝国主义的高峰时期。无论从欧洲各国扩张的速度、掌控殖民地面积的增加还是所辖人口的数量来看，19 世纪末期各国已基本完成对世界广大范围的占领和争夺。面对越来越多的殖民地，这个时期欧洲各国有关殖民的新理念开始成形：法国以"发展"（mise en valeur）政策而著称，这种政策不仅仅局限于殖民剥削，而是着眼于通过运用新的、合理的、科学的方法和政府投资实现长期发展；在荷兰，这些理念被称为"伦理政策"，它不仅强调殖民者对被殖民者的责任，而且对政府需要提供经济发展的基础设施、医疗保健、教育等职责加以强调。① 法国和荷兰的政策转变具有代表性，说明这一时期欧洲各国殖民政策的制定者不再仅仅满足于短期的经济剥削，而妄图以更加委婉、怀柔的政策实现对殖民地的长期控制。

这一时期同时也是现代政治宣传、将敌人抹黑、为朋友漂白的手段快速增长的时代。毫无疑问，伴随着欧洲各个国家的对外扩张，总会与当地居民发生一些或大或小的冲突或战争，而每一次战争的爆发，都会有某种说辞作为防御的外衣来欺骗民众，以掩盖侵略的动机和贪婪的目的。"可以肯定地说，我们记忆中的战争，尽管在冷静的历史家看来是露骨的侵略，却没有一次人民不是被号召来为必要的防御政策而战斗，而这种政策或是为了国家的荣誉，也许还是为了国家生存。"② 在 19 世纪下半叶，有一个口号被各个欧洲国家不约而同地使用，作为进行殖民活动的借口，那就是"文明"。"即使在欧洲人看来严重落后不堪的西班牙，也可以在北非担任输出文明的使者。"③ "文明"的使用不光与欧洲思想界自古希腊罗马时期以来所长期形成的"我们—他者"二元对立模式有关，也与 19 世纪下半叶在欧洲乃至全世界普遍流行的另外一股思潮——种族主义密切相关。

① ［荷］韦瑟林：《欧洲殖民帝国：1815—1919》，夏岩、聂平俊、夏冠中译，北京：中国社会科学出版社，2012 年，第 28 页。
② ［英］约·阿·霍布森：《帝国主义》，纪明译，上海：上海人民出版社，1960 年，第 39 页。
③ ［英］维克托·基尔南：《人类的主人——欧洲帝国时期对其他文化的态度》，陈正国译，北京：商务印书馆，2006 年，第 132 页。

# 第三节
# 种族主义："文明"观念成为殖民意识形态的
# "科学"基础

如果说 18 世纪孟德斯鸠等启蒙思想家关于"文明"与"野蛮"的看法初步奠定了欧洲文明优越论的基础，19 世纪上半期以黑格尔为代表的思想家则进一步以欧洲为中心构筑了世界历史体系，认为其他民族和地区是"没有历史的"，只有体现"理性"和"进步"的欧洲才是有历史的，并代表着人类历史发展的方向。这种思想体系逐步发展成一套为欧洲国家殖民辩护的说辞，黑格尔的美洲观、非洲观、亚洲观对后人产生了极大的影响。

在这一系列论证欧洲更"文明"、更"优越"的思潮中，不同的思想家纷纷从地理和气候条件、经济发展、宗教差别等方面做出尝试，试图印证这种看法。但是慢慢地，人们开始认为欧洲与非欧洲之间差异的造成是由于一种先天的区别。欧洲人将原因归结于肤色及文化（colour and culture）。虽然基督教早已越过大西洋，可是欧洲人所认可的亲属仍只是西班牙殖民者的后代而不是印第安人或改信基督教的其他种族。欧洲集体意识中的重要元素之一，就是认为欧洲所有民族都长得差不多……欧洲人总给自己与非欧洲人一个印象：欧洲人属于同一种族[①]，而其他与自己肤色有差别的民族即使改信了基督教也无法在欧洲人心目中引起强烈的"认同感"。生理和种族的差异成为一道无法逾越的鸿沟，也成为欧洲思想家借以解释欧洲"文明"、其他地区"落后"的原因

---

① ［英］维克托·基尔南：《人类的主人——欧洲帝国时期对其他文化的态度》，陈正国译，北京：商务印书馆，2006 年，第 17 页。

之一。

早在 17、18 世纪，基于身体特征和地理分布，欧洲人就把人类分成了不同的种族。法国哲学家和医生弗朗索瓦·贝尔尼埃（François Bernier，1620—1688）最早于 1684 年在《根据居住在不同人类类别或种族划分的地球新分野》（*Nouvelle division de la terre, par les différentes espèces ou races d'hommes qui l'habitent*）中从地理分布和一些体征（肤色、身高、鼻型、发质和发色、体毛等）区分了四个人种。① 但是他没有突出欧洲人绝对的高贵，也没有强调白种人优越的美感。美洲"野蛮原始风俗"的存在，使得欧洲人认为他们不是亚当和夏娃的后裔。

到了 18 世纪，伏尔泰、休谟、康德等用遗传理论或者欧洲文明的理论来说明欧洲种族的优越性和统治世界的正当性。19 世纪初，德国地质学家约翰·弗里德里希·布鲁门巴赫（John Friedrich Blumenbach）与法国古生物学者乔治·居维叶（Georges Cuvier）都曾用三分法把人类划分为东方人种（蒙古人种）、黑色人种（埃塞俄比亚人种）和白色人种（高加索人种）。布鲁门巴赫和居维叶创建这一新学科的目的是揭示人类不同种族在生理结构上的本质区别，并试图弄清楚不同的人类种族到底是属于截然不同的种群，还是由同一的人种类型演变而来的。②

然而，生物学上关于人种的讨论很快就被引入社会学领域。欧洲人把上帝和各种地理文化因素用于种族解释中，又反过来用种族学说来支持自己的宗教、文化优越学说，种族优越性和血统优越性成为种族理论的基础。他们深信上帝创造了不同的人，并且将白人造得更聪明，所以白人能指挥劳动，能指导宽背、低能的劣等种族的发展，并因而衍生出了"白人的责任"这一概念。

启蒙思想家赫尔德（Johann Gottfried Herder，1744—1803）首先把这种观点作为一种系统理论加以阐述。他认为人种的差异是大自然赋予的先天不同特质所决定的，正如大自然造成了橡树和榆树的区别一样。因而如果某些人种处于不发展的状态，那也是他们的天性所决定的。中国在赫尔德眼中就是一个很好的例子。将中国人的特点以这种对立的方式来表达，本身就体现了文化民族

---

① 贝尔尼埃将人类划分为四个人种：远东人、美洲原住民、撒哈拉以南非洲人和欧洲人。

② ［美］阿瑟·赫尔曼：《文明衰落论——西方文化悲观主义的形成与演变》，张爱平、许先春、蒲国良等译，上海：上海人民出版社，2007 年，第 58 页。

主义者的立场，认为中国是超出理性理解范围之外的世界另一极。对大多数像赫尔德一样的启蒙学者来说，他们生活的时代见证了欧洲科技和军事力量的兴起，正陶醉于欧洲的"进步"和"文明"，中国唯有呈现出"停滞"和"孤立"才更能衬托出充满活力的欧洲文明的伟大与先进。因此，不同学者笔下的中国形象的不同反映出形象建构服务于主流社会思潮和意识形态需要。

前文论述过的启蒙思想家如伏尔泰、休谟、康德等因为种种原因极度"鄙视""排斥"非洲黑人，但是他们的考察和分析并非来自生物学角度。而这一时期，一部分生物学家相信他们找到了所谓的"生物学"和"遗传学"证据，确认了非洲人在自然界形成的生物的大链条中的位置，黑人被认为处于人类进步历史之外，处于"文明"之外。对于 19 世纪早期的种族论者来说，他们试图在启蒙思想家确立的关于"人类普遍历史"的观念中找到一些生物学的规律。

在戈宾诺的论著《种族不平等论》出版前，所有的种族理论都是按照等级来划分人类种族的：白种人居于顶端，而黑种人处于底部。对戈宾诺思想产生巨大影响的卡尔·古斯塔夫·卡卢斯（Carl Gustav Carus）曾说过，欧洲人在体质上比非洲人更接近于古典审美标准，这是它天生优越于其他丑陋种族的标志。卡卢斯说，白种的欧洲人是"白天的"民族，他们皮肤的亮泽反映了太阳的恩泽。黑种人则属于"黑夜的"民族，他们漆黑的肤色代表着他们黑暗的和不成熟的特性。[①] 社会学中关于阶层的划分被引入人种的排序中，欧洲人从肤色的亮白程度判定人类优越程度高低的做法固然十分可笑，但这却是戈宾诺关于种族理论的书出版之前以及达尔文生物进化论问世前广为流传的，也是欧洲人头脑中根深蒂固的看法。之后的三位学者——基佐、戈宾诺和达尔文——用他们的理论和著作改变了人们关于欧洲为什么代表"文明"、非欧洲就是"落后"的看法，影响非常深远，一直持续至今，尽管基佐关于欧洲文明的看法并不是单纯从种族的角度来论述的。

## 一、 基佐的欧洲文明观

本书在讲述"文明"定义的时候提到了基佐的文明观以及他所认为的文

---

① ［美］阿瑟·赫尔曼：《文明衰落论——西方文化悲观主义的形成与演变》，张爱平、许先春、蒲国良等译，上海：上海人民出版社，2007 年，第 58－59 页。

明尺度：社会的进步与人性的进步。基佐正是基于这种对"文明"的理解，来讲述他对欧洲和非文明的看法。在他看来，欧洲文明起始于罗马帝国的灭亡和基督教世界的兴起，与其他文明相比，欧洲文明具有明显优越性的原因在于欧洲文明的多样性以及这种多样性带来的自由。欧洲文明显得无与伦比地丰富，它在同一个时期里显示出许多不同的发展，因此它虽已存在了 15 个世纪但现在仍处于不断发展的状态。虽然这种文明并没有进展得像古希腊文明那样快，但它的发展从未停止过。

在其他文明中，单一原则、单一形式、过于占优势的控制一直是暴政的原因，压制了自由的发展。在现代欧洲，构成社会诸阶层的有各式各样的因素，同时它们又不相互排斥，这就产生了今天盛行的自由。在欧洲，自由已成为文明因素多样性的结果，这构成了一种真实而巨大的优越性。[①] "如果怀疑是文明产生的第一步，那么自由则是文明进步的保证，因为它加速了历史发展进程。事实上，欧洲文明是多元的，许多看似矛盾的事物在一开始都以猛烈斗争的形式并存，如君主制、共和制以及贵族制。"[②] 在基佐看来，欧洲与由"单一性""单一原则"长期占据主导地位的其他地方不同，各种不同的因素，无论是政治制度、经济发展方面的相互碰撞，都给欧洲文明的发展带来活力，同时也带来了欧洲文明发展所需的"自由"，而这种"自由"又保证了欧洲文明的进一步向前。

除了"多样性"和"自由"是基佐所认为的欧洲能够取得"文明"的原因之外，基佐多次使用"基督教欧洲"来强调这块大陆的宗教特性，强调教会在欧洲文明的演进中扮演了重要角色。他认为基督教启示首先解放了"人的内心"，也就是思想和信念，然后通过革命使社会结构发生改变。因此，欧洲文明的向前发展反映了上帝的意志，"欧洲文明已进入了永恒的天意的轨道，按照上帝的意图前进。这是理性对它的优越性作出的解释。"[③] 欧洲之所以能够取得"进步"和"文明"也是因为上帝对欧洲人的恩惠，是欧洲优越

---

① ［法］基佐：《欧洲文明史：自罗马帝国败落起到法国革命》，程洪逵、沅芷译，北京：商务印书馆，1998 年，第 21 页。

② ［法］皮埃尔·特里奥姆夫：《基佐的欧洲观》，秦川译，北京：北京大学出版社，2012 年，第 55 页。

③ ［法］基佐：《欧洲文明史：自罗马帝国败落起到法国革命》，程洪逵、沅芷译，北京：商务印书馆，1998 年，第 22－25 页。

性的原因和体现。基佐认为神意的作用是为人类制定规则，制定理性可以接近的规则，然后使之自行运转，而神意本身不会直接干预这种运行，法律就是神意通过理性的产物。①

> 两股强大力量——专制和自由——相互斗争着并存于人类社会中。从古代社会到基督教欧洲，这两股力量中的任何一股都无法完全消灭对手。这是上帝的旨意，他不让其中的一方决定性和永恒地主导另一方。于是，各国有时在绝对专制的阴影笼罩之下，有时饱受自由暴风的洗礼。这是欧洲文明光荣而原初的特性，自此之后它又受到了福音教的影响，专制与自由的精神共同成长壮大，它们互相斗争却难以分出高下，并在漫长的历史进程中体现为政府与人民的命运。基督教的欧洲从不专属于两个互相竞争的原则中的任何一个。战败者总是处于反击之势，它随时有可能再次获得胜利。②

除论述欧洲文明发展的原因如"多样性""自由""上帝的旨意"外，基佐还分别论述了他对欧洲各国文明发展程度的看法。他认为欧洲文明的两大基本要素在他所设想的欧洲（主要是英国、德国、意大利、西班牙和法国这些西欧国家）获得不同程度的发展，而每个国家的发展又各有特色：英国在经济领域取得巨大成功，但是却忽略了思想和理论层面的建设；德国虽然当时政治上处于分裂状态，文化上却是统一的；意大利同时包含了英德两国的特点，但是这两种品质却彼此分离而没有能够相辅相成。在基佐看来，能够代表欧洲文明发展样板的非法国莫属：法国成功地将思想的发展和社会的进步、理论与实践调和了起来，她不仅是欧洲社会文明成果的集中体现，还是促进欧洲大陆转型与进步的主要动力。③ 基佐与其他思想家不同的地方在于他对"基督教"的肯定和赞扬，也将此作为欧洲能够取得"文明""进步"的原因之一。在宗

---

① ［法］皮埃尔·特里奥姆夫：《基佐的欧洲观》，秦川译，北京：北京大学出版社，2012 年，第 56 页。

② 原文出自《欧洲文明史》第 6 版（1855 年）序言，转引自［法］皮埃尔·特里奥姆夫：《基佐的欧洲观》，秦川译，北京：北京大学出版社，2012 年，第 90 - 91 页。

③ ［法］皮埃尔·特里奥姆夫：《基佐的欧洲观》，秦川译，北京：北京大学出版社，2012 年，第 65 - 69 页。

教权威遭到严重挑战的 19 世纪，基佐将他对"上帝旨意"的理解和当时的社会实际情况相结合，提出"法律""规则"是"神意"的体现，不至于回到宗教思想的框架中去。

同时，基佐的"文明"观念无疑具有欧洲自我意识和欧洲中心主义的色彩。在对比了欧洲与非欧洲地区之后，基佐提出了他所谓的"文明"衡量标准，实际上也就是以欧洲为原型的标准。照此比较，非欧洲地区肯定没有文明，以印度和埃及为代表的亚洲社会肯定是停滞不前，而欧洲社会则处于不断发展的状态，因此欧洲文明具有无比的优越性，也会长期发展下去，这种浓厚的欧洲中心主义思想体现无遗。

此外，基佐还将欧洲文明榜样的范围缩小到了一个国家法国身上，这是以往的思想家很少提到的。在基佐看来，法国文明即使在与其他欧洲国家相比较时仍然显示出"无与伦比的优越性"，具有其他各国发展过程中的优点，而这也足以让非欧洲地区学习和效仿。人类社会发展的原型不再是笼统的欧洲，基佐指出了一个具体的榜样，毫无疑问，民族主义和自豪感充满了基佐的头脑。

## 二、 戈宾诺的种族主义文明观与 "文明的阶梯"

如果说在基佐身上体现出的更多的是一种宗教优越性和突显法国领先地位的欧洲文明优越感，那么在稍后的法国思想家戈宾诺身上，"文明"便与种族主义紧密地联系在一起了。根据戈宾诺的说法，"白种人"代表的优越性可以从他们的"美丽、肢体的恰当比例、脸部线条的匀称"得到证明，身体外表的美被看作受宠的符号。最优秀的人类，那些被认为最能适应文明的人，必然是最美的。力量、智慧和美丽可以说全被"白种人"垄断了。①

戈宾诺在其《种族不平等论》一书中明确地表明了其种族主义"文明"观。他在将该书奉献给汉诺威的乔治五世（George V，House of Hanover，1865—1936）时宣称，在这样一个充满血腥战争和革命的年代，他找到了社会动荡的深层原因和历史之谜的钥匙，即"种族问题掩盖了其他所有历史问题"，这是一把万能钥匙。由此他在该书中将这把钥匙应用于"文明"及其兴

---

① ［法］皮埃尔－安德烈·塔吉耶夫：《种族主义源流》，高凌瀚译，北京：生活·读书·新知三联书店，2005 年，第 14 页。

衰的探讨。他认为，文明的兴起是极为简单明了的，但它的衰落却是最难以捉摸的历史现象。文明以一个纯正种族的成就为基础，但历经时日之后，这个种族因血统混杂而退化了，文明也因而最后走向衰落。

从当时欧洲的思想背景来看，戈宾诺的种族观念来自 18 世纪以来关于人种是单一起源还是多元起源的争论。当时欧洲思想界存在着一种关于"雅利安人"的理论，而"雅利安人"这个词来自东方学研究领域。1788 年，就职于英国东印度公司的威廉·琼斯爵士（Sir William Jones，1746—1794）① 就拉丁语、希腊语、波斯语、梵语以及日耳曼语和凯尔特语之间文法上的共性进行了深入的比较研究后认为，所有这些民族最初可能具有共同的语言及文化特征。1803 年，施莱格尔（A. W. Schlegel，1772—1829）② 把威廉·琼斯的探讨往前推了一步。他认为，梵文是东西方所有文明语言共同的原始形态，操此语言的雅利安游牧部落曾征服过印度，他们才是希腊、罗马及西方文明的真正始祖。后来的欧洲东方学家和哲学家们坚信远古雅利安人——一个漂泊不定、充满冒险精神的民族，他们背负着历史的使命，离开自己的家园，从东向西一路撒播文明的种子——的存在，并且成为拥有标准的形体美、英勇无畏的精神和强烈的个人荣誉感的化身。在完成传播文明的历史使命之后，雅利安人作为一个独特的群体很快便消失了，留下的只有语言和散落在被征服民族中的一些高贵的血亲世家。③ 这种关于雅利安人的理论的真实性还有待考证，但是因其与欧洲人的关联、自身民族特性的原因在 19 世纪的欧洲却受到欢迎并得到广泛流传。

雅利安理论与种族理论的结合为戈宾诺的理论提供了依据。根据生物学和人类学将人类划分为白人、黑人和黄色人种的三分法，戈宾诺力求"科学的"解释支配世界的法则。其所谓"文明的阶梯"（ladder of civilization）理论对不同种族的人们进行了排序，白种人是最优越的，因为他们继承了最多远古雅利安血液，其体能、智力与道德律令达到了最完美的结合，是最具活力的种族，

---

① 琼斯爵士，英国著名的东方学家、语言学家、翻译家和外语学习天才。他曾在印度当法官，用业余时间学习东方语言。

② 施莱格尔，德国文学理论家、作家、语言学家，其著作《印度人的语言和智慧》对梵文和印度文明的研究做出了贡献。

③ ［美］阿瑟·赫尔曼：《文明衰落论——西方文化悲观主义的形成与演变》，张爱平、许先春、蒲国良等译，上海：上海人民出版社，2007 年，第 58－64 页。

而活力乃是生物体得以代代相传的生命力或生命本质之所在，它与人类的创造性和文明相伴随。"历史的教训"则表明，"一切文明皆来源于白种人"，"没有白人的帮助便什么也不存在"。这种论调在之前的众多思想家那里都有体现，戈宾诺只是根据偏见、主流信仰、意识形态、所谓的"科学"学说、世界观等对种族主义给出了新的阐释。在人类历史上，种族主义既是历史的特定产物又是随历史的延伸而不断变化的，戈宾诺坚信"雅利安人之上"理论与当时社会发展状况紧密相连，他无视了人类的生物和文化特性，而将其按照宿命论方式进行分类，充满了唯心主义和历史虚无主义色彩。

## 三、 达尔文生物进化论思想和种族主义

英国生物学家达尔文（Charles Robert Darwin，1809—1882）在其关于生物进化的思想体系中提到了关于文明与野蛮的看法，并深深影响了自然科学之外的社会学以及人们对于什么是"文明"、什么是"野蛮"的看法。在此基础上发展起来的社会达尔文主义成为 19 世纪下半叶欧洲的主流思潮。

达尔文于 1831 至 1836 年随贝格尔号环球旅行时在日记中写道，他在第一次见到火地岛的原住民时，竟然发出了这样的感慨："我无法想象野蛮人和文明人之间的差别有多么巨大；这种差别，肯定比野生动物与家畜之间的差别更为巨大。"[①] 在达尔文眼中，土著人与文明人似乎不属于同一族类，因为家畜和野生动物毕竟是属于同一族类。这种想法在以后的记载中明确地表达了出来："这些可怜的野蛮人发育不良，矮小而丑陋，脸上涂着白色涂料，皮肤油垢而肮脏，头发杂乱不堪，说话声调嘈杂，动作粗鲁。我们刚一看到这些人时，勉强认出这些还算是人类，是与我们同一世界的居民。我常常寻思自问，那些低等动物活在世上，究竟有什么乐趣呢？我们有充足的理由认为，这个问题同样适合于这些野蛮人。"[②] 达尔文作为一个自然科学家，其关注角度却在原住民的外表、衣着以及谈吐，从这些表面的观察出发，达尔文将其归于"野蛮人"一族，并得出了"这些原住民不是人类"的谬评。

如果说仅从外表来作为论述的依据缺乏信服力的话，达尔文《物种起源》

---

① ［英］查尔斯·达尔文：《达尔文环球旅行记》，刘福文等译，哈尔滨：黑龙江人民出版社，1998 年，第 207 页。

② 同上，第 216 页。

一书因为科学事实和科学推断而有了更大的说服力。此书初版于 1859 年，不仅深刻影响了自然科学，也深刻影响了对人及社会关系的研究。达尔文同样认为存在一个"文明的阶梯"，且文明取代野蛮的进化过程也是必然的。达尔文将欧洲人、南太平洋岛屿居民、火地岛人进行对比，形成了"文明""半开化""野蛮"等概念，形成一个所谓的"文明阶梯"。① 在这个阶梯中，任何民族都要经历从野蛮走向文明的过程。在达尔文看来，较高级的文明取代较低级的文明，文明取代野蛮，优胜劣汰，也是一种必然规律。"在某个不很远的未来的时期里，大概用不了几百年，各个文明的族类几乎可以肯定地会把全世界野蛮人的族类消灭干净而取代他们的地位。"在达尔文眼中和他所定义的"文明阶梯"中，哪一种文明应该排在"金字塔"的顶端呢？毫无疑问，达尔文出生并成长其中的欧洲文明被他认为是当时世界上最优越的文明，西欧一些民族国家"今天无可衡量地超越了它们的野蛮时代的祖先而高踞着文明的顶峰"②。从这一点出发，欧洲文明在各民族的竞争中毫无疑问处于优势，因为它是"文明的顶峰"，遵循着"优胜劣汰"的原则，欧洲文明必将"消灭""野蛮人的族类"，这一过程是必然也是应然的。这种理论和看法不仅为欧洲扩张提供了"传播文明"的依据，而且为后来的社会达尔文主义提供了思想来源。

1871 年，达尔文出版了另一巨著《人类的由来和性选择》，在该书中他指出所有文明民族都是野蛮人的后裔，人类经过缓慢而曲折的步骤由低等状态上升到今天的知识、道德和宗教的最高标准，人类在遥远的未来还会通过进化上升到更高的地位，证据在于："一方面，在现今依然存在的风俗、信仰、语言等等之中，还有他们以往低等状态的明显痕迹；另一方面，已证明未开化人能够独立地在文明等级上提高少数几步，而且他们确曾这样提高过。"③ 达尔文认为人类的智能主要是通过自然选择而达到逐渐完善的，在自然选择的过程中西欧产生了大量的高智力的、精力旺盛的、勇敢的、爱国的以及仁慈的人，这

---

① ［英］达尔文：《人类的由来》，潘光旦、胡寿文译，北京：商务印书馆，1983 年，第 244 页。
② 同上，第 217 页。
③ ［英］达尔文：《人类的由来及性选择》，叶笃庄、杨习之译，北京：科学出版社，1982 年，第 175 页。

些人善于发明技术,欧洲西部站在文明的顶峰①,而美洲或者太平洋孤岛的一些部落则被自然选择淘汰了,"今天文明民族到处取代野蛮民族,除非那里的气候设置了致命的障碍,他们的成功主要是,纵使不完全是,通过他们的技术获得的,而技术则是智能的产物"②。显然这种论调是 18 世纪欧洲中心论思想的延续,但它又进一步加强了欧洲优越的思想。在进化论之前,尽管"进步"在欧洲已经是一个为人们所熟知的观念,但还没有作为一种真理被普遍接受。进化论以大量的实验和自然科学的方法立脚,以生物进化的方式探讨人类的进步,又由于古生物学的发展和人类伟大的古代逐渐积累的物质证据而得到巩固,这些都使得"进步"逐渐作为科学真理被广泛接受。

生物进化论以及在此基础上发展起来的生物社会学(或称为社会达尔文主义),将"优胜劣汰"这一生物学上的基本规律应用到了社会学中,深刻影响了关于人以及社会关系的研究。这种理论认为,像一切生物一样,作为一个物种的人类自身的进步,必须建立在淘汰性和破坏性的竞争中,因为大多数生物都会繁衍出比自身数量多得多的后代。

> 有一个无可辩驳的规律,那就是每个有机生物都会很自然地以如此之高的速度增长,以至于如果它们不被毁灭的话,地球很快就会被某一对生物的后代所占满。即使人类这样繁衍较慢的生物在 25 年的时间内也已经翻了一番,按照这个速度进行下去,几千年后,地球上确实就不再会有人类后代的立足之地了。③

生存竞争是每一个物种都必须要经历的,根据达尔文的观点,人作为一种自然物种是无法避开此种竞争的,达尔文的进化论由此开始被引入观察和研究人类社会。约翰·布鲁克(John Brook)从小是达尔文的邻居,通常也被视为第一个社会达尔文主义者,因发展了基于达尔文理念的最早的种族理论之一而

---

① [英]达尔文:《人类的由来及性选择》,叶笃庄、杨习之译,北京:科学出版社,1982 年,第 172 页。

② 同上,第 157 页。

③ [英]彼得·狄肯斯:《社会达尔文主义——将进化思想和社会理论联系起来》,涂骏译,长春:吉林人民出版社,2005 年,第 2 页。

闻名。布鲁克认为种族的文化发展和生物性发展是同步进行的，是自然选择的结果。"人类的全部历史表明"，他写道，"强者、进步者将在数量上增长，并逐出弱者、低等的种族。"在布鲁克看来，作为自然选择的结果，现代欧洲人已经发展到了居于统治地位，他们已经经历了生存竞争，因此比"野蛮人"先进。原始人还处于迷信和非理性之中，不能掌握抽象概念，他们的行为和态度还停留在欧洲儿童的水平。"野蛮人获得心智和儿童一样容易疲倦，所以会随便回答问题，使自己解除思考的烦恼。"这些特性导致了非欧洲种族不可避免的毁灭。[1]

另一位英国社会学家赫伯特·斯宾塞（Herbert Spencer，1820—1903）[2] 曾经是一名狂热的社会达尔文主义者，并把生物学规律搬到人类社会上去，与布鲁克的看法类似。在斯宾塞的"社会达尔文主义"版本中，他所称的"种族"最弱小者将会死去，最强壮者将会生存下来并繁衍后代，而且他们将倾向于把自身的特征遗传给下一代。

> 如果一个种族的病弱者习惯性地生存并繁衍后代，这个种族的平均精力将会衰退；而……如果由于不满足生存条件，这些病弱者死灭了，剩下来的是能够满足生存条件的，这样就会保持这个种族对生存条件的平均适应力。[3]

斯宾塞认为"生存竞争"、弱者的死亡，可以"清洗种族"，使种族免于"衰落"，避免退化。按照"物竞天择，适者生存"的法则，不同种族之间也存在着相应的"强者"和"弱者"。人类进步需要维持各族竞争，在竞争中最弱的种族将趋失败，而有社会效能的种族应长存并昌盛。那些适应自然条件、生理和心理上都强大的种族则能保证整个人类的绵延不息，而地球则必须被这些具有最高效能的种族所居住和管理。按照这种解释，已经取得巨大物质成

---

[1] ［英］彼得·狄肯斯：《社会达尔文主义——将进化思想和社会理论联系起来》，涂骏译，长春：吉林人民出版社，2005 年，第 12 页。

[2] 斯宾塞被称为"社会达尔文主义之父"，他把进化论应用于社会学尤其是教育和阶级斗争上。

[3] ［英］彼得·狄肯斯：《社会达尔文主义——将进化思想和社会理论联系起来》，涂骏译，长春：吉林人民出版社，2005 年，第 20 页。

就、精神文化也取得非同寻常发展的欧洲白种人无疑就是地球上"最强盛的"种族，在战胜"弱小"种族后，这一种族就有"权力"去支配和管理这些"弱者"，这一规律也顺理成章被当时的欧洲殖民者用来解释和说明欧洲人在亚洲、非洲、大洋洲的所作所为。

种族主义者企图把社会历史看作种族"竞争"的历史并断言：成为帝国主义殖民对象的各个国家的人民是低等的原始的种族，他们不能去独立发展本种族的经济和文化，这些种族，就其生物、心理学的本性来说，应当永远服从"优等的"民族和种族。① 传教士乔治亚·斯庄（George Strong）认为，盎格鲁－撒克逊人具有一种"不可超越的"精力，把自己的制度加之于全人类乃是他们独有的侵略特性。在这一时期，美国因其与欧洲文明的紧密联系也被认为是其延续，也因而获得了很高的评价。斯庄引证宗教，宣称美利坚种族是"最高文明"的体现者；这个种族似乎"是受命来排挤一些弱小种族，同化另外一些种族，改造其余的一些种族，直到全人类真正地盎格鲁-撒克逊化为止"。②

殖民扩张的加剧、社会达尔文主义的兴起和种族主义的泛滥对 19 世纪的"文明"观念也产生了巨大影响。在种族理论的影响下，19 世纪末考古学、社会学和人类学确立起来，并同时把"文明"看作科学研究的对象。达尔文的《物种起源》使这一时期的学术界对"进化"观念十分感兴趣，它影响了斯宾塞和美国人类学家路易斯·摩尔根（Lewis Henry Morgan，1818—1881）等人。他们都认为世界各地区的社会可以按照一个发展的标准分列在从最低级的"野蛮"状态到最高级的"文明"形态的序列上，并以此划分出"文明的"和"落后的"民族。一系列与"文明"相联系的特征如文字、有组织的农业、钱币的使用和大城市的存在等被作为文明的标尺，以此，以欧洲的发展状态为标准的"文明观"被确立起来。

以欧洲为中心的"文明观"在 20 世纪的学者那里也有体现。1932 年出版的美国史学家海斯、穆恩、韦兰三人编写的《世界史》体现了用种族因素解释欧洲优越的观点："从伯利克里和恺撒的时代直到现在，历史的伟大戏剧中的注脚，都是由欧洲的白种人担任的。"在作者看来，欧洲不但是世界历史的

---

① ［苏］杰米琴柯：《为帝国主义服务的种族主义》，汤侠声译，北京：生活·读书·新知三联书店，1956 年，第 5 页。

② 同上，第 9－10 页。

主角，而且是世界文明的摇篮、进步的源泉。作者认为，自 15 世纪以来，欧洲各国就一点点地把他们的文明传播到全世界，甚至把强迫黄色、棕色和黑色皮肤的民族采用欧洲人的方式说成是白种人的负担，"要引导千百万的陌生人走上欧洲文明和进步的道路，是一个负担，是一个沉重的负担"。①

社会达尔文主义对帝国主义时代的政治家影响也很大。1908 年，索尔兹伯里勋爵（Lord Salisbury），这位主持瓜分非洲并担任过英国首相的政治家，和同时代的很多英国官员一样，承认帝国主义完全依赖于武力。他在 1875 年写道：事情很简单，印度必须由剑来统治，其统治者从根本上应以此为指导原则，这种原则也会回馈执剑统治的政府。② 法国殖民征服理论家儒尔斯·哈曼德（Jules Harmand）直白地说道，殖民关系的最根本起点是欧洲人的上等优越感，他虽承认剥夺一个民族的独立是"不好的"，但这恰恰是"适者生存"这一基本法则的表现之一。文明国家不应允许地球上广大肥沃的土地因为拥有者的"无能"而置于不被开发的境地。③ 不只是西方社会的思想家和政治家信奉这些观点，连被征服地区的人民和政客也受这种观点的影响。越南的摄政王黄曹凯（Hoang Cao Kai）就认可这种"弱肉强食"的法则，他于 1909 年写道："强大的种族应该胜利征服，弱小种族应该被征服，这是自然法则。"④ 黄曹凯的例子说明，殖民者剥夺了被殖民者的文化话语权，将对自身有益的观点思想理论化并强力推行，禁锢了被殖民者的文化思考能力。更可悲的是，久而久之，被殖民者甚至站在了殖民者一边，接受了种族主义言论，承认不同人种在智力发展差异上的排序，认可自身是"白人负担"这种弱肉强食的强盗逻辑。

实际上，达尔文关于"文明"与"野蛮"的看法只是其从自身所处的社会文化出发所做的评价，但是这种称呼原住民为"野蛮人"的做法却因为殖民的关系而被不加辨析地使用和传播开来。一些即使按照欧洲"文明"的标

---

① ［美］海斯等：《世界史》，翦伯赞译，北京：世界图书出版公司，2011 年，第 1059－1060 页。

② Michael Bentley. *Lord Salisbury's World. Conservative Environments in Late-Victorian Britain*, Cambridge：Cambridge University Press, 2001. pp. 233－234.

③ Martin Deming Lewis. One Hundred Million Frenchmen：The "Assimilation" Theory in French Colonial Policy, *Comparative Studies in Society and History*, 1962, Vol. 4（2），p. 145.

④ ［荷］韦瑟林：《欧洲殖民帝国：1815—1919》，夏岩、聂平俊、夏冠中译，北京：中国社会科学出版社，2012 年，第 117－118 页。

准都不能被称为"野蛮人"的民族如印度、中国也被欧洲人冠以这样的名称，这是有意而为。当西方人称呼一些人是"土著"或"野蛮人"的那一刻起，这些人就被认为是没有文化的，如同碰到了当地的部分动植物一样，会让欧洲人头脑中产生和达尔文一样的感觉：他们简直不是和我们一样具有各种情感的人。将这些人视为"土著"或"野蛮人"，给了欧洲人一个粗暴对待他们的理由：如果他们不属于和欧洲人一样的"人类"，那么消灭他们，甚至像对待动物一样去"驯化"他们又有何不可。

上文提到，15 世纪末期地理大发现之后，欧洲人就开始了不断的对外扩张，这种扩张使他们接触到，往往是不友好地接触到与之不仅文化不同，而且体质形态不同的民族，有关优越或低劣生物形态的观念便油然而生；在这 4 个世纪时间里，欧洲人头脑中欧洲代表"文明"与"进步"的观念也在随之加深，只是从种族方面来解释的做法并未确立并形成体系。到了 19 世纪，随着戈宾诺、达尔文、斯宾塞等思想家发表的关于种族主义的观点的传播和流行，欧洲人头脑中便充满了生物学的意识，这种意识随着欧洲殖民扩张的不断加深而在 19 世纪下半叶成为欧洲社会的主要思潮。在生物进化论和生物社会学基础上，殖民主义、帝国主义发展出了"文明使命论"和"文明托管论"的思想：为了人类文明的进步，处于文明发展高级阶段的西方国家有责任向落后的殖民地国家输入文明，或者进行文明托管，哪怕使用武力也在所不惜。

# 小　结

19 世纪的欧洲变化更加迅速，有必要分成上半叶和下半叶两个部分来讨论。在上半个世纪，法国大革命和拿破仑的征战影响了欧洲历史的进程，大革命不仅将法国流行的"文明"观念以更强烈的力度带到更广大的欧洲地区，也在拿破仑的征战中成了发动侵略战争的借口。当然，这一做法很快引起其他欧洲各国的注意，在抗击拿破仑的斗争中，他们很快学会了这套冠冕堂皇的说辞；另外，大革命导致欧洲民族主义的兴起，欧洲大陆主要的民族国家在这一时期纷纷踏上走向现代民族国家形成之路。追求统一的"基督教"和"欧洲"观念暂时隐退，更多的哲人智士开始关注欧洲国家之间的不同和各自的利益。与此同时，开始于18世纪中叶的工业革命在这个时期也如火如荼地进行着，在给欧洲各国带来巨大经济利益的同时也使开辟更广大的殖民地成为经济发展的一个必要选择，欧洲各国在开始现代化道路的同时也加强了对海外殖民地的争夺，以欧洲为主导的世界殖民体系逐步形成。在19世纪下半叶，一股更强大的思潮席卷了欧洲：以生物进化论为基础的种族主义。"优胜劣汰""适者生存"给了殖民者进行扩张一个更好的科学依据：殖民是符合自然规律的，"劣等"民族要想避免灭亡，就要接受"优等"民族（白种人）的帮助。在此基础上，"文明使命论""文明托管论"甚嚣尘上，"文明"观念获得进一步的发展，它不仅继承了18世纪的"进步"与"发展"观念，还在这个世纪与"进化"相联系，成为一个描述性的词语，也成为负载了众多价值评判体系的观念，成为一种意识形态，其理论内涵显得更为系统、更加规范。东西方二元对立的世界观念进一步被确立并极端化，"文明"程度的差异完全变成了种族的优劣：18世纪东西方二元对立的观念主要以"文明"和"野蛮"为尺度，而这种尺度是由不同民族的历史原因造成的；19世纪的进化论思想，在"文明"与"野蛮"的历史尺度之外，又为东西方二元对立观念提供了一个种族差异等级的自然尺度，并以科学的方式表述出来。种族差异主要是由自然遗传（包括地理环境和人种）决定的，这就从根本上说明并"决定"了"优等民族"永远处于进步的前沿，而"劣等民族"终将被淘汰。这种毫无科学理论和事实依据支撑的种族主义论调是西方资本主义发展的必然结果，也是列强殖民主义实践的直接产物，是19世纪欧洲科学理论的发展（达尔文生物学）和生产技术的进步的后果，是一种陋识。种族主义是一种浅薄直白教条式的偏执，种族主义者采取以自我为中心的态度，认为种族的差异决定了人类社会历史和文化发展，以最简单粗暴的二元对立方式来看待其他的民族和文化：认为自己所属的团体，不论是人种、民族或国家，都优越于其他团体。我们要清楚地认识到此种理论的谬误之处并对其进行批判，更要对其保持清醒的认识和高度警惕，因为或直白或隐蔽的种族主义观点和行为仍然存在于今天的世界。

第四章

# "文明"观念作为殖民意识形态的建构与强化

工业革命的发展给欧洲各国带来巨大的经济利益，也为欧洲的海外扩张提供了强大的经济基础和刺激力量，并逐渐把世界纳入资本主义的生产轨道中，确立起欧洲的霸权地位。欧洲"自由""平等""民族主义"的思潮加强了欧洲文明的优越性，18世纪欧洲"文明"观念所确立的"进步"原则在19世纪得到进一步发展，并和种族观念联系起来，欧洲白种人天生优等，非欧洲种族天生劣等，缺乏创造文明的各种条件，而人类的最终目的是走向文明，所以欧洲是其他民族学习和进步的目标，而欧洲则承担起向非欧洲输出文明的任务，这就是西方学者们所谓的"欧洲优势"时代。在这个时期，"文明"观念已不仅仅是学者们口头上的常用语，它已扩散至欧洲社会的各个阶层。在统治者有意识的引导、宣传和教育的影响下，这一最初由资产阶级知识分子所使用的名词已经成为普通欧洲人认识自身和世界的一种划分方式和标准，其影响力也由统治阶层扩大到社会普通民众身上，成为他们一种"不自觉的"认同。在此基础上发展起来的"文明使命论"和"文明托管论"成为欧洲国家对外殖民的最佳"口号"和"借口"，"文明"作为一种殖民意识形态被有意识地建构起来。

# 第一节
## "文明" 成为一种社会心理结构和世界观

虽然"文明"和"文化"在欧洲各国所受欢迎的程度不同，反映的自我意识也相差甚远，但是欧洲人却都完全地、理所当然地把"文化"或"文明"当作观察和评价人类世界这一整体的一种方式。[①] "文明"观念经过孕育、出现、发展，到 19 世纪，已经不仅仅是欧洲知识分子的一个常用术语了。经济的发展、生活方式的巨大革新、新的发明创造的不断应用、交通运输的极大便利等与普通民众生活密切相关的方面都让他们真切地感受到了欧洲的巨大变化，他们也自然而然地接受了学者们所认为的"我们"是"文明的"、其他地区的人是"不文明的"看法，"文明"观念已经从学术圈子下溢为欧洲各个阶层在面对"非欧洲人"时的一种心理优势，成为他们看待世界的方式和一种心理结构。

欧洲人对西方文明优越感的认识和深化，进而将之推向全世界，绝非是在封闭与隔绝的情况下产生的，一种文化认同和世界观的形成是社会建构的结果。在 19 世纪，欧洲各国的上层阶级与他们本国的其他阶层之间有着一套共同的利益关系，他们共同支持着关于欧洲世界和非欧洲世界的一套信仰体系。

首先，欧洲历史上发展起来的优越感，再加上科学革命中形成的以理性思考和科学实证为特点的思维方式以及欧洲科学、工业的先进和海外扩张，促使欧洲思想家在对欧洲进行肯定的同时，将非欧洲地区放置在对立面，成为"不文明"的代名词。要将思想家的这种观点发展成为普通民众都能接受的知识，可以借鉴葛兰西提出的资产阶级通过理论的"常识化"为其统治进行合法性辩护的思想。在他看来，高深的甚至思辨的理论、体系化的学说固然不可或缺，但要使其发挥广泛而深远的影响还必须使之通俗化，即"常识化"。广大群众就生活在"常识"中，受"常识"支配，"常识"所包含的世界观、道德观就是他们行为的指导。因此，统治阶级只有把自己的世界观、价值观渗入"常识"中，才容易被人们接受，这可以从日常语言中体现。每个人都用自己熟悉的、习以为常的语言表达感觉、情感和思想，如果体现资产阶级意识形态的"民主""平等""自由""博爱"等词语变成了人们的日常用语，人们就会积极地、非批判地接受资产阶级的世界观。

如何将这些理论性的知识变成常识呢？葛兰西强调了国家统治机器如学

---

① ［德］诺贝特·埃利亚斯：《文明的进程：文明的社会起源和心理起源的研究》，王佩莉、袁志英译，上海：上海译文出版社，2009 年，第 64 页。

校、法院等的作用。不仅是学校,具有个人主动权的教会、工会、学术团体、报纸杂志等社会团体和组织,都是可以进行知识和思想传播的机构和舞台,成为统治阶级将下层民众的文化道德修养提升到于他们实行统治、进行殖民有利水平的媒介。下面的章节将分别论述欧洲各国统治阶级如何借助这些机构和平台,将"欧洲=文明""非欧洲=野蛮"的二元对立模式在普通大众头脑中确立起来,使他们深信非欧洲地区的人由于种种原因,无法实现自身的"进步"和"文明",就应该接受欧洲的帮助,而欧洲各国的殖民并不单纯是经济利益的原因,更多是因为他们承担了"教化"和"传播文明"的使命。

## 一、 流行读物所塑造的非欧洲形象

17、18 和 19 世纪,报纸、小册子和书籍以不断增长的数量生产出来;19世纪以来,生产与流通手段的扩大伴随着欧洲等地读写文化水平的显著提高,所以印刷物可以被越来越多的人阅读。[①] 首先提到以游记、小说、日记为代表的流行读物对大众的影响是因为这类作品往往包含丰富和生动的细节描写,故事情节曲折动人,能够满足普通读者的好奇心,对读者的学术水平要求并不高,读来也不会让人感觉枯燥乏味,因此有广大的受众。这一时期也有大量的游记和杂记作品问世,如鲁斯洛·德·絮吉(Rousselot de Surgy)的《奇闻逸闻杂录》、安森(Baron George Anson,1697—1762)的《环球航行记》、丹皮尔(William Dampier,1652—1715)的《环球游记》和勒·让蒂伊(Le Gentil de la Barbinais)的《新环球游记》、普尔弗尔(Poivre Pierre,1719—1786)的《哲学家游记》等。为了叙述方便,这里把流行读物所呈现的非欧洲形象大致以地理区域做了划分。

### 1. 美洲形象

如果 16 世纪的欧洲人读亚美利哥·韦斯普奇的《新世界》很容易为自己是欧洲人而自豪,因为《新世界》中的印第安人是乱伦的,没有规矩的,没有人性的。1505 年,德文版《韦斯普奇航海故事》一书的插图描绘了欧洲人看到的原住民生活场景:两艘葡萄牙船舰在海岸停靠之际,他们面前有八名原

---

① [英]约翰·B. 汤普森:《意识形态与现代文化》,高铦等译,南京:译林出版社,2005 年,导言第 1 页。

住民；这些人仅仅穿戴少量羽毛，几乎赤身裸体。插图带给观众强烈的视觉和感官冲击，哪怕识字甚少的人也能了解到美洲"令人瞠目结舌"的生活状态，会不由感叹自身生活方式的"文明"与"开化"。

韦斯普奇在《新世界》里还对印第安人做了这样的描述：在印第安人的世界里没有国王，也没有统治者，不存在财产问题，每个人都是自己的主人。① 韦斯普奇还谈道："他们的生活十分原始，他们从不在固定时间就餐，总是随时随意地乱吃东西。他们在一个极不舒服的棉花制成的大网中睡觉，而且总是拥挤地居住在树枝搭建的屋棚里。在某一居住地，大约有六百个人挤在一个屋棚里；而另一个仅有十三间屋棚的村子，却居住着四千个人。"② 撇开真实性不谈，韦斯普奇对印第安人的生活方式和状态的描述无疑十分细致，充满猎奇和轻蔑色彩，对于无法亲自去美洲体验和生活的普通欧洲人来讲，这些充满画面感的文字先入为主地占据了他们的头脑。

1572 年在弗莱芒绘图家亚伯拉罕·奥尔提里乌斯（Abraham Ortelius）所绘地图集的扉页上，欧洲头戴王冠正襟危坐，一手持象征统治世界的权杖，一手置于顶部带有十字架的宝球之上，在她下面是三个恭顺的女子，即穿着富丽堂皇的亚洲、半裸的非洲和手持人头象征原始野蛮的美洲。③ 由此可见，在 16 世纪，欧洲人就已经有了我族优越的思想，尽管当时亚洲的经济和生活水平远比欧洲先进，但在欧洲人看来，由于政治上的专制和宗教信仰问题，连亚洲都要在欧洲面前俯首称臣。15 和 16 世纪欧洲对"新世界"的看法在 17 和 18 世纪仍然影响很大，印第安人被描述为懒惰、消极服从的，他们没有掌握新技术的能力，只能从事低级的体力劳动，其"野蛮"形象在最初就被树立起来。这种图画式的、细致的描绘给人的感官冲击直接而强烈。

地理大发现以来的几个世纪，新世界"野蛮"形象的内容随欧洲势力在美洲的发展先后经历了四个阶段：一是纯粹的野蛮人（absolute savage），这一观念主要用于发现美洲大陆之初；二是"高贵的野蛮人"（noble savage），主要是在征服美洲初期，它隐喻白人需要依赖当地人的力量以保证自身的安全和

---

① ［苏］约·彼·马吉多维奇：《世界探险史》，屈瑞、云海译，北京：世界知识出版社，1988 年，第 216 页。

② E. Newby. *A Book of Travellers' Tales*, London：Collins, 1985, p. 21.

③ John Hale. *The Civilization of Europe in the Renaissance*, London：Fontana Press, 1994, p. 13.

维持扩张；三是"奸诈的野蛮人"（treacherous savage），主要是在殖民后期，白人与美洲原住民真正对峙的阶段；四是"落后的野蛮人"（filthy savage），它随着欧洲进入帝国主义阶段而最终形成，表示欧洲以绝对文明的姿态来认知美洲的落后，欧洲是美洲绝对的主人，是代替美洲人统治的使者。①

欧洲对新世界野蛮性的表述，除了确认欧洲压倒性文明优势以外，它还为欧洲的"文明话语"增添了新的内容。野蛮的美洲人，虽然具备基本的人性，拥有上天赐予的健康有力的身体，却没有宗教信仰和社会组织，他们天生就具奴性；尽管他们在新世界生活已久，但却不是新世界的主人。所以，当欧洲殖民时代到来，"文明"就不再仅是针对欧洲内部社会，"文明"还演化为对外部野蛮世界的驯服，欧洲人要以基督教的教义、先进的政治制度来统治美洲。② 作为欧洲人"发现"的第一个大陆，美洲对于欧洲人世界观的改变其影响力不容忽视。"新世界"的发现改变了欧洲人对世界的认识，使他们突破了沿袭一千多年的"基督教—伊斯兰教"二元对立模式。这些没有宗教信仰的美洲印第安人的发现，使得欧洲人开始从宗教以外的视角去观察他们；此外，"美洲"形象对于欧洲人"文明"观念的产生具有重大意义：在与美洲印第安人接触过程中所观察到的奇异风俗也被欧洲人认为是"野蛮的"，而这种"野蛮性"使得古希腊罗马时期的"文明—野蛮"二元对立可以借人文主义之手重新回到人们的视野中，为"文明"的出现奠定基础，也为欧洲占领美洲提供了正当的理由。

2. 非洲形象

从前文论述已经可以看出，欧洲人眼中的非洲处于极其低下的地位。欧洲似乎对非洲有着天然的反感，或许是因为黑和白是截然相对的，或许是欧洲为黑奴买卖找借口，当时的游记和文学故事清楚反映了欧洲对非洲的态度。

波尔多酒商维弗在 1789 年一部名为《关于法国与其美洲殖民地贸易的历史和政治思考》的著作中提出把人分为两类：有头发的白人和有羊毛卷的黑人。"这两类又有不同的区别，可以说在所有有头发的人中间，欧洲人从各方

---

① Wilcomb E. Washburn. "A Moral History of Indian-White Relations: Needs and Opportunities for Study", *Ethnohistory*, Vol. 4, 1957.

② 何文华：《西方视野中的西藏形象研究》，成都：四川大学博士论文，2012 年，第 104 页。

面看是最完美的，正如刚果的黑人是他们那个种类中最好的。"① 爱德华·朗格在他所写的《牙买加史》中赞成黑人奴隶的不可改善性，在他看来，黑人就像猴子一样，即使会吃饭、喝水、休息和像人一样穿戴，但是思想低下，根本不能适应文明，除非有上天奇迹般的干预，"在迄今为止发现的所有人类中，他们是最不能像人那样思想和行动的。我认为，一个霍屯督女人嫁给一个猩猩并不是不体面的事情"②。弗格森在《文明社会史论》中认为东方和非洲都处于停滞的状态，"非洲人和萨摩耶德人一直处于蒙昧和野蛮的状态。中国人和印度人也一直在从事制造业，遵守某一种公共秩序，其目的是管理贸易，保护他们从事的工作。两者都始终不变，前者不会比后者更强"③。对非洲黑人的鄙视尤甚，甚至认为他们由于生理学上的"不同"，连被"教化"的可能性都没有。这思想家以自我为中心，对其他民族与文明缺乏包容性、对人类文明多元的合理性缺乏理解，使得他们往往能以平等甚至尊敬的态度对待社会发展程度高于本民族的民族与国家，对于落后于自身者，则纷纷以"野蛮民族"视之，对其形象描写极尽夸张与贬低。这些人眼中的非洲是种族中心主义目光凝视下的非洲，也是他们进行文化利用的非洲，是 19 世纪西方关于非洲负面集体想象的投射而已。

笛福（Daniel Defoe, 1660—1731）④ 在《海盗船长》（*Captain Singleton*）中通过辛格顿船长的视角和口吻，向读者展示了其在非洲大陆和拉美、南亚沿海劫掠财货、囤积巨富的冒险生涯。在辛格顿船长和其他人策划取道陆路穿越非洲大陆时，这片土地被认为是"世界上最最凄凉、寂寞、荒野的地方，就是格陵兰和诺瓦·森伯拉也无过于此"⑤。对于居住在这片土地之上的人，笛福发出了这样的感叹："我们要在昼夜平分线之下通过，必然是在热带的正中

① ［法］皮埃尔-安德烈·塔吉耶夫：《种族主义源流》，高凌瀚译，北京：生活·读书·新知三联书店，2005 年，第 86 页。

② 同上。

③ ［英］弗格森：《文明社会史论》，林本椿、王绍祥译，沈阳：辽宁教育出版社，1999 年，第125 页。

④ 笛福，英国作家，新闻记者，英国荒岛文学代表作家，被誉为"英国和欧洲小说之父"。其代表作为《鲁滨孙漂流记》。该书主人公鲁滨孙因为意外漂流到一个荒岛上，并救起一个野人取名"星期五"。两人在荒岛上生活了很多年，其间鲁滨孙教会了"星期五"文明社会的礼仪和技巧，最终两人返回欧洲文明社会。

⑤ ［英］笛福：《海盗船长》，张培均、陈明锦译，南宁：广西人民出版社，1980 年，第54 页。

心，要遇到好多蛮子的民族，野蛮和残忍到了极点，而且还要和饥渴搏斗。"①
在穿越非洲大陆期间，"土人""蛮子""蛮人"等名词被用来称呼当地土著
居民；辛格顿船长和其他探险队员沿途依靠枪炮威慑、言语哄骗等方式俘虏当
地强壮青年，还认为他们"既凶狠诡谲，又复仇心重……从他们身上得不到
什么服务效劳，唯有奴隶式的劳役才行——除非叫他们见了我们有所畏惧，驯
服就不会长久继续下去；除非使用暴力，他们就不会服什么劳役"②。如果说
美洲人为欧洲人提供了"文明"的反面——"野蛮""未开化"形象的话，
非洲则被欧洲人摒弃在人类的行列之外。在奴隶贸易的早期阶段，欧洲还有关
于非洲黑人是否可以被看作"人"的争论，这一方面当然是奴隶贩子为了逃
避道义上的谴责和教会训令所炮制出来的托词，另一方面也说明欧洲人心目中
对非洲人极度憎恶和反感的思想根深蒂固。

### 3. 东方形象

西方在殖民扩张时期出现的游记和著作带回了关于世界尤其是东方的各种
传闻和报道。在这些作品中，关于中国的特别多，这主要是当时中国对欧洲尤
有吸引力。欧洲下至市井平民，上至王公贵族都喜欢购买中国商品，收藏中国
器物，模仿中国人的建筑、园林、装饰和衣着等。游记和研究作品有门多萨
（Juan Gonzàles de Mendoza，1545—1618）的《中华大帝国史》（*Historia de las
cosas màs notables，ritos y costumbres del gran reyno de la China*）③、金尼阁
（Nicolas Trigault，1577—1628）的《利玛窦中国札记》 （*De Christiana
expeditione apud Sinas*）④、曾德昭（Álvaro Semedo，1585—1658）的《中华帝国
史》（*Imperio de la China*）⑤、卫匡国（Martino Martini，1614—1661）的《鞑靼

---

① ［英］笛福：《海盗船长》，张培均、陈明锦译，南宁：广西人民出版社，1980年，第55页。
② 同上，第61页。
③ 门多萨，本是西班牙军人，后来成了奥斯定会的传教士，1580年来华途中滞留墨西哥，未能
横渡太平洋到达中国，1582年返回西班牙。门多萨本人从未到过中国，他的著作主要是依靠他人在中
国的见闻而写成的。虽然如此，在16世纪末年，欧洲人对中国知之甚少，有关中国的读物极为罕见。
对于欧洲人来说，《中华大帝国史》是《马可·波罗游记》后介绍中国的第一部重要著作，因而受到
普遍欢迎，产生了较大影响。
④ 此书虽然署名金尼阁，其作者却是利玛窦。1614年，在金尼阁奉命返欧时，随身带走了这部
手稿，在漫长的航行途中将它译为当时欧洲人普遍掌握的拉丁文，并对情节等有所增删。
⑤ 曾德昭，葡萄牙耶稣会士，于1613年来华传教，在中国生活了二十余年。此书分为两部分：
对中国的详尽介绍和1638年之前基督教传入中国的详尽介绍。此书生动、具体，充满对中国的称颂之
情。

战记》（*De bello Tartarico historia*）和《中国上古史》（*Sinicae historiae decas prima*）①、闵明我（Domingo Fernández Navarrete, 1610—1689）的《中华帝国纵览》（*Tratados históricos, políticos, éticos y religiosos de la monarchia de China*）②、安文思（Gabriel de Magalhães, 1611—1677）的《中国新志》（*Nouvelle Relation de la Chine*）③、李明（Louis-Daniel Lecomte, 1655—1728）的《中国近况新志》（*Nouveaux mémoires sur létat présent de la Chine*）④、杜赫德（Jean-Baptiste Du Halde, 1674—1743）的《中华帝国全志》（*Description géographique, historique, chronologique, politique, et physique de l'empire de la Chine et la Tartarie chinoise*）⑤、《耶稣会士简集》（*Lettres édifiantes et curieuses, écrites des Missions étrangères, par quelques missionnaires de la Compaganie de Jésus*）⑥ 和《北京耶稣会士中国论集》（*Mémoires concernant l'histoire, les sciences, les arts, les moeurs et les usages des Chinois par les Missionnaires de Pékin*）⑦ 等。⑧ 这些作品写作时间不一，侧重点也不同，大多由在华传教士完成。但是和18世纪后期所发表的游记、日记、旅行作品等不同的是，这些记述大多力图对中国进行全景式的描述，给欧洲人呈现的是"繁荣""富裕""有奇特风俗的"中国，也为18世纪欧洲各国所出现的"中国热"做出注解。

---

① 卫匡国，意大利籍耶稣会士，1643年来华传教。他在中国实际居住的时间不足十年，足迹却遍及南北九省，堪称见多识广，也成为他撰写有关中国著作的有利条件。

② 历史上有两个闵明我，第一个是多明我会会士西班牙人闵明我，即文中的闵明我。当他离华返欧时，意大利籍耶稣会士闵明我抵达澳门，借用了前者的汉文姓名，才得以进入中国内地。

③ 安文思，葡萄牙籍传教士，在四川传教期间曾在张献忠帐下服务，清兵入关时被捕并送至北京。《中国新志》因通俗易懂，可读性较强，在向欧洲的一般读者普及中国历史知识方面依然起到了重要的作用。

④ 李明，首批来华的五名法国传教士之一，到达北京后被派往山西传教，数月后转赴西安，在那里逗留了两年，于1691年底奉命返欧。

⑤ 杜赫德，法国耶稣会士，1708年在巴黎书院任教，并被选为郭弼恩（《耶稣会士书简集》的第一任主编）的继承人。《中华帝国全志》是杜赫德利用在华耶稣会士提供的资料所编著的书，此书共分4卷，总计超过3000页，是当时欧洲人关于中国知识的总汇。

⑥ 《耶稣会士书简集》是对原书名《若干耶稣会士传教士从海外传教团寄回的催人信教和引人入胜的书册》的简称。这是一部老幼咸宜、雅俗共赏、18世纪关心中国的人无一不读的书。在某种意义上称之为关于中国的资料库也不为过。

⑦ 此书为一套大型出版物，共17集，每集500多页，从第1集于1776年出版到第17集出版的1814年前后共经历了38年。论集不再对中国进行全景式的介绍，而是对一些问题做专题性的研究。

⑧ 以上对这些作品的介绍均参考许明龙：《欧洲十八世纪"中国热"》，太原：山西教育出版社，1999年，第80 - 103页。

18 世纪以后情况发生改变。"英国与法国的传教士也无法避免地沾染了帝国主义的习气。就如对印度的报道一般,他们所呈现给西方大众的中国是丑陋、惹人嫌恶的中国。与伊斯兰教或印度教不同,中国迄今没有属于自己、并且可清楚辨识的宗教。她有的只是以祖先崇拜为中心,拙劣不通的迷信。"① 很多作品都指出东方的所有土地和众多人口都属于帝王,帝王的意志就是法律,尤其是中国。皇帝像大家长一样统治着人民,法律和道德不分,人民缺乏个人荣誉感,国家靠农业维持众多人口,不重视工商业和自然科学。

在 18、19 世纪,以英国为例,广大英国民众对中国的印象停留在一般了解上:长江是世界最长的河流之一;黄河常常改变河道,决堤泛滥,淹死无数农民;在南方的稻田和北方平坦而平凡的华北平原上,农民们仍以古老的耕作方式同大自然搏斗。威廉·查尔斯·米尔恩(William Charles Milne,1815—1863)(汉名美魏茶)② 在 1861 年的文章中就已经抱怨"教科书、少年刊物和对孩子的讲话"拼命满足孩子们"对在未开化的国家中带有残忍无情特色的故事的渴望"。儿童喜剧描写了两种基本类型的中国人。第一种人是斜着眼睛、拖着辫子、穿着"中国式风格"的衣服,背景是"中国式风格"的布景,大量配置着灯笼、寺庙和柳树图案。正如中国民众对欧洲野蛮人的印象是长鼻子、粉红肤色、红头发和奇怪的饮食习惯一样,在这里街上的人就把斜视眼、黄皮肤、辫子、缠足、筷子、燕窝汤等事物作为大概印象同中国联系起来。③ 以中国为代表的、被呈现在欧洲人眼前的东方形象说明:即使拥有悠久历史、物质和科技等方面成就并一度遥遥领先欧洲的亚洲,很多地方在 19 世纪时形象也被扭曲或被有意识地不加纠正,用以维持和满足普通人对于遥远东方的想象和认知。

上述关于美洲、非洲、中国等地的著作和报道不少是错误的,有些具有片面性,有些缺乏事实依据,有些纯粹是作者想象出来的,但是这些著作对西欧的人民和思想家产生了重要的影响。对于大多数普通欧洲居民来讲,这些书和

---

① [英]维克托·基尔南:《人类的主人——欧洲帝国时期对其他文化的态度》,陈正国译,北京:商务印书馆,2006 年,第 174 页。

② 伦敦会来华传教士。1817年美魏茶两岁时随父母第一次来中国。1839 年成为传教士,入伦敦会,被派往中国。直到 1863 年因中风在北京去世,他大部分时间都在中国度过。

③ [英]雷蒙·道森:《中国变色龙——对于欧洲中国文明观的分析》,常绍民、明毅译,北京:中华书局,2006 年,第 205 - 207 页。

报道形成了他们关于欧洲以外地区想象的基础，这些材料被设置在关于欧洲是"文明的"、非欧洲是"野蛮、落后的"这种二元对立的框架之中。

当人们需要对自己从未接触过的事物形成一定的反映和看法时会有什么样的基本思维模式呢？借助形象学研究成果可知，人们建构"他者"形象有两种思维定式：肯定的"乌托邦"形式和否定的"意识形态"形式。乌托邦是否定现实秩序，意识形态却是肯定、维护现实秩序。[①] 当时欧洲观念中的"美洲"是一个原始野蛮、缺乏文明的社会。欧洲人在认知美洲的过程中，"更多地怀着一种意识形态的否定心理，他们不断用野蛮与文明的叙事方式贬低美洲、强化自身的优越，并最终形成一套完整的美洲殖民话语体系"[②]。英国、法国、西班牙、荷兰等欧洲国家，尽管文化和政治模式都不同，但在认知美洲方面很快就不约而同地达成了一致。

对于美洲以外的非欧洲地区，各个国家人民的认知途径也大同小异。先是一小批商人、探险家、传教士或由于受好奇，或由于商业利益的驱使，或者是为了"传播福音"踏上了远离欧洲的其他地方，在那里待了或长或短的时间后，根据自己的体验和不同的目的撰写出了关于当地人民和文化的作品，并传回欧洲，借助印刷术被更多的人看到，而材料的真实性普通人无从考证。众所周知，由于方方面面的原因，在那个时期对于真正想了解其他地区民族的欧洲人来说不可能亲自踏上每一块土地去验证，欧洲人只能依靠这些读物来认识其他非欧洲地区。大量的关于其他地区的充满"野蛮风俗"的报道无疑让欧洲人形成这样一种固定思维：只有自己生活的地方——欧洲——才是"文明的"，其他地区无非是一群"低等民族"居住的地方而已。各国的统治阶级也乐得看到这种思维模式的形成而不去纠正，这一方面固然对增加欧洲各国的民族自豪感有百利而无一害，另外也因为民众质疑的减少而更有利于殖民事业的开展。

---

① ［德］卡尔·曼海姆：《意识形态与乌托邦》，黎鸣、李书崇译，北京：商务印书馆，1999年，第194页。

② 何文华：《地理大发现时代欧洲建构的"美洲"形象》，《学术论坛》，2011年第10期，第103页。

## 二、 宣传教育的潜移默化

前文说到，从 1492 年哥伦布开始了他雄心勃勃向西通往印度的航行导致新、旧两个世界相遇开始，欧洲的思想家、小说家、商人、旅行家、传教士等都以不同的体裁和目的记录和抒发了对其他文明的印象和感受，不论其原意为何，这些奇异世界的剪影都不是纪录片式的，而是意识形态式的，一般而言都加强了"文明人"对"原始人"的优越感。它们之所以充满帝国主义的偏颇，乃是由于——如康拉德（Joseph Conrad，1857—1924）的小说《黑暗之心》（*Heart of Darkness*）① 所示——异国世界与人们日常生活的联结，主要是通过西方对第三世界的正式或非正式渗透。从实际的帝国经验当中借来的日常用语，多半都用在负面事物上。② 借助大量的游记、小说等材料，非欧洲地区野蛮形象的话语逐渐传回欧洲本土，加之印刷术的助力，非欧洲地区"专制""野蛮""落后于欧洲"的信息快速在欧洲传布并得以渗透进人们生活的方方面面；而反过来，欧洲的观念和思想也传播到世界各地。在对外扩张和殖民的过程中，"文明"观念也传播开来，从事殖民的官员、商人、士兵、传教士，甚至连投机商、海盗也以"文明"自居，"文明"一词有了鲜明的殖民主义和种族主义色彩。

在殖民扩张的过程中，欧洲人面对军事和政治的成功、技术和经济的进步，陶醉在高人一等的优越感中，认为自身的"文明"进程已经完成，不再注重精神的自我深化和探讨。不同文明之间本来应该存在的交流变成了文明的输出，开放精神变成了征服精神。欧洲社会以"文明的""标准的"社会自诩，这一点可以从欧洲人自信的谈论女性问题窥见一斑。

在谈论欧洲女性地位时，欧洲人充满骄傲之情。从古至今，欧洲人认为自己在尊重女性方面首屈一指：即使在古文明时代，也只有欧洲女人享受一定的社会自由；这要归功于罗马人的法律精神。英国女人的社会自由在欧洲又是首

---

① 康拉德，波兰裔英国作家，自幼失去父母，17 岁开始当水手，航海生活达二十余年。由于其个人经历的原因，他的作品很多题材也与航海、丛林生活相关。《黑暗之心》探讨了道德与人的灵魂问题，包含着深刻的社会历史内容，表达了对殖民主义的憎恶。

② ［英］艾瑞克·霍布斯鲍姆：《帝国的年代：1875—1914》，贾士蘅译，南京：江苏人民出版社，1999 年，第 92 页。

屈一指；通常被认为态度傲慢的英国男人也会将自己的妻子带到交谊厅。而自认为有骑士传统和优雅绅士风度的欧洲人在读到关于非欧洲地区女性的报道时无疑会更添自豪之情。达尔文在提到火地人的生活时说道："他们（火地男人）不懂得眷恋故土，更不知道夫妻配偶生活的甜蜜，因为男人对待老婆就像残酷的主人对待奴隶一样。"① 这说明，达尔文认为这些野蛮人在情感上处于低级阶段，男女关系上完全不平等。而与之相比，欧洲男人是"开化的""彬彬有礼的"，对待女士"很有礼貌的"，从这一点，欧洲人难免心生骄傲。

这种在女性问题上所设立的二元对立模式——欧洲女性是更"自由的""地位更高的""更加受到男性尊重的"，而非欧洲地区的女性则同她们本民族一样是"野蛮的"、不知自由是何物的——通过流行读物、家庭和社会舆论施加影响，加上非欧洲女性"落后"地位和形象的呈现，不光使欧洲人认为自己是"文明的"，连大多数欧洲女性也认为自己受到了更"文明的"待遇，拥有更高的地位。第三世界的落后形象，是因为西方的"先进"而自动呈现出来的，西方发达地区便是依靠自己对于科学知识和观念创造的垄断来控制世界的。在阿普菲尔－马格林（Frederique Apfel-Marglin）《女性主义的东方主义与发展》一文第一节中谈道，白人统治者在国内虽然压制白人女性主义运动，但在海外，他们却将白人女性变成了愚昧落后的第三世界女性的追随目标；白人女性在国内虽然反抗白人男权统治，但到了海外，她们却成为殖民统治的帮凶，"无论女性主义者在西方社会内部与男性统治有多少矛盾，在边境之外，女性主义者就从白人男性统治的批判者变成了他的温顺的婢女"②。在这种情况下，种族大过性别。在殖民地，西方女性从来不把本土女性视为她的同类，反倒认同殖民话语对当地女性的贬低。在殖民主义的叙述中，被殖民女性被视为无助消极地遭受着她们自己"落后""野蛮""悲惨"的文化，只有通过这种贬低，欧美社会中白人女性自身才成为"文明的象征"和"进化的顶点"。所以当白人殖民者与殖民地女性发生冲突的时候，西方女性主义者并不站在本土女性的一边，反而支持白人男性。

---

① ［英］查尔斯·达尔文：《达尔文环球旅行记》，刘福文等译，哈尔滨：黑龙江人民出版社，1998 年，第 218 页。

② 赵稀方：《后殖民理论》，北京：北京大学出版社，2009 年，第 97 页。

## 三、 学校教育

在 19 世纪能够接受教育的那些儿童中[①]，各国政府也以荒谬的理想和冒充的英雄，在道德世界创立"本国利益中心"来教育儿童。这里并不是说学校里的什么教育都是为了帝国殖民事业服务的，但是企业利益集团善于利用教科书和学术界既得利益集团来选择和控制学校实际的教学却是不争的事实，帝国主义的大资本家和权势集团对于群众头脑中关于本国政府殖民活动看法的塑造和控制借助于不同的方式和方法。除了求助于那些想象色彩非常浓厚、妖魔鬼怪化的通俗读物——包括游记、流行小说、个人传记等，对青少年则尤其通过政党、新闻、教会、学校发挥作用，把那些受到利益驱使的欲望加以荒谬地理想化。

教科书是一个很好的例子。典型的教科书和历史地图直到 1492 年都很少涉及大欧洲以外的地区（也就是说书本仅仅教授欧洲加上欧洲在海外的移民、古代历史和近东等方面的内容）；欧洲以外的地区（非洲、基督教圣地以东的亚洲地区、拉丁美洲和大洋洲）只有作为欧洲人的活动地点时才给予关注。19 世纪早中期的教科书把欧洲历史往往相当公开地建立在以欧洲为中心的宗教的基础上。虽然后来的教科书不再把《圣经》作为历史事实的渊源，转而将历史的动因诉诸一种理论：认为基督教徒创造了历史，从而也是白人创造了历史。白人进行创造并取得进步，欧洲以外的人停滞不前，没有变化（"传统的"）。[②]

教科书是观察文化的重要窗口。教科书不仅仅是图书，它是制造舆论的文化精英们的半官方声明，用来使受教育的青年相信他们所说明的历史和现状都是真实的。[③] 布劳特（J. M. Blaut）进一步指出教科书的意义：如果一本书被接受为高等中学（或者更低水平）的教科书，它已经是经过了出版社、校董

---

[①] 在工厂制度已经开始后，1816 年进行的一次调查表明，很多儿童在五六岁或 7 岁时就开始在纱厂劳动。在有些工厂里，劳动时间很长，甚至最小的儿童也从清晨 3 点劳动到夜里 9 点或 10 点，只有四五个小时的睡眠时间，很少有时间吃饭，根本没有时间去游戏和受教育。参见海斯、穆恩、韦兰：《世界史》，冰心等译，北京：世界图书出版公司，2010 年，第 387 页。

[②] ［美］布劳特：《殖民者的世界模式——地理传播主义和欧洲中心主义史观》，谭荣根译，北京：社会科学文献出版社，2002 年，第 5 - 7 页。

[③] 同上，第 7 页。

会、行政管理人员的严格审查，那么这些人需要保证书的内容符合已经被接受的主张；同时需要肯定孩子们读到的教科书中叙述的事实是制造舆论的文化精英们能够接受的事实。这样编撰的教科书就不再是一般作者的著作，而是社会既得利益者认为有效和能够向他们的孩子灌输的言论，教科书实际上是制造舆论的文化精英的整体的信仰体系。①

曾任法兰西联邦议会议员 5 年，后又从事教育工作的法国学者雅克·阿尔诺（Yak Arnaud）在《对殖民主义的审判》一书中指出殖民主义与国民教育密不可分，其中，教科书功不可没。在法国，每年有成百万册教科书通过具体的形象来传播美化殖民主义的思想，远远超出人们的想象。阿尔诺还给出一系列具体的例子来说明这点：阿尔及尔藩王的扇子事件、非洲嗜血的小君王与阴险的伯韩赞等。不难想象，每天接受这些言论的青少年定会接受官方的解释和说法，对遥远的殖民地产生类似的看法，认为他们"阴险""嗜血"，"杀害了我们的传教士"，因此不应给予同情，理应由政府出兵管理。

阿尔诺还给出另外一个具体的例子：阿尔及利亚问题。② 当法国本土一个年轻的士兵和公民要来考虑阿尔及利亚问题时，他们从 7 岁到 14 岁年复一年地在学校里听到的论调会对他们产生严重的影响。7 年期间，学校教科书都说法国之所以要投身殖民事业，只是为了排解纠纷，保护弱者，维护和平；又说这种行为符合人民的意愿，同时又有助于促进国家的强盛。在这种情况下，青年们怎能不被迷惑呢？③ 虽然阿尔诺是在论述 20 世纪法国与其殖民地阿尔及利亚的事件，但这种做法却极具代表性，将利于统治阶层的想法和言论放在教科书中，以此左右接受教育的青少年的世界观和价值观，这一招各欧洲殖民国家都曾经使用过。

对于当时读到这样的教科书、受到过这样普通教育的欧洲人来说，他们心

---

① 引自布劳特对于教科书的注解，参见［美］布劳特：《殖民者的世界模式——地理传播主义和欧洲中心主义史观》，谭荣根译，北京：社会科学文献出版社，2002 年，第 55 页。

② 1830 年法国以一个外教事件为战争理由，入侵并占领阿尔及利亚海岸地区，法国殖民地自此逐渐向南渗透，但由于当地居民的顽强抵抗，法国直到 1905 年才基本完成对整个阿尔及利亚的占领。第二次世界大战期间，阿尔及利亚支持同盟国，支援法国武装战斗。1945 年同盟国取得胜利后，戴高乐领导下的法国政府却开始镇压谋求阿尔及利亚独立的抗议运动，随后的大屠杀成为阿尔及利亚历史的转折点。

③ ［法］雅克·阿尔诺：《对殖民主义的审判》，岳进译，北京：世界知识出版社，1962 年，第 9 - 10 页。

中对外部世界惊人的茫然无知是可以理解的。殖民地无疑是这样一种形象：那里几乎都是大量的"野蛮人"或"低等种族"居住的热带或亚热带领土，那里的人奇形怪状，生活方式极其野蛮。他们也很容易相信，欧洲的物质进步、精神文化和生活方式是"好的"、符合"人类发展"需要的，凡是对欧洲有益之事必然更有益于非欧洲人。欧洲人不光认识到非欧洲地区的"野蛮"与"落后"，还开始认为欧洲有责任将这种"文明"普及到全世界。马蒂埃（Juan de Matienzo）认为父亲命令子女、主人命令奴仆、国王统治人民是自然原则，因为完美的就应该统治不完美的，文明进步的就应该统治野蛮落后的。他把印第安人与动物相比，认为印第安人只要有足够的食物就很容易满足。既然欧洲是文明的，印第安人是落后的，那么印第安人接受欧洲的文明就是理所当然的。①

　　上述情况表明，19 世纪的欧洲虽说还不能被称为大众媒体的时代，但是报纸、小说、日记、传记作品等的影响还是颇广的。这些大众传媒渗透于社会生活的各个方面，消解了个人独立思考的能力，使个人意识同化于公共意识。要注意到当时教会的学说、流行读物、新闻和学校教育的内容和方法都代表着位居统治地位的集团和阶级，这些媒介所宣扬的内容看似代表大众的想法，实则是用欺骗的外衣来掩护极少部分人侵略和贪婪的目的。此时这些大众传播媒体所塑造的"文明"—"野蛮"二元对立模式有了新的内涵。"与中世纪不同的是，西方与这个新的他者的关系不再具有文明冲突的意味，而表现出一种压倒性的文明优势。"② 欧洲人已陷入自我蒙骗的情境，认为广大殖民地的原住民不光不能反对欧洲的"文明教化"，对此还应感恩戴德，因为这是欧洲人的"文明统治"所带来的"恩赐"。

---

①　Heikki Mikkeli. *Europe as an Idea and an Identity*，Houndmills：Palgrave Publishers Ltd.，1998，pp. 138 – 139.

②　张旭鹏：《想像他者：西方文化视野中的非西方》，《史学理论研究》，2005 年第 3 期，第 90 页。

## 第二节
## 文明使命论和文明托管论： "文明" 作为殖民意识形态的理论

关于"文明"与殖民主义的关系，埃利亚斯指出，18 世纪以来，"文明"概念已经变成了法国为自己进行民族扩张和殖民运动的辩护词，这一做法也被其他西方国家所借鉴，自认为自己是一个现存的、稳固的"文明"的提供者，是一个向外界传递"文明"的旗手。[①] 欧洲对其他地区的殖民古已有之，古希腊罗马文化的泛欧洲化 等一系列事件都带来了欧洲文明与其他文明的碰撞和冲突。与以往相比，在 19 世纪下半叶，随着科学技术的进步，生产能力的大幅度提高，欧洲向往扩张、寻找新的原料产地以及商品销售地的渴望比以往任何时候都强烈，也需要一个更加冠冕堂皇的理由来掩盖这种贪婪的欲望。"文明使命论"和"文明托管论"应运而生，适应了当时欧洲各个国家进行海外扩张的需要。

众所周知，各欧洲国家进行殖民扩张的根本原因在于某些工业的、金融的和职业的阶级利益，左右各国殖民政策的是这些利益集团。出于掩饰这种露骨的、自私的目的，各国统治者都需要一套说辞。如对外传道、废除奴隶制度和传播文明等。帝国主义的政治家、军人或公司董事，往往相信高尚动机会使他所获得的政治或金融利益更加合理化。对利益赤裸裸的追求和"露骨的支配精神需要对国家有教养的阶级更加尽兴修饰，于是必要的道德上和知识上的装

---

① ［德］诺贝特·埃利亚斯：《文明的进程：文明的社会起源和心理起源的研究》，王佩莉、袁志英译，上海：上海译文出版社，2009 年，第 116 页。

潢就为了这项用处而设计出来了。教会、新闻、学校和学院、政治机器等民众教育的四个主要工具，都是为此服务的"①。各个国家为了掩盖赤裸裸的占领原材料和资源产地以及利用殖民地廉价劳动力的目的，需要制定和推广一套说辞，现在的问题变成：帝国主义者是否有权利把所谓的"文明"强加给弱小民族？

打着传播"文明"高尚大旗的文明使命论和文明托管论就十分契合殖民者的需求，解决了这个棘手的问题。下面将对这种理论的立论依据进行剖析。

首先要提到的是生物学上的"适者生存"原则和种族主义。达尔文的生物进化论已经在 19 世纪下半叶经过实证并有大量科学依据作为支撑而被认为是普遍真理，得以广泛流传和接受并被引入人类社会，用来阐释人类的发展规律。如果生物间的竞争是不可避免的，也是符合自然规律的，那么作为生物物种之一的人类也应该遵从此项规律。地球上应当尽可能地被工作得最好的人种，即有最高"社会效能"的人种居住、统治和开发，这是合乎要求的；次等人种必须服从高一等的人种。而剥夺、镇压甚至消灭较低社会效能的人种也是为了整个人类的发展和世界的美德。这种自然的、工业的和政治的竞争需要继续下去，直到达成理想的状态：最有社会效能的民族得以根据次等种族社会效能的程度对他们进行分别管理从而实现对全地球的统治。拥有殖民地的西欧民族在不同程度上代表有社会效能的民族，其他民族是无社会效能或社会效能低的民族。西欧民族作为有社会效能的民族在过去已经征服和获得了土地：这一事业必须继续进行下去，这是这些民族的命运和义务，对自己和对世界都有贡献。②

欧洲各国普遍持有不同程度"适者生存"的看法。英国人认为他的世界观和人生观优于毛利人和霍屯督人是正确的，也没有人反对英国人极力使那些"野蛮人"依从他的"较好的"和"较高级的"观点。这种论调不光为英国人所拥有，"法国的沙文主义者、德国的殖民主义者、俄国的泛斯拉夫主义者、美国的扩张主义者，对于他们民族能力、命运和权利，也有同样强烈的感情，抱有同样的普遍信心"。他们相信自己代表着更充分发展的、优秀的标

---

① ［英］约·阿·霍布森：《帝国主义》，纪明译，上海：上海人民出版社，1964 年，第 171 页。
② 同上，第 121－124 页。

准，而白人一定会把他们高级的文化强加于有色人种，高等民族会用自己较优秀的品质指引着隶属的种族向最高形式的统治进化。① 下面节选的一段文字可以说明：

> 在我们自己的时代里，维克多·嚣俄宣告法国是"各国的救星"，并大声疾呼，"不，法国，世界需要你生存！我再说一遍，法国是人类的需要。"维拉里响应负盛名的乔培尔底，声言意大利是各国的首脑。德皇昭告他的人民，"老天爷总是帮助我们。"M. 波拜多诺兹夫指出俄国要从颓废文化的陈腐教义中解放出来，并把有朝气和活力的斯拉夫族看作过去财产和征服地的余产承受人。美国人认为他们的使命是"征服地球"，这种信心也不比马丁·丘茨留特时代有什么减少。②

来自生物学的理论被引入帝国主义的论调中，"物竞天择，适者生存"的原则被引入人类社会，为了保持人类社会的竞争力，实行自然淘汰是必要的，那么在这种淘汰过程中，代表文明或社会效能最高的那些民族将会扩大和加强对世界的统治和经济掌握，并通过消灭或征服无能的民族来提高人类的竞争力。赤裸裸的经济入侵和政治统治，甚至连种族清洗的罪行都被披上了伦理和宗教的外衣，有了高尚的目的和动机。

"文明使命论"和"文明托管论"的第二个依据是经济学上的"平等"和"交换"原则。众所周知，开发殖民地的劳动，是由在白人监督之下的"野蛮人"或是"低等种族"担任的，而即使这样一种剥削和强迫，也被说成了是为这些人好。有些国家由于环境比较良好，在某些工艺、政治或道德上更为先进，应当把这些东西输送给处境更落后的国家，以帮助他们发展物质资源和人力资源。因为把黑种人、棕种人、黄种人组织起来并采取一定的军事训练对于他们来说也是"有益的教育"，哪怕组织他们去参加残酷的战争也是好的，因为这种战争是配备了大量"文明的"武器装备的，用的是"文明的"方法训练他们，并由"文明的"军官来指挥，这一切都可以让他们沾染"文

---

① ［英］约·阿·霍布森：《帝国主义》，纪明译，上海：上海人民出版社，1964 年，第 125 - 126 页。

② 同上，第 127 - 128 页。

明"的气息。欧洲各个国家在殖民扩张的过程中，不可避免因为利益的纠纷会卷入与当地居民、政府和其他欧洲各国大大小小的战争中去，而雇佣当地军队参战可以减少本国军民的伤亡，也可以减少战争的花费，这对于欧洲各国来讲有极大的好处。"让这些'黑人'为帝国而战，以报答我们在并吞、统治和教导他们'劳动的尊严'方面为他们的服务。"① 依靠驱使"低等种族"相互残杀，培养种族仇恨，并利用那些认为负有传播基督教和文明使命的人们的服务，欧洲给殖民地带来的绝非"文明"的成果，却还让欧洲人在面对非欧洲人时有了"恩人"的心理。

第三个理论依据是许多思想家所论述的人类社会发展的普遍规律。康德认为历史是人类理性的发展过程，人们通过理性生产食物，建造房屋，保障自己的安全，努力从野蛮状态上升到人道状态。理性使人类认识到人才是大自然的目的，其他任何事物都没法和他匹敌。在康德看来，如此重要的"理性"只有欧洲人才有，那么能够从"野蛮"状态发展到"人道"状态的就只有欧洲民族，其他民族只能处于社会发展的低端。

赫尔德认为各族人民之间存在有机联系，各民族的发展仿佛构成一个统一的链条，每个民族都是链条上的一环，利用自己前辈的成就为后来者奠定基础，欧洲就是站在亚洲和非洲的肩膀上发展的。虽然赫尔德强调不同文明对世界历史发展所起的作用，但是他仍然以有工商业和城市发展的欧洲文明为标准想象了其他文明的演化，并认为如果没有欧洲的城市、生产车间、政治经济改善的地方，其他地区仍是一片荒漠。②

和康德一样，孔多塞相信牛顿物理学的科学方法同样适用于社会科学。在其代表作《人类精神进步史表纲要》③的绪论中，孔多塞力图根据现代科学的历史模式，把人类历史理解为合理化的过程。

① ［英］约·阿·霍布森：《帝国主义》，纪明译，上海：上海人民出版社，1964 年，第 108 – 109 页。

② Johann Gottfried Herder. *Outlines of a Philosophy of the History of Man*, London：J. Johnson, 1800, p. 627.

③ ［法］孔多塞：《人类精神进步史表纲要》，何兆武、何冰译，南京：江苏教育出版社。

另一位思想家兰克（Leopard von Ranke，1795—1886）① 也相信"文明"仅存在于西方。他认为欧洲有优于亚洲、非洲的生活方式，这就是唯一的"文明"，所以把各民族和个人引向人类理念和文明观念的进步是绝对的，也就是说欧洲对外扩张是为了输出文明。他这样描述了南美洲被征服后的生活状态：没有征服，只有虔诚的宣教；没有压迫，只有教化；基督徒们教会美洲人播种、收割庄稼、种植树木、修改房屋、阅读写字、唱歌跳舞，正因为如此，当地人对基督徒友好而忠诚。②

孔德将人类文明划分为三个阶段：第一阶段是神学阶段，即军事时期，该阶段的一切均由超自然的力量主宰，一切社会关系都是赤裸裸的，社会以政府为唯一永恒的目的；第二阶段是形而上学阶段，属于过渡阶段，约从苏格拉底到中世纪末期，其中一切现象均由抽象理念来解释，进步表现为纪律和理想思想的增强；第三阶段是实证阶段，即工业时期，其中一切现象均由以经验观察为基础的科学原则和定律来解释。在孔德看来，实证阶段是人类精神发展的最高阶段，只有欧洲到达了这个阶段。

赫尔德、兰克、孔多塞等思想家有一个共同点：他们都认为人类社会的发展是一个从低级到高级的发展过程，欧洲的进化是最高级的，欧洲文明是最合理的，是人类的未来，代表着人类进步的方向。因此，各民族无论处于这个发展阶段中的哪一过程，都会朝着以欧洲模式为原型的人类文明的高级阶段前进，这种线性的、直线型的文明理论支撑了帝国主义将"文明"作为殖民手段和工具：如果人类都应该向"进步"出发，而假定"进步"和"文明"的艺术或其中的若干部分是可以传授的，"那么一个民族就没有固有的自然权利来拒绝强迫教育的措施，这种强迫教育将把它的民族地位从幼年提高为成年"③。这一做法是为了整个世界文明的安全和发展，是可以提高那些"低等民族"的身体和心理品质的，因此西方文明扩张就具有合理性。

如果上述这三个理论依据都得到广泛承认的话，那么自然而然就可以得到

---

① 兰克，德国史学大师，一生作品颇丰，包括《拉丁与条顿民族史》《教皇史》《宗教改革时期的德意志史》《英国史》《法国史》等。兰克的史学基本思想是重视原始资料的利用和考辨；重视政治史，认为历史可以认识，但不能完全认识；对史料来源的重视及深刻的分析以及不做价值判断等。

② 易兰：《兰克史学研究》，上海：复旦大学出版社，2006 年，第 239 页。

③ ［英］约·阿·霍布森：《帝国主义》，纪明译，上海：上海人民出版社，1964 年，第 182 页。

一个结论:"文明的"政府有权利在政治上和经济上支配低等种族。因此,"欧洲的主子在所有大陆上都接受了'弱小种族'的效忠,认为这种效忠是事物神性的一部分——是'适者生存'的必然结果。在印度,他们被恭敬地称为'大人',在中东被称为'先生',在非洲被称为'老爷',在拉丁美洲被称为'恩主'"①。

对欧洲以外的地区来说,那里所取得的进步、改善、现代化等正常和自然的道路是由于欧洲的发明创造和进步思想传播所导致的,这种传播方式可能是欧洲思想的扩散,或者是欧洲思想的具体化带来的新产品的扩散,或者是欧洲人的扩散(移民、定居),他们是这些新创新思想的载体。② 一句话,殖民地的进步都不可能是当地自身发展的结果,必须依赖欧洲这个"文明"使者的作用。同时,殖民者也并非那么"大公无私":在他们所倡导的以"文明"输出方式来"带领"非欧洲地区的"野蛮"民族走向光明之路的同时,他们自认为也应该从殖民地有所获取。作为由欧洲向欧洲以外地区传播文明思想的补偿,二者之间存在着物质财富的反向传播,包括种植园产品、矿产、文物、劳力等等。但即使这样也没有什么东西能够完全补偿欧洲人向殖民地传播的"文明",因为基于欧洲是先进的、欧洲以外地区是落后的前提,传播回欧洲的东西都必然是古老的、野蛮的、隔代遗传的、不文明的、邪恶的,对欧洲的伤害大于它所得到的,因此对殖民地和殖民地人们的剥削从道义上说就有了根据(殖民主义给予的东西多于它得到的东西)。③ 这成为欧洲各国思想界流行的思潮:欧洲对外输出"文明",作为"回报",欧洲以外地区应该给予矿产资源、土地、劳力等支持。这是殖民者的"逻辑",更是他们"崇高的"借口,因为似乎他们还在做一件"得不偿失"的事情。

---

① [美]斯塔夫里阿诺斯:《全球通史——1500 年以后的世界》,吴象婴、梁赤民译,上海:上海社会科学院出版社,第 566 页。

② [美]布劳特:《殖民者的世界模式——地理传播主义和欧洲中心主义史观》,谭荣根译,北京:社会科学文献出版社,2002 年,第 17－18 页。

③ 同上,第 18 页。

# 第三节
# 文明使命论和文明托管论的实际应用

在欧洲扩张的第一阶段，西班牙、葡萄牙帝国认为回馈殖民地的方法就是把基督教传给在地民。在第二阶段，欧洲各国认为殖民还必须有理想，不能只为粗俗的欲望，此时常用的语词是"传播文明的使命"（civilizing mission）。落后地区赐给欧洲所要之物，而欧洲送来"文明"作为回馈。基督教可以说是其中附带的一部分。欧洲很早便萌发出"使命"（mission）概念，但一直要到 19 世纪，欧洲人才开始严肃对待使命。① 到了 19 世纪下半叶，文明使命论和文明托管论流行于欧洲各国，连曾经是欧洲殖民地的美国都接受了这一说法。这种理论适应了欧洲各国对外加速扩张的需要，也使得各个国家扩张起来更加肆无忌惮而备受重视，被各个国家应用于不同地区的殖民活动中，下面按地理区域划分进行论述。

## 一、美洲

在持有殖民主义思想的欧洲人看来，欧洲以外的大部分地区没有文化体制，也没有财产权，甚至没有人的存在，即使某些地方在一定程度上有理性（如中国），也不能取得进步。卡尔洛斯·帕雷腊先生在《西班牙在美洲的事业》一书中阐述"土著"居民的"低等"为西班牙人所实行的屠杀政策辩护。他写道：

---

① ［英］维克托·基尔南：《人类的主人——欧洲帝国时期对其他文化的态度》，陈正国译，北京：商务印书馆，2006 年，第 25 页。

这些岛屿一旦被发现,原始的野人就必然要被消灭。四个大岛上的土著是一种脆弱的生物,只能生活在特殊的气候和食物条件下,经受不起生活上的变化,尤其不能劳动,即使在最宽大的统治下也不行。这些土著赤身裸体,饮食简单,和平地生活在土地富饶,气候温和的条件下。安的列斯岛土人的生存真可以说是各种因素造成的奇迹,这些因素也使得他们成为抵抗力最弱,最难适应的人类。……土人之所以消灭,不是由于受到压迫或压抑,纯粹是由于和外界的接触。一切征服者在这种未开发地带必然要施行的残暴手段只是加快了土著的灭绝而已。……在最好的情况下,这种民族也会由于拒绝生育和日益增多的集体自杀而灭亡。①

欧洲殖民者认为他们负有改变"野蛮"的使命,"从大发现开始,西班牙人和葡萄牙人就承担了使被征服地区的人基督教化的责任"②。作为首先发现美洲的哥伦布,从来没有在意印第安人的想法就力图改变他们的信仰。征服者贝尔纳尔·迪亚斯·德尔·卡斯蒂略(Bernal Diaz del Castillo)在回忆录③中写道,印第安人有很多恶习,不懂礼仪,直到欧洲人到来将就"基督教"传播给他们,才让他们学会了从事各种行业以及选举地方官等。

印第安男男女女及稍大一些的小孩,都能按教规用他们自己的语言背祈祷词;还有许多其他表示虔诚的好习惯,如当他们从祭坛或十字架旁边走过时都谦卑地低下头,双膝跪下,念天主经。……所有印第安人学会了……各种行业……④

原始人居住的地方如果取得"进步"也是由于欧洲的发明和进步思想文

---

① [法]雅克·阿尔诺:《对殖民主义的审判》,岳进译,北京:世界知识出版社,1962年,第54-55页。

② Lyle McAlister. *Spain and Portugal in the New World, 1492 - 1700*, Minneapolis:University of Minnesota Press,1984,p. 460.

③ 《征服新西班牙信史》叙述了西班牙征服墨西哥的全部过程,介绍了筹措经过、征服人员的组成、武器配备情况,描述了大大小小无数次战斗场面,并谈到各种人物在征服中所起到的作用。

④ [西]贝尔纳尔·迪亚斯·德尔·卡斯蒂略:《征服新西班牙信史》(下),江禾、林光译,北京:商务印书馆,1997年,第285页。

化传播所导致的，英属北美殖民地和拉美殖民地就被殖民者认为是欧洲文化传播所带来进步的典型例子：英属北美殖民地形成了美利坚民族，确立了三权分立的政治制度，建立了联邦政府；拉美先后出现的墨西哥、危地马拉、巴西和海地等 17 个独立国家，人口主要以欧洲人为主；欧洲人在其殖民地发展的各种各样的政治制度和习俗有众多相似之处，美国和英国自治领的盎格鲁-撒克逊法典，拉丁美洲和魁北克罗马法典的相似；经济领域的欧化同政治领域的欧化一样十分普遍，欧洲很大程度上提供了人力、资本、技术和市场；文化上的欧化既普遍又长久，尤其在语言方面非常明显。

## 二、 非洲

欧洲在非洲的殖民政策更偏重于利用当地劳动力和占有、开发当地矿产资源，因此欧洲各国在非洲的政策不同于美洲。早期，欧洲人在非洲拥有特权，他们强占了气候温和的高原区，偷运大批黑人到欧洲和美洲，强迫黑人到白人的种植园里劳动，这就是臭名昭著的贩卖黑奴历史。到了后期，由于美洲种植园经济的衰落、奴隶制的废除以及工厂制度的建立，贩卖黑奴也停止了。欧洲殖民者改变手段，他们修建铁路来运输矿物和农产品，并强迫非洲人学习欧洲的语言、接受欧洲的思想。非洲人不再需要到美洲去帮助欧洲人生产，他们在家就可以做。

非洲人的心智被认为停留在小孩子阶段，无论是处于自然还是造作，非洲人的幼稚行为都被视为无法独立自主的表征。因此，欧洲人用棍子、鞭打和辱骂甚至关地牢的方式对非洲人进行管教是正当的，"在初始阶段，身教，甚至是强迫性的指导有其必要。譬如对非洲那些小孩子一般的种族，带有强迫的指导有其必要"①。非洲人被认为是弱者，只有外界文明能够拯救他们。

里德（William Winwood Reade）在游历尼日尔河 3 年后的 1872 年，出版了非洲游记，他认为非洲本身的生活和政权非常落后，任何一种外界文明都能促进非洲的发展。"我们根本无法描述，甚至想象原始部落人的心智是何等羸弱，但从他们的生活与行动举止，一个外地人还是可以发现他们一直生活在无

---

① ［英］维克托·基尔南：《人类的主人——欧洲帝国时期对其他文化的态度》，陈正国译，北京：商务印书馆，2006 年，第 252 页。

尽的匮乏与恐惧之中。"① 里德甚至认为,做奴隶固然痛苦,却能帮助黑人逃离暗无天日的悲惨岁月。即使让被欧洲驱逐出去的土耳其人回来统治非洲,情况都会好一些;因为相形之下,比起任何一个非洲政权,土耳其人简直是完美的政府。② 里德深信非洲人是如此不堪,有幸能为白人做伐木挑水的工作,已是他们的福气,非洲是白人的天下,他相信白人终需为非洲人建立理性、有秩序的政府。③

曾于 19 世纪末在非洲施行过英国掠夺政策的谢西里·洛兹说道:"我认为:我们是天下第一等的种族,我们在世界上分布得愈广,对人类就愈有益。如果上帝存在的话,我想,当它看到我在竭尽其能地把非洲地图染成大英帝国的色彩时,一定是只会高兴的。"④ 英国诗人吉普林(Rudyard Kipling, 1865—1936)⑤ 在对掠夺殖民地这种肮脏而血腥的勾当大加渲染的同时,曾提出"白种人的负担"这个口号:似乎是命运本身把这个"负担"委托给欧洲人,要他们来关怀"有色民族"的教育和福利的。⑥

"文明教化""文明使命""白人负担"的思想掩盖了欧洲殖民扩张的本质,也深深影响了当时的政治局势。1870 年比利时国王利奥波德(LeopoldⅡ,1835—1909)在布鲁塞尔召集会议,创立了"中非洲探险与开化之国际协会",宣称要帮助非洲冲破黑暗,送去光明。1884 至 1885 年,英、法、德、比等 15 个国家在柏林召开会议,在"传播福音"和"根除奴隶制"的掩护下,签署了《总议定书》,宣布"贸易自由""过境自由""航行自由";规定任何国家今后在非洲夺取新的领地必须通知柏林会议签字国,必须采取"有效占领"的原则,为"和平分割"西非订立标准;1890 年英国、德国和意大利又签署了确定侵略东非边界的条约,欧洲掀起了瓜分非洲的热潮,到 19 世

---

① Winwood Reade. *The Martydom of Man*, Watts: Thinker's Library, 1932, pp. 227-229. 转引自潘娜娜:《18、19 世纪欧洲中心论思想研究》,成都:四川大学博士学位论文,2008 年,第 144 页。

② 同上,第 145 页。

③ [英]维克托·基尔南:《人类的主人——欧洲帝国时期对其他文化的态度》,陈正国译,北京:商务印书馆,2006 年,第 253 页。

④ [苏]杰米琴柯:《为帝国主义服务的种族主义》,汤侠声译,北京:生活·读书·新知三联书店,1956 年,第 4 页。

⑤ 吉卜林,英国作家,诺贝尔文学奖获得者。由于其生活的年代正值欧洲殖民国家向其他国家疯狂扩张的时期,他的部分作品也被指责为带有明显的帝国主义和种族主义色彩。

⑥ [苏]杰米琴柯:《为帝国主义服务的种族主义》,汤侠声译,北京:生活·读书·新知三联书店,1956 年,第 4 页。

纪晚期，除埃塞俄比亚和利比里亚勉强维持独立外，非洲基本被瓜分完毕。

## 三、 亚洲

亚洲的情况要复杂得多。这块大陆上国家众多，气候多样，人口也是最多的。这里曾经孕育出被欧洲人所推崇的中华文明、"世界历史起点"的波斯文明以及长期是基督欧洲"心腹大患"的伊斯兰文明。到了 19 世纪情况发生了变化，同美洲和非洲一样，欧洲人同样以蔑视的态度来看待这块大陆。

先来看看印度的情况。作为英国最大的一块殖民地，印度对英国人的意义非同凡响。印度人由于长相、肤色等生理差异，很容易引起英国人头脑中的种族主义思想。实际上，由于长期卷入非洲奴隶事务，英国早已习惯种族论。早期穿梭于东印度与西印度间的殖民者、商人、军队也是如此。而同时印度由于种姓制度的原因，社会等级壁垒森严，这样的环境本身也让英国人的种族论得到强化。

首位英国牧师克里在 1793 年抵达印度，他相信欧洲有义务将"文明"传播到世界各地，他深信如果没有英国人，印度将是抢夺、盗匪、流血和暴力的国度。① 因为印度长期受到热带气候、社会风俗及东方专制的影响，道德意识不高，印度人天生智慧有限，好逸恶劳，因此需要外国永久的监护。就带领印度走向有秩序这一项，就足以证明英国有统治印度的权利。另一认为英国统治印度"合理"的原因在于英国人自认为将悲惨的印度教人民从穆斯林独裁者手中拯救了出来。18 世纪末期，英国获得了统治印度的最高权力，英国凭借政治统治权力、工业技术优势破坏了印度手工纺织工业，掌握了印度的经济命脉。甚至一直到 19 世纪 80 年代末期，英国殖民官仍然认为印度人即使拥有了良好的专业训练，也无法培养出责任感，缺乏独立精神，印度还是由英国统治比较恰当。

在此过程中不可否认殖民在某些方面对印度社会有正面意义。一些英国人办报，批评官僚体系，开创开明的政治氛围让印度人得以在相对宽松的政治环境下自由呼吸。可是欧洲人自身的利益还是摆在印度之前，只有少数例子上才

---

① ［英］维克托·基尔南：《人类的主人——欧洲帝国时期对其他文化的态度》，陈正国译，北京：商务印书馆，2006 年，第 42 页。

是印欧合一。欧洲政权与印度人极疏远,欧洲平民与印度人也丝毫不亲近。①
还有一部分英国国民,相信宗教和其他文明艺术都是些轻便的商品,有义务输
送给诸如印度这样的落后国家。即使这样一部分怀着真诚愿望希望在野蛮人中
间传播基督教,自认为做着博爱事业并对世界有益工作的人,也"相信在把
恩惠强加于那些不能马上认识到的无知人民时,一定的强制是正当的"②。

与印度一样,中国也被认为只有借助西方的力量才能进步,种族主义观念
充斥着力图将中国变为殖民地的欧洲政客头脑。他们认为,在中国,保守的原
则深深地刻印在中国人的心灵上。中国人厌恶、反感变化,中国人软弱怯懦,
一个中国人的首要任务是学习并崇拜圣人的箴言,遵循祖先留下的习惯。结
果,中国人的心灵便处于停滞状态,中国人的智力已经停止,没有才能和创造
性。假如一定要承认中国人是一个文明的民族,那么,它也只能是粗略加工
过,而且仍然是一个野蛮的文明,这就是他们达到的程度。③ 中国是土生土长
的、与世隔绝的,政府在形式上是滥用权力的专制政体,而欧洲文明融合了希
腊人、罗马人、埃及人、遥远的西亚各国人民创造的各种文明,其政府倾向于
自由民主。只有欧洲的入侵才能改变中国的停滞和野蛮状态,甚至有些中国人
也认为只有在西方的帮助下才能实现文明。众所周知,中国不像印度一样很快
就沦为某个欧洲强国的殖民地,由于种种原因,中国一直未被完全征服和占
领,对此,中国人应该主动"打开国门",迎接欧洲"文明使者"的到来:

> 中国……发现她必须与从她周围逼近而来的文明联系在一起,并且感
> 受到,她不能坐等文明的到来,而应该走出去,伸开双臂去欢迎你们。她
> 会告诉你们,她已经准备在她的古老文明之树上嫁接你们文明的新枝……
> 她邀请你们的商人、邀请你们的传教士。她告诉传教士们:把你们那闪闪
> 发光的十字架插到每个山头、每个村庄中去吧……④

---

① [英] 维克托·基尔南:《人类的主人——欧洲帝国时期对其他文化的态度》,陈正国译,北
京:商务印书馆,2006年,第64页。
② [英] 约·阿·霍布森:《帝国主义》,纪明译,上海:上海人民出版社,1964年,第156页。
③ [英] 约·罗伯茨:《十九世纪西方人眼中的中国》,蒋重跃、刘林海译,北京:中华书局,
2006年,第143-144页。
④ [美] 马森:《西方的中国及中国人观念:1840—1876》,杨德山译,北京:中华书局,2006
年,第155页。

　　如果说马嘎尔尼在离开中国时还认为中国人及其生活方式都还不错，只是中国政府太腐败的话，那么当中西之间战争爆发时，欧洲人开始怀疑中国人民的善良本质并确信中国政权的腐败与人民所受的压迫。他们因此相信，中国人民需要西方的解放，战争是解放而不是侵略。① 阿斯本船长（Captain Osborn）相信凡是欧洲人所要的亦对中国有益，这种信念源自欧洲早期宗教战争与征服的精神：将他们（中国人）视为小孩；让他们照着我们的意思做是为了他们好，也是为了我们自己，如此在中国的一切困难都获得解决。亚洲人与非洲人都是孩子，对他们态度强硬是为他们好成为一个很普遍的看法。按照父母管教子女的方式，欧洲殖民国家应该对这些人实行严格管教，因为维多利亚时代的人不太可能放弃严格管训，这样会宠坏那些非欧洲人。同理，如果中国人是婴儿，他们就不可能靠自己的力量，从邪恶的旧主人手中获得解放。② 同样，有着和中国、印度一样悠久历史和灿烂文化的埃及也是英国殖民者常常引用的一个例子：英国人不是以征服者而是以拯救者的身份进入这个国家的，他们给予大部分人民以巨大的经济利益。

　　文明使命论和文明托管论在 19 世纪的后 25 年中被西方各国政治家所接受。尽管西主各国从外部留心观察邻国的帝国主义时能够认清其本质，都能认清这些活动是他们在政治上和商业上的自私利益在作祟，也以此来抨击和批评他国，但是没有一个国家看到自己的缺点。法国政治活动家汝里·菲利曾提出一种"神话"——帝国主义在殖民地各国人民中间的活动是"传播文明"的活动。他说道："优等民族对劣等民族有一定的权利。其所以有权利，是因为他们有义务。他们的义务就是使劣等民族文明化。"③ 里德也认为，土耳其、中国以及其他各地都将有富强的一天，"不过，除非这些民族都已享受了诸般人权……否则他们不会真正进步。而只有透过欧洲的征服殖民，他们才能知道何谓人

---

　　① ［英］维克托·基尔南：《人类的主人——欧洲帝国时期对其他文化的态度》，陈正国译，北京：商务印书馆，2006 年，第 168 页。

　　② 同上，第 171 页。

　　③ ［苏］杰米琴柯：《为帝国主义服务的种族主义》，汤侠声译，北京：生活·读书·新知三联书店，1956 年，第 3 页。

权"①。

基佐也以"文明"的名义为欧洲各国的殖民活动辩护：

> 尽管面临武力征服和传教的诱惑，但由于深刻理解了现代文明的崇高真谛，他们能够理性地控制自己的行为。……我很荣幸能为自己全心信奉的政策而辩护。我已感受到了这项事业的艰难险阻，但在我看来，公众生活中没有什么比为伟大的真理而奋斗，为使我国从对外征服的枷锁中解放出来，踏上坚定而高尚的征程更重要和令人兴奋的事了。②

到 1914 年时，欧洲的影响已在广度和深度方面大大增强；世界大片大片的地区——美国、拉丁美洲、西伯利亚和英国自治领——都已欧化。③ 实际情况是否真如每个欧洲国家所宣扬的那样是为了传播"文明"，给"低等民族"带来"进步"和"福音"呢？显而易见，每个帝国主义国家并不是从"低等民族"的实际情况出发，也没有制定符合这些民族利益的政策；相反，每个国家要求自己决定哪些"低等种族"由其分别保护，或者只是同两三个邻国协定瓜分广大非洲土地，划入各自的势力范围。这种强加的"文明"，绝非基于认真了解隶属种族的积极的、潜在进步力量的基础之上，而只是从欧洲输入成套的工艺、特定的政治制度、不变的宗教信条，并将其强加于外国的制度上。同时，因为并没有说明到底该由哪个国家的"白人"担负起"文明传播"的义务，欧洲国家在争夺海外殖民地和势力范围上也屡起争端，每个国家坚持自己要在地球上的某些新地区担负起白人的义务；贸易公司设法把对方排挤出新市场，传教士则由于宗派和国籍不同，争夺"传教地盘"，并运用政治阴谋和武力来支持他们的特殊要求，这些都为文明使命论和文明托管论提供了奇妙

---

① ［英］维克托·基尔南：《人类的主人——欧洲帝国时期对其他文化的态度》，陈正国译，北京：商务印书馆，2006 年，第 25 页。

② 原文出自《我们时代的历史备忘》第五卷，转引自［法］皮埃尔·特里奥姆夫：《基佐的欧洲观》，秦川译，北京：北京大学出版社，2012 年，第 108 页。

③ ［美］斯塔夫里阿诺斯：《全球通史——1500 年以后的世界》，吴象婴、梁赤民译，上海：上海社会科学院出版社，第 518－561 页。

的注解。① 在争端中欧美各国不顾"文明"和"进步"，为了经济利益不惜发动战争，互相征伐，也不曾想过这种行为是何其野蛮，却仍以"文明使者"自居。

这种坚信欧美各国在世界上其他地方的扩张仅仅是为了其他民族"文明"和"开化"的文明使命论和文明托管论不光得到了欧美各国殖民者的欢迎，还让 19 世纪的人们认为这种活动将会一直持续下去。美国历史学家约翰·费斯克（John Fiske）于 1885 年写道：英吉利种族在北美洲殖民时期所肇始的事业注定要继续下去，一直继续到地球上一切至今还未领受旧文明的国家在语言、宗教、政治习惯，以及很大程度上这些国家居民的血统上都成为英吉利国家时为止。19 世纪末以欧洲为主导的世界体系的形成也进一步增强了欧洲人传播"文明"的信心：似乎正如社会进化论者所言，社会效能最高的白人种族将会占领和统治全世界。但是 1914 年开始的世界大战让人们从这种虚假意识中醒过来，最为"文明""开化"的国家之间竟然发动如此野蛮和残酷的战争，这是何等的可笑和讽刺！自 18 世纪中叶"文明"观念诞生之后弥漫在欧洲人心目中的"自信""进步"观念也遭到质疑，"文明悲观论"一时甚嚣尘上，改变了学术界对"文明"观念的看法。

# 小　结

法国大革命、民族主义的兴起、工业革命以及种族主义理论对"文明"观念发展的影响不容低估。18 世纪中后期西欧思想家普遍认为欧洲是"文明"的、进步的，东方是落后的、停滞的，到 19 世纪这种思想进一步发展成为西方白人是人类的"优等公民"与"代表"、其他各国是"白人的负担"的理

---

① 原文出自 1902 年 2 月 24 日《时报》，转引自 ［英］ 约·阿·霍布森：《帝国主义》，纪明译，上海：上海人民出版社，1964 年，第 189 页。

论。"文明"观念已经不再仅仅是思想家和哲学家的常用口头语，它已经成为欧洲大众看待自己和非欧洲地区的一种世界观和社会心理结构，普通欧洲人也接受了欧洲更加优越、更加文明的看法。在此基础上，欧洲各国殖民者利用教会、学校、流行读物等媒介对民众的这种价值评判体系进行加强，有利于在他们头脑中形成欧洲人是地球上"最优秀的"民族，而非欧洲民族是"低等民族"的思维模式。按照"科学的"生物进化论，由"高等的"欧洲来带领、统治"低劣的"民族就是顺理成章的事情，欧洲进行殖民也是为了输出"文明"。"文明"观念作为一种殖民意识形态被建构和接受。西方国家在传播"文明"的过程中从不关心这种观念是否被当地人所认可，被殖民地知识分子由于本国或本民族政治、经济和军事方面的落后没有话语权，也无法在当时的学术交流和思想传播方面占据丝毫地位。文明托管论和文明使命论的流行也让20世纪非西方国家在学习西方工业化的同时也学着西方使用理性、科学、自由、民主、进步等概念说话，"文明"观念世界化了。

第五章

# "文明"观念作为殖民意识形态的原因和特点

"文明"观念自产生初期,顺应了几大变化:第一,随着宗教改革的兴起,基督教的神圣地位遭到撼动和摧毁,宗教已经不再是欧洲人建构自我身份认同的唯一标准;第二,随着资产阶级政治和社会地位的上升,迫切需要打破原有封建贵族的价值观和行为礼仪规则,建立和推广能够代表新兴资产阶级利益和意识的新规则;第三,随着殖民扩张运动的不断发展,越来越多新殖民地和人民进入到西方人的视野,欧洲人也需要一种新理论话语来划清自己和新他者的界限,彰显自己的尊贵和优越;第四,为了给欧洲的殖民活动披上一层冠冕堂皇的外衣,为殖民活动寻找一个合理的借口,"文明"作为一种意识形态有意识地被建构起来,担负起上述责任,开始了欧洲历史上一个新的时期——帝国主义时期。在此过程中,"文明"观念与自然科学相结合,具有了普遍价值;也与权力相结合,成为一种话语体系,深刻地影响了社会科学体系的建立和发展;同时,"文明"观念与宗教教义和理论相结合,吸取和借鉴了基督教中有利于殖民统治的理念;其他地区也被有意识地塑造成为"野蛮""落后"的形象,欧洲对待其他地区的看法逐渐趋同。

# 第一节
# "文明" 观念成为殖民意识形态的原因

在 16 世纪到 19 世纪的殖民活动中,欧洲人最开始打着"上帝"旗号,由于种种原因这种口号在后期被改弦更张换为"文明"。"早先时期的殖民侵略是在为土著人们带来'基督福音'的宗教幌子下发展起来的；从 19 世纪末叶开始，就把动机说成是为了'人类的进步'和'文明'。殖民主义的外衣换成'非宗教'的了。"① 在 19 世纪"文明"代替了基督教成为殖民主义者掩盖自己罪行的口号和标语，那么是什么原因导致后期殖民活动放弃了宗教这个借口呢？

第一，19 世纪殖民体系发生了变化。老牌的殖民强国西班牙、葡萄牙已经衰落，他们对宗教的严格遵守和敬畏并没有影响到后起殖民强国如英国、法国、荷兰等，英国人对印度的统治情况可以说明这一点。尽管英国殖民者清楚地知道如果印度人信仰基督教，那英国人便能得到印度人的紧紧跟从，如此对英国的世俗与宗教利益都大有裨益。可是，英国并不像早期的葡萄牙或西班牙人，他们采取和西、葡相反的策略，以不激怒人怨为上策。例如，英属东印度公司竭力宣示反对归化印度人为基督徒，传教事业有很长一段时间被禁止。

这种做法一方面固然是因为印度的情况与美洲不同，印度国内的印度教、佛教和伊斯兰教存在时间已久，当地人的宗教信仰早已根深蒂固，要想改宗肯定会花费更多的精力，传教士在传教过程中遇到的抵制也会更多。诚然，并不是说印度人没有改信基督教的，只是还有另外一个原因在作祟，导致英国人不愿在宗教上再花费巨大功夫，只愿以较小代价来维持英国在印度的既得利益并使之更大化。印度本身的宗教历史悠久，情况复杂，英国要想从根本上改变印度人的宗教信仰，需要花费更大力气不说，说不定还会引起当地人的强烈反对，这于维持英国的统治并无半点好处；再加上英国在经历宗教改革后，是国王或女王而不是教皇成为宗教领袖，这就不像罗马教廷在西班牙和葡萄牙有巨大影响力，忙于从殖民统治中获取稳固经济利益的英国殖民者也断不会如此热衷于"传教""布道"了。英国的情况很有代表性：同期其他殖民大国如法国、德国、荷兰等大都经历了宗教改革，世俗的力量逐渐强大，教皇势力的影响日趋衰落，各国也力图在殖民中获得更多的、实际的好处。

早期殖民国家和后来的殖民大国在殖民政策上具有一系列不同之处，也能

---

① ［法］雅克·阿尔诺：《对殖民主义的审判》，岳进译，北京：世界知识出版社，1962 年，第 37 页。

说明为什么"文明"观念在殖民后期成了殖民活动的大旗。西班牙、葡萄牙最初占领美洲广大土地时，欧洲移民很少，宗教基础相当薄弱，而印第安人的数量庞大，传教士传教的热情也很高昂。后来，随着英法大批移民到美洲、美国的独立以及美洲印第安人被大量屠杀等种种原因，到19世纪时向印第安人传播基督教也不再是一个主要任务。

与此同时，19世纪纳入西欧殖民国家版图的新的殖民地组成状况发生了变化，美洲、太平洋岛屿不再占据主要部分，新殖民地如印度、中国等地情况不同，这些地区要么是原有文明开化程度较高，要么原有信仰（印度教、伊斯兰教、佛教等）已根深蒂固，强迫殖民地人们改变宗教信仰必然会招致极大怨恨，阻碍殖民势力的扩张和社会秩序的稳定。因此，英国、荷兰等"新教国家并不想在亚洲传布基督教；他们把宗教、商业、政治分得很清楚。既然欧洲人已打算分别从不同的领域来对付亚洲，他们当然也不希望为了政治或贸易而出卖基督教；不愿像在美洲的西葡等国，将各种事物全搅和在一起。19世纪以前在东印度的英荷殖民势力，是最污秽，却也是最坦白无饰的欧洲扩张史"①。虽然"宗教"已不再是主要任务和扩张"大旗"，但即使在此时，欧洲各国也不忘用另外一个高尚口号——"文明"为自己的行为打掩护。

第二，经济利益的驱使使宗教和"传教"成为殖民者谋取利益的绊脚石。在殖民活动早期，世俗经济利益就曾使殖民者罔顾宗教教义。15世纪30年代，西班牙在加那利群岛进行殖民活动，将当地人变卖做奴隶。当时教皇颁布了训令，"恢复所有曾经是上述的加那利群岛居民的自由，无论是男是女……这些人是完全和永久自由的，释放他们时不得索取和收受任何钱财"，否则将施以惩罚。实际情况则是教皇和他继任者的训令都被弃之不顾，从事奴隶贸易的人士提出，这种交易并不违反教会的教义，因为他们不是"理性的生物"，而是一种"动物"。② 早期殖民者为了维护既得利益、挣取更多利润而又不与教会发生冲突而有意识地将当地人"动物化"，将他们说成是一种"非人类"的生物。既然他们不属于"人类"，当然也没有必要以对待人的方式来对待他

---

① ［英］维克托·基尔南：《人类的主人——欧洲帝国时期对其他文化的态度》，陈正国译，北京：商务印书馆，2006年，第13页。

② ［美］罗德尼·斯达克：《理性的胜利——基督教与西方文明》，管欣译，上海：复旦大学出版社，2011年，第157页。

们，也就更没有必要跟他们讲述道德与信仰，进行基督教的“教化”了。所以即便在殖民时代早期，以谋取金钱、利润为目的的殖民者就已经不会为了“宗教”而不去赚取钱财，哪怕期间充斥着教皇和教会人士的训斥与反对之声。

到了后期，传教士对殖民地的盘剥、对殖民地政策的干涉也激怒了国内的统治阶级，新兴殖民国家如英国、法国、德国等对经济利益的垂涎以及对殖民地的争夺日趋激烈，使他们不愿浪费更多的时间去宣传布道，为此他们堂而皇之为这种行为找了一些借口：“人们总是说，穆斯林不可能改信他教，印度教徒不比穆斯林更从善如流”[①]，经济利益导致了欧洲各个国家前赴后继地去扩张和拓展殖民地。因为经济利益，早期殖民者欢迎也借用“基督教”作为“口号”，到后期也是因为宗教妨碍了殖民者攫取更多利润而被暂时舍弃，转而求助其他手段和借口。

第三，种族主义的影响。在地理大发现后的几个世纪中，种族主义一直存在并对殖民活动和殖民政策产生影响，只是不同时期、不同地区影响力不同而已。“新大陆”发现初期，关于是否应该向当地居民传教存在争议，因为传教的对象应该是“人”，而非一般生物。如果美洲居民不被看作“人类一员”，何以谈起“传布福音”？美洲发现初期，欧洲曾一度出现关于美洲原住民是否有“人性”的争议，因为以树根、蛇、蜘蛛、人肉等为饮食对象的新世界居民，远远超越了欧洲人既有的宇宙观和自然史观，参与哥伦布第二次航行的医生常卡（Diego Álvarez Chanca）曾感叹：“在我看来，他们的兽性甚至超过之前我见过的任何一种动物。”[②] 欧洲沿袭基督教义和古典时期传统，依据宗教信仰和文明程度对此种情况进行判别。亚里士多德认为，即使是最原始野蛮的人在本质上也具有人性，因此美洲人仍被认为是“人类”。教会对此也做出了训示：教皇保罗三世（Paul Ⅲ，1468—1549）[③] 从美洲居民皈依基督教的目的出发，于 1537 年做出“印第安人（Indians）属于人类”的最后声明。看似问

---

① ［英］维克托·基尔南：《人类的主人——欧洲帝国时期对其他文化的态度》，陈正国译，北京：商务印书馆，2006 年，第 67－68 页。

② Jayme A. Sokolow. *The Great Encounter: Native Peoples and European Settlers in the Americas*，1492－1800，New York：Routledge，2003，p. 42.

③ 1534—1549 年在位，曾促成 1545 年塔兰托会议的召开，使教会在遭到宗教改革打击后稍有起色。

题解决了，传教士只需要将信仰灌输给当地居民就可以了，但是即使原住民改宗基督教，这些人也无法在欧洲人头脑中激起"同胞"的感情，种族的因素已经超越了宗教感情，不能弥补人们由于相貌、肤色和习俗造成的差异。

如果说改宗了的印第安人因为"开化"程度太低，本身的文化传统不够文明所以引不起欧洲人的"宗教同胞"之情，对于拥有较高开化程度的国家情况又是如何呢？以印度为例，英国教派人士相信："在印度这样糟糕的国家，凡是能按维多利亚女王的谕令就已经是最好的结果了。"[①] "基督教在印度的传教运动是个挫折。可是传教者与英国国内舆论认为，挫折的来源不是因为基督教对印度人来说太好太高明，而是因为印度人对基督教来说太坏太愚蠢。"[②] 可见，拥有悠久历史、独特文明与宗教的印度人哪怕改宗基督教也无法得到欧洲人的认同。

由此看来，不管殖民地居民接不接受基督教，结果都一样：他们仍然被视为"低等""落后""野蛮"的种族，还是无法被认同为和欧洲人一样的人。这就与基督教宣扬的基督教徒人人平等的原则相违背，也让"传播福音""接受上帝恩惠"的说辞显得苍白无力。

第四，宗教改革和教会对世俗利益的追求导致教会影响力的下降。宗教改革后，教会也慢慢失去了对欧洲各国新占领殖民地的实质控制权，其中固然有宗教改革的影响。众所周知，宗教改革的后果之一是教会世俗权力的日益萎缩，教皇失去了对各国君主和各国政治事务的控制，更勿提遥远的各国殖民地。拿西班牙的殖民地来说，西班牙国王不但委任所有的主教，国王和他的大臣们甚至还决定建立新的主教教区，设定其区域范围，政府负责征收什一税。[③]

虽说新教区的设立看似扩大了教会的范围和势力，但并不意味着教会真在对广大殖民地民众进行宗教"教化"，相反，教会神职人员的目的在于攫取更多财富。17、18 世纪，教会虽然没有对殖民地的实质控制权，得益于政府的

---

① ［英］维克托·基尔南：《人类的主人——欧洲帝国时期对其他文化的态度》，陈正国译，北京：商务印书馆，2006 年，第 69 页。

② 同上，第 67－68 页。

③ ［美］罗德尼·斯达克：《理性的胜利——基督教与西方文明》，管欣译，上海：复旦大学出版社，2011 年，第 159 页。

帮助，教职人员在新大陆的处境仍非常惬意：什一税、常有的馈赠、大片土地的赠予，再加上农庄的收入，拉丁教会越来越富有。和中世纪欧洲一样，殖民地的教会也擅长长期计划和谨慎管理。拉丁美洲的教会虽然富可敌国，但却失去了民众的支持。一旦得到政府机构的全力支持，"教士们依靠薪俸生活"，变得懒惰，于是疏于"保持广大人民的信仰热情和虔诚精神"，天主教满足于宣称所有人都是它的成员，而很少努力去赢得人们的积极参与。拉丁美洲从来也没有成为一个"天主教的大陆"。许多地方根本就没有基督教，本土的信仰依然存在，旅行者常常报告说，许多辽阔的区域似乎根本没有教士。① 相似的情形也发生在其他洲，教会往往最初有一批数量并不多的人员带着极为虔诚的信仰去传播"福音"，但因种种原因，教会的事业取得成效并不大，美洲印第安人改宗基督教的情形也并不常见。于是，殖民者将目光投向其他殖民地，其情形比美洲更加复杂和困难，教会无法取得巨大成功也就不足为奇了。

早期，有基督教徒为了教化"未开化的"民众而进行远征，对外远洋航海的殖民公司随行也要带上若干神职人员。但是对财富的渴望是无法掩盖的，找不到黄金，那种对"传教布道"的渴望就支持不下去了，教会在西属拉丁美洲的传教状况就是一个有力证明，教会在经济利益面前是靠不住的。发展到后来，殖民者连表面上的这层"遮羞布"也抛弃了，因为教会越来越贪得无厌，殖民者已经无法忍受。欧洲的宗教改革运动本已削弱了宗教主义精神，"殖民公司的宗教外衣已经变得破烂不堪。这些公司到殖民地去，总带着一些神职人员，但是并不是真正乐意这样做；因为这些神职人员要为自己的利益工作，他们占用公司土地，抽宗教什一税，不论什么都插一手，终于使公司感到厌烦不堪。在圣多明哥岛，即使按照国王的估计，这些神职人员占有的动产和不动产也有一百一十万磅，这一点就足以说明问题了"②。教会的贪婪也造成后来殖民活动不再与宗教挂钩，世俗利益的追求使得欧洲殖民者与基督教教会"分道扬镳"。

19 世纪本应是传教事业的一个盛大时期。欧洲所取得的巨大进步使欧洲人不仅能够输出宗教，而且也可以通过输出生活方式在世界各地获得好处；地

---

① ［美］罗德尼·斯达克：《理性的胜利——基督教与西方文明》，管欣译，上海：复旦大学出版社，2011 年，第 160 页。

② ［英］约·阿·霍布森：《帝国主义》，纪明译，上海：上海人民出版社，1960 年，第 42 页。

球上广大的新开发的非基督教地区，都在他们宗主权之下或者势力范围之内，到这些地区的交通运输也变得越来越便捷；工业革命导致财富大大增加，为传教活动提供了财力；这些都为"传播福音"提供了种种便利。但由于上述种种因素，殖民者却放弃了"宗教"。随着"文明"观念在欧洲大陆的流行和种族主义的盛行，欧洲人获得了前所未有的自豪感和优越感，他们已经不仅仅满足于彰显宗教上的优越，而是包括政治、经济、科技、伦理道德乃至种族等方方面面的优越性。一句话，欧洲人自感自身不仅有正宗的"宗教"，而且是"文明的""进步的"，并且有"责任"去"帮助"和"教化""处于野蛮状态的人"，所以"文明"成了理所当然的最佳借口和依据。欧洲殖民者剥夺了被殖民者的资源、市场、文化、语言等，不仅从殖民中获得巨大利益，给被殖民地国家和人民带来巨大痛苦和灾难，同时发展出一系列理论和说辞来美化自己的殖民行为，通过政治、军事、经济等方面的霸权牢牢把持话语权，并将这种对自身有益的思想理论化，强力推行这种制造出来的话语结果并推而广之，强势碾压被殖民地区文化的生存空间，禁锢了被殖民者的文化思考能力。

# 第二节
## "文明" 观念作为殖民意识形态的特点

"文明"观念自产生到成为一种世界观和意识形态与欧洲自身的发展变化有着密切联系。最开始它是作为反映欧洲资本主义上升和资产阶级彰显自身地位和利益的口号，慢慢地变成欧洲思想家用以标榜自身生活的欧洲与非欧洲不同的名词，再到 19 世纪下半期尤其是最后的二三十年，被欧洲各国殖民阶级有意识地与生物进化论和种族主义思潮结合起来，使"文明"成为欧洲的专属，也成为欧洲进行对外侵略的绝佳借口。在这整个过程中，"文明"观念作为殖民意识形态的建构呈现出以下的特点：它与自然科学相结合，获得了所谓的"真理性"和广泛认可；与权力相结合，成为 19 世纪西方思想界的中心词，影响了人文社会科学体系中众多学科的建立和发展；与宗教理念相结合，保留其对殖民活动有益的因素以及对待其他文明态度趋同。

## 一、 与自然科学相结合， 具有普遍性

1870 年左右，欧洲思想家关于世界基本性质和进步的看法取得了广泛一致的认识。很少有人怀疑生物和社会的进化即"进步"是基本真理，而最晚到 19 世纪 70 年代，关于"进步"是从欧洲内部发生的思想被牢固树立起来，它的真理性不再受到主流思想家的怀疑。19 世纪的欧洲是"文明"的同义词并且因具有自然科学理论和观察到的事实作为基础开始具有普遍真理的特征。

一种思想一旦有科学作为基础就拥有了真理的特征，这种思潮要追溯到科学革命。17 世纪的科学革命对欧洲社会影响非常大，不光有众多科学发现，更被誉为思想界的一次革命，被认为是关于科学研究和科学研究活动方式的根本变革。从 17 世纪开始，科学这个名词强调"需要理论知识的技艺"和理论上的论证。19 世纪开始，"科学"一词有了使用某种方法对自然进行理论研究的含义。[①] 17 世纪的自然科学家潜心研究自然现象的规律性和普遍秩序，以追求真理为目的，号称存在"放之四海而皆准"的科学真理。启蒙思想家把这种态度引入人文社会问题的研究，认为人类社会也受到普遍自然规律的制约。他们试图发现适用于全人类的普遍法则，人文社会问题的研究也因用了科学的原则和实证的态度而被认为具有"科学"的性质。

在 19 世纪，人文社会科学领域的研究因有了自然科学的理论和方法为指导而具有"真理"的意涵。首先要提到的是达尔文的进化论。该理论首次勾画出了生命由简单到复杂、由低级向高级发展的图式，创立了自然选择理论，为生命科学的研究和发展奠定了科学基础，并且被生搬硬套地引入社会领域，进入人文科学当中。"适者生存""优胜劣汰"成为"科学"准则，盛行一时。

其次，自然科学的比较、归纳研究方法也在 19 世纪被大范围采用，被标

---

① ［英］雷蒙·威廉斯：《关键词：文化与社会的词汇》，刘建基译，北京：生活·读书·新知三联书店，2005 年，第 422 页。

榜为人类学、社会学研究的科学方法,然而比较的基准却是欧洲。人类学、社会学和历史学都坚定地主张普遍主义,断言欧洲的经验是各地学习的典范,只要沿着欧洲的轨迹前进,就会实现全人类的共同进步。因此,欧洲是"文明的",非欧洲是"不文明的",欧洲可以"领导"非欧洲,如果不接受这种"文明"的传播,欧洲以外地区就会不可避免地要走向毁灭。

这种论调不光被欧洲社会各个阶层所接受,连非欧洲思想家也拥有这样的想法。"现代世界的文明情况,要以欧洲各国和美国为最文明的国家,土耳其、中国、日本等亚洲国家为半开化国家,而非洲和澳洲的国家算是最野蛮的国家。这种说法已经成为世界的通论,不仅西洋各国人民自诩为文明,就是那些半开化和野蛮的人民也不以这种说法为侮辱……文明、半开化、野蛮这些说法是世界的通论,且为世界人民所公认。那么,为什么能够这样呢?因为人们看到了明显的事实和确凿的证据。"① 这是日本学者福泽谕吉的"文明观",他认可了欧洲社会对"文明""半开化""野蛮"的观点,也赞同欧洲学者根据欧洲文明标准对多个国家的划分和归类。

福泽谕吉所认同的这些所谓"事实"和"证据"是来自西方国家内部的研究人员。19 世纪是科学探索的时代——达尔文在比格尔湾,利文斯通(David Livingstone,1813—1873)② 在非洲,鲍威尔(John Wesley Powell,1834—1902)③ 在落基山脉等地进行了探索。给这些人提供资源支持的机构对相关的研究地区有直接的利益诉求,传教士也被要求提供传教地区的详细信息。不必赘言,提供这些情况的欧洲人都有自己固定的文化观点、政治观点和宗教口径,他们不得不用高度歪曲的眼光来看待"当地人"。根据这些信息所形成的理论——包括 19 世纪人类学、地理学,关于欧洲以外地区的政治-经济理论的整体——都是有系统的歪曲。④

另外,在 19 世纪末期,种族主义也取得了一种"假科学"的、似乎是明显的真理的氛围。科学家们声称他们取得了不同种族具有区别的证据,特别是

---

① [日]福泽谕吉:《文明论概略》,北京编译社译,北京:商务印书馆,2010 年,第 9 页。

② 利文斯通,英国传教士,非洲地理考察家。从 1841 年开始在开普敦任传教士,其间一面传教,一面从事地理考察,曾对非洲中南部进行了三次长途考察。

③ 鲍威尔,美国军人、地理学家,美国西部探险家。

④ [美]布劳特:《殖民者的世界模式——地理传播主义和欧洲中心主义史观》,谭荣根译,北京:社会科学文献出版社,2002 年,第 26 - 27 页。

在智力方面。这时，他们用门德尔（Gregor Johann Mendel，1822—1884）[①] 遗传学武装自己，想用新方式证明某种欧洲人普遍信以为真的理论：欧洲人处于人类遗传进化的最高级阶段。在 19 世纪，当科学正在取得人们的尊敬和发挥影响时，科学论证是重要的。[②] 欧洲人很清楚，如果进步的图式把欧洲摆在历史发展的先锋地位，殖民和扩张也就自然成为合理、合法的事情，但是这种理论和"历史"需要"理性"和"科学"为其作证。

除此之外，关于欧洲人处于"人类发展顶端"的说法也被夸大成了"人类福利"。如果说，"适者生存"的原则是经过科学论证而带有普遍真理的科学色彩，那么将"文明"普及世界各个民族那里就带有普遍的道德和伦理色彩。在国际社会中，对其他地区和民族的干涉，不再为了"个人和各自国家的利益"，而是"为了保证世界文明的发展"，即"高等种族"强加于"低等种族"的政治上和经济上的支配，这会促进世界文明和隶属种族的"特殊福利"。

## 二、与权力相结合，具有学科化、体系化的特点

各种殖民主义，直接的或者间接的，因为可以从殖民活动中获取巨大的利润，所以殖民者愿意投入大量的金钱尽可能地去了解那里的人民、资源，以便为管理这些地区和进行经济开发提供方便。殖民主义也需要形成对其有用的理论，而理论反过来可以支持和巩固殖民主义活动，使其从科学上来说是自然的、是符合人类社会进步原则的。所以从一开始，"文明"观念就被欧洲各国殖民阶级所利用，并在漫长的发展过程中，被知识分子和思想家以及政策制定者有意识地建构成为一种殖民意识形态，正如埃利亚斯所说，"必须要把知识的发展看作长期代代相传的过程，也是某些特定的集团试图垄断某些专门知识的过程"[③]。这个过程将分为两个方面来讨论：一是知识分子和思想家，二是人文社会科学体系的建立。事实上，这两个方面是相互交叉的，下面要讨论到

---

① 门德尔，奥地利遗传学理论家，追溯连续生物生殖特征的第一人。

② ［美］布劳特：《殖民者的世界模式——地理传播主义和欧洲中心主义史观》，谭荣根译，北京：社会科学文献出版社，2002 年，第 76 - 77 页。

③ ［德］诺贝特·埃利亚斯：《论文明、权力与知识——诺贝特·埃利亚斯文选》，斯蒂芬·门内尔、约翰·古德斯布洛姆编，刘佳林译，南京：南京大学出版社，2005 年，导言第 23 - 24 页。

的很多知识分子和思想家本身就是某些学科的奠基人或学科的重要建设人物，此处为了叙述的方便将二者分开。

在知识生产的过程中，必须重视知识分子的作用。英国著名的马克思主义研究者戴维·麦克莱伦（David McLellan）认为，知识分子问题在葛兰西的思想中占据了"中心地位"。正如葛兰西所强调的，知识分子是统治集团的"代理人"，是上层建筑体系的"公务员"。① 知识分子首先要为他所服务的社会集团创立思想和理论，进行意识形态上的合法性论证，使该集团的存在和发展获得根据。不仅如此，他要进一步用这种意识形态教育、指导其他阶级或阶层，使他们认同该社会集团的意识形态，从而保证广大人民群众能积极地"同意"该社会集团的地位和威信，"同意"其所提供的社会生活方向（价值准则和生活方式），甚至接受他们的领导或统治。罗伯特·戈尔曼（Robert Goleman）对葛兰西关于知识分子职能的论述给予了充分肯定。他认为在葛兰西的思想中，"知识分子发挥着使文化合法化，使每个人都容易接近和理解文化并且使它的统治普遍化的独特的政治功能。他们是领导权结构的动力，他们创造着在书籍、杂志、教堂、讲坛和无线电广播中反复制作和推出的思想、价值准则和信仰"②。知识分子在维护政治统治方面，起着和政府官员同样重要的作用，甚至比政府官员手中的国家机器更有效。

在 19 世纪，欧洲各国上层阶级的利益与殖民活动密切相关，他们在殖民主义中的利益要求形成一个信仰体系及一个冠冕堂皇的理由，这个理由将使殖民事业合理化，帮助它发展。而当时的"科学和法律理论一般是由政策制定者或者知识分子来完成，他们自己就是政策制定者或者接近于政策（例如在英格兰，占有相当大比重的具有影响的历史学家、社会理论家，甚至小说家和诗人，都与东印度公司这个殖民地办事处或者其他帝国的、私人的，或者公共的机构有直接联系）"③。这些政策制定者和知识分子在学术团体、教育机构和舆论方面施加影响，把为殖民主义辩护的观点具体应用，把征服、压迫和剥削

---

① 王晓升等：《西方马克思主义意识形态理论》，北京：社会科学文献出版社，2009 年，第 65 - 66 页。

② ［美］罗伯特·戈尔曼：《"新马克思主义"传记辞典》，赵培杰、李菱、邓玉庄等译，重庆：重庆出版社，1990 年，第 361 页。

③ ［美］布劳特：《殖民者的世界模式——地理传播主义和欧洲中心主义史观》，谭荣根译，北京：社会科学文献出版社，2002 年，第 27 页。

行为说成是正确的、合理的和自然的。那时占统治地位的思想是统治阶级的思想，几乎只有统治阶级及其下属人员才有机会把这些思想变成有效思想，他们采用出版、在有影响的学校和大学中讲演、参加制定和执行政策来施加影响。布劳特认为，考察大学中大多数教授的背景（他们中很少有人是贫苦家庭或者少数民族家庭的后代）就能说明问题，而专业社会科学家提出不具有一致性的信仰作为候选信仰的情况也是很少见的。

下面将重点分析几位 18、19 世纪的思想家，揭示其中的意识形态背景和学术权力机制。伏尔泰、孟德斯鸠、孔多塞和罗伯逊等思想家前文已经论述过。这些思想家通过对他者的想象和对欧洲文化认同的叙事重组确立并巩固了"欧洲"（文明）与"非欧洲"（野蛮）的对立，并将这种对立理论化，形成一种有意识或无意识的为殖民辩护的思潮。

维柯（Giambattista Vico，1668—1744）① 认为，以传统的宗教标准来衡量社会进步是不够的，需要能够衡量社会文化和科学技术进步的更客观的、独特的文化标准。需要注意的是，维柯并不认为文明状态是人类社会发展的最佳状态，他指出，现代社会在技术、艺术和科学上的进步不一定意味着现代人在宗教、道德、美术等方面超过古人，但是他仍然给予欧洲文明特权地位，认为只有欧洲进入了"人"的时代。在论述中他无形中赋予了欧洲文明在价值论上的优越性和欧洲统治世界的正当性。他指出，基督教的欧洲到处闪耀着人道的光辉，构成人类幸福生活的物品极其丰富，也掌握了世界上最古老、最精美和最宏伟的语言，把权威的智慧和人性的智慧结合在一起。"只有在欧洲这一部分世界能够培育各种科学而且还有民主政体，这在其余三部分世界是简直找不到的。"②

根据自然法，维柯还认为如果有民族已腐化堕落到以追求淫逸生活为乐趣或者又返回到最下贱的奴隶们所持有的一切丑行，这些民族就应该沦为奴隶，受制于较他们优秀的民族。较优秀的民族可以征服其他民族，"这显示出自然秩序的两道大光辉，第一凡是不能统治自己的人就得由能统治他们的人去统

---

① 意大利伟大的哲学家、语文学家、美学家和法学家，在世界近代思想文化史上影响巨大。代表作有《新科学》《普遍法》《论意大利最古老的智慧》等。

② ［意］维柯：《新科学》，朱光潜译，北京：商务印书馆，1989 年，第 349 段（此处是按段落标注的）。

治；其次世界总是由最适宜自然的人们来统治的"①。在维柯看来，"较优秀的"欧洲是最适宜统治世界的民族。

另一位思想家孟德斯鸠企图根据自身对世界事物普遍联系的观察，广泛地解决人类社会的一些最基本问题。在《论法的精神》中，孟德斯鸠把政体分为共和、君主和专制三种，并分别以欧洲（有时以西方替换）、历史上的古希腊罗马，当时的英国、法国、西班牙和意大利等与亚洲（有时用东方替换）的土耳其、波斯、印度和中国为例，总结出欧洲和亚洲的主要特征分别为自由和专制。具体来说，欧洲人注重品德和荣誉，勤俭节制，对国家充满爱；而亚洲人贪婪虚伪、崇尚奢侈、孤立闭塞，亚洲强调父权、禁闭妇女，亚洲的宗教法律和风俗礼仪相混而法律尚未独立，多用恐怖原则统治国家。

孟德斯鸠还论述了奴隶制，深刻反映出他"欧洲至上"的观点。尽管孟德斯鸠认为奴隶制是违反自然的，因为人生来就是平等的；他还从风俗、经济、安全等各方面论证了奴隶制的存在是无益的，进而主张废除奴隶制，释放奴隶，但是这些仅针对欧洲而言。亚洲和非洲的专制政体建立在"自然的"理由上，奴隶的存在是理所当然的，因为在专制国家里，每个人有吃的，能够活着就很满足了，所以奴隶的条件在这样的国家不错，奴隶制的存在也就无所谓了。因此，"天然的奴役"就应该局限在地球上某些特殊的国家。② 欧洲人应接受最好的法律，亚洲人则依旧承担奴役。

赫尔德是康德的学生，对神学、哲学、文学和语言学颇有研究，他也论述了欧洲文明的优越性以及殖民的合法性。他比较了亚洲和欧洲，认为亚洲人很少访问其他地方，骄奢放纵、自恃富强，把自己视为伟大的标准，对自己很满意；而欧洲人善于学习，通过共享的资源和相互竞争不断前进，欧洲的制度能保证不断追求崇高科学和普遍知识，"整个欧洲是一个博学的帝国，一方面是由于内部的竞争，另一方面通过从全球获取资源实现"③。只有亚洲人能承受专制主义和沉重压迫，假如欧洲人生活在亚洲，欧洲人就会有足够的判断力和勇气来改进这些邪恶。

---

① ［意］维柯：《新科学》，朱光潜译，北京：商务印书馆，1989 年，第 1094 段。

② ［法］孟德斯鸠：《论法的精神》（上），张雁深译，北京：商务印书馆，1982 年，第 247 页。

③ Johann Gottfried Herder. "General Reflections on the History of the Asian States", in *On World History: An Anthology*, Armonk, New York：M. E. Sharpe, 1997, p. 247.

另一位思想家孔多塞则比较特殊，因为他曾经谴责过欧洲殖民者的一些行为：

> 让我们来检阅一下我们在非洲和亚洲的经营和建设历史吧；我们将看到我们对商业的垄断，我们的背信弃义，我们血腥地在鄙视另一种肤色或另一种信仰的人们；我们的肆无忌惮的篡夺，我们教士们横行霸道地使人改变宗教信仰，他们的阴谋诡计——这一切摧毁了我们知识的优越性和我们商业的优势最初所博得的那种敬意和好感。①

尽管如此，孔多塞还是不自觉地陷入了"欧洲文明优越论"的怪圈。在他看来，西方世界是历史进步的结果，西方所具有的文明、理性、自由、民主等观念是人类最完善发展的象征，而东方没有相似的发展，所以也没有这些特征，只有西方才能为东方指引发展的航向。世界的时间以线性历史的三段式来表达：东方属于过去，欧洲属于现在，承继了欧洲特征的美国属于未来。

同样，孔多塞强调以欧洲"知识的优越性"和"商业的优势"来解放非欧洲地区，欧洲的价值观念如自由、知识和理性的原则会在非洲和亚洲乃至全世界传播，似乎欧洲已经成为终极目标：

> 只有达到了整个锁链的这最后一步，我们对过去事件的观察（作为由思索而获得的知识）才真正变成有用的。只有到达了那个终端，人们才能欣赏他们自己对光荣的真正资格，或者能确实欣然享受他们自己理性的进步；只有这时候，人们才能判断人类真正的完善化。②

从上述几位思想家的思想体系可以看出，欧洲的殖民活动使得这些知识分子和思想家关于世界的知识与信念发生了深刻的变化。他们一方面通过社会现实和实际观察来发现和了解世界的变化，同时也力图为他们所发现的世界建构出一种可理解的"秩序"：欧洲被排在世界历史的顶端，下面依次是继承了欧

---

① ［德］孔多塞：《人类精神进步史表纲要》，何兆武、何冰译，南京：江苏教育出版社，2006年，第157页。

② 同上，第154页。

洲文明和希望的美洲、"专制"和"停滞"的亚洲，最下面是"野蛮"的非洲。在这种"科学"图式的指导下，欧洲学者也带着一种帝国主义和殖民主义的眼光去看待其他国家和地区，这或多或少地影响到他们对其他民族的描述：他们为了突出欧洲的优越性不惜歪曲历史事实，如东方被想象为专制场所，永远处于停滞的地位；非洲黑人被歪曲为没有自然天赋去发展文明等。这种关于非欧洲的看法直接或间接地服务于欧洲的殖民活动：不论是"停滞""专制"的东方，还是"野蛮""落后"的非洲都在很大程度上突出了欧洲在世界秩序中的位置。伏尔泰、康德、孟德斯鸠、休谟、吉本和孔多塞等思想家不但把欧洲与非欧洲的政治、经济、文化、宗教进行比较，还根据欧洲的需要，对欧洲和其他文化都进行一些模式加工和某种程度的想象使对比更突出，以展现欧洲的优势。经过这种"改造"，西方思想家在建构"落后"非欧洲"他者"的同时，肯定了文艺复兴以来欧洲逐渐形成的现代文明，欧洲文化成为"文明"的代名词，担负起"传播文明"的重任。

同时，19世纪在"文明"观念基础上所衍生出来的一套殖民理论与权力紧密结合，表现为一种权力话语，通过把种族、民族和历史三项要素以不同的方式重组在不同的学科中建构了西方的话语体系。19世纪后半期学术界开始分成不同的领域或者学科，欧洲学者运用各种知识论证欧洲处于人类发展的顶端，建构了欧洲人文社会科学知识体系，这种知识体系不光给欧洲，更给欧洲以外的地区如日本、中国、印度及一些伊斯兰国家等带来了巨大的冲击，其影响持续至今。

如前所述，欧洲学者通过自己的观察、实际生活经验和收集到的各种信息，将欧洲文明的独特性与优越性在与非欧洲地区"野蛮""未开化"的对比中呈现出来，只是重点可能有所不同：有些强调欧洲的宗教，有些看重欧洲的地理环境，还有些认为欧洲人种更加"优质"。不管侧重点在哪里，这个文明都有独特的谱系：它源自古希腊罗马，罗马帝国催生了基督教的欧洲，基督教的欧洲产生了文艺复兴，文艺复兴又催生了启蒙运动。19世纪的社会科学把"现代欧洲"的自我意识形态加以知识学上的表述，欧洲文明的霸权又帮助巩固了人文社会科学知识的这种形态和内涵，而这个知识体系又反过来为欧洲支配世界的权力服务。欧洲的人类学、社会学和历史学都宣扬普遍主义，断言欧洲的经验是各地学习的典范，只有沿着欧洲的轨迹前进，才会实现全人类的共同进步。①

作为一种知识体系，"文明"观念及相关理论在 19 世纪就披上了人文社会科学的"盛装"，具有学术认知范式的色彩。世界观、政治策略、流行读物以及学术体系几个方面相互辅助，相互促进，构成了欧洲"文明"观念复杂的知识学和意识形态结构。以黑格尔为代表的思想家为欧洲殖民者提供了合法的依据，推动了欧洲征服世界的进程。"帝国的思想意识不仅是野蛮的战争，也需要理性的科学和历史为这个目标服务"②，为了维护殖民者的既得利益，欧洲国家需要形成一套对殖民主义有用的理论，并用某种科学的形式把其固定下来。

尽管维护殖民活动理论的建构离不开欧洲各国上层阶级幕后的推动，但统治阶级对知识自由的干涉很少是直接的，也很少是个人的。"真正的危险不在于黜退教师，而在于任用教师，在于决定要教哪些学科，对每一学科要给予什么有关注意力，要用什么教本和其他教具。"但是，"高等教育从来未曾在经济上自给过；也从未能完全依靠公共经费组织起来；它到处寄生于富人的私人施舍……正是未来的、潜在的施主的手，束缚（我们）大学里的知识自由……"③ 下面一段话很好地说明了这一观点：

> 帝国主义，对于金融和投机阶级，意味着用公家的钱来发展他们的私人企业，对于出口的制造业者和商人，意味着强制扩大国外市场和推行有关的保护政策，对于官员和职业阶级，意味着大事开拓有名有利的职业，对于教会，代表着当局的气质和习惯以及对大多数下层人民实行精神的统治，对于政治寡头，意味着在创建帝国的光辉事业中，有效地转移民主政治的力量和开辟公众的伟大前途。
>
> 这样，帝国主义将无可避免地要在我们的学府寻求知识上的支持，并利用教育的力量以达到其目的。给牛津大学捐助基金的富豪并不公然用现

---

① 潘娜娜：《18、19 世纪欧洲中心论思想研究》，成都：四川大学博士学位论文，2008 年，第 16 - 17 页。

② Rana Kabbani. *Europe's Myths of Orient*, London：Macmillan, 1986, pp. 5 - 6. 转引自潘娜娜：《18、19 世纪欧洲中心论思想研究》，成都：四川大学博士学位论文，2008 年，第 147 页。

③ ［英］约·阿·霍布森：《帝国主义》，纪明译，上海：上海人民出版社，1964 年，第 172 - 174 页。

金收买学者，甚至也无须规定应当教些什么，但是在帝国主义的实际压力下，要聘请历史教授时，一个具有约翰·摩黎、腓特烈·哈里逊或哥尔特温·史密斯识见的学者，是较难当选的……

……为了这些实业政治家，在生物学和社会学中，编入了浅薄的便于征服低等民族的种族竞争理论，以使我们盎格鲁撒克逊人得以占领这些民族的土地并依靠他们的劳动为生；同时经济学支持这样的议论，说我们征服和统治低等民族的事业正是我们参加国际间的分工；历史学则想出理由来证明为什么过去帝国的教训不适用于我国，而社会伦理学则为"帝国主义"的动机擦粉，把它说成是愿意担负起教育和提高"幼稚"种族的"任务"。①

这段引文明确说明帝国统治阶级如何通过非"直接""公开"的方式，通过教师和教育机制来控制学术的发展，也简要提到了自然科学以及人文社会科学知识体系如生物学、社会学、经济学、历史学等在维护殖民统治方面所做出的"贡献"。

**历史学**：布罗代尔曾指出"欧洲最先创造了历史学家，然后充分利用他们"来促进欧洲人在国内和世界各地的利益。② 19 世纪欧洲殖民活动对历史学的影响体现在历史史料的选择和研究方法上。历史学擅长从欧洲目前的成就中去挖掘深层次的原因并充分利用"第一手资料"。这里不得不提到的是被称为"近代史学之父"的列奥波德·冯·兰克。兰克所提出的历史研究方法和教学方法对史学的专业化做出了巨大贡献。兰克一生著述颇丰，并在著述中引用大量的历史事实和资料来论证。兰克注意到作者的立场和意图会直接影响史料的选择和价值，因此他提倡史学家在写作中应该避免党派、个人感情、信念等因素，尽量保证史料的真实、客观以及将客观公正的科学研究方法用于世界史的写作中，这些对 19 世纪史学的发展起到了积极的作用。

①　[英]约·阿·霍布森：《帝国主义》，纪明译，上海：上海人民出版社，1964 年，第 173 - 176 页。

②　[德]贡德·弗兰克：《白银资本：重视经济全球化中的东方》，刘北成译，北京：中央编译出版社，2008 年，第 2 页。

尽管如此，兰克的思想仍建立在"欧洲至上"的思想框架内。在兰克晚年所编写的《世界史》中我们可以看到以他为代表的 19 世纪史学家们头脑中"不自觉的"欧洲中心论调。开篇，兰克在简要叙述了埃及、两河流域的历史后，便转入希腊罗马与条顿民族史，而这显然不是"世界历史"应该呈现出的一种真实面貌。很多历史学家所编撰的史书都反映出这一趋势，这显然是因为当时欧洲人普遍认为的非欧洲地区"落后"、没有"历史"的存在以及迟早会被西方文明所同化的思想在作怪。

这种历史学撰写思想也对欧洲以外地区产生了影响。在《从民族国家拯救历史》一书中，杜赞奇（Prasenjit Duara）① 详细地分析了近代以来西方国家主义史学逐渐成为中国史学主导的过程。杜赞奇指出：至 20 世纪初，中国历史的写作已经在启蒙运动模式下进行，这种现代民族国家历史逐渐成为占据主流的话语，随之而来的是启蒙历史的固定叙事结构，及"封建主义""革命"等一系列词汇，它改变了人们对于过去和现代的看法。规定了哪些是历史"事实"，哪些必须从历史中被排斥出去。启蒙进化的历史是西方达尔文主义的结果，它同时是一种西方种族性话语，以这种民族国家建构历史，必然意味着接受这种西方—东方、进步—落后的等级秩序和西方中心观念，同时这种叙述结构压抑和消除了其他历史叙述，其后果是让我们今天习惯于倒果为因地将现代中国历史简化为民族国家生成的历史。②

"历史研讨班所带来的史学专业化和对科学精神的追求（不仅没有带来国家民族历史的平等观念），反而导致了历史著作越来越意识形态化。"③ 国际政治舞台上所上演的优胜劣汰、弱肉强食的一幕影响了历史学的建构，战胜国的思维方式成了主流。历史学家通过对历史资料的剪切和安排，对历史现象进行句子结构的、语法的、句法的和语义上的编码来建构历史文本，体现了某种历史意识。作为一种特殊文本，历史文本是关于过去世界的一种描述和看法，不管它如何力图"真实""客观"地展现过去的史实，它终究是由深受当时社会

---

① 杜赞奇，历史学家、汉学家，早年就学于印度，后去美国留学，拜汉学家孔飞力为师，现任教于美国芝加哥大学历史学系及东亚语言文明系。

② 赵稀方：《后殖民理论》，北京：北京大学出版社，2009 年，前言第 37 页。

③ ［美］伊格尔斯：《二十世纪的历史学——从科学的客观性到后现代的挑战》，何兆武译，沈阳：辽宁教育出版社，2003 年，第 25 页。

发展影响的作者所创造的，并呈现出在认识论、方法论和意识形态上一套可以辨认的方式，而这些作品经过阅读、传播、使用、评述等过程，呈现出与所处时代的权力结构相对应与相结合的状态，并帮助建构历史的各种意义。福柯认为政治权力在知识的生产过程中发挥重要作用，反过来，知识也产生权力。

**人类学**：文化人类学产生的根源是 19 世纪进化理论的提出。早在 1801 年法国博物学家拉马克（Lamarck，1744—1829）①就提出人类是某些猿类缓慢演变的产物；1844 年英国学者罗伯特·钱伯斯（Robert Chambers，1865—1933）提出动植物的物种是在内部法则和外部环境的影响下形成的；1859 年达尔文《物种起源》（直译名《由于自然选择的物种起源或生存竞争中适宜物种的保存》）出版，提出了以"自然选择"为核心的科学进化学说；1871 年，达尔文的另一巨著《人类的由来和性选择》出版，进化论得到广泛传播。

在达尔文生物进化论思想的影响下，19 世纪人类学的古典进化论学派开始了他们的研究，主要代表人物有爱德华·泰勒和摩尔根。他们初步确立了人类学的研究原则、研究目的和研究方法等，其思想也充分体现了"西方文明"至上的论调。要注意的是，"人类学家一般都是实施殖民政策的大国公民，而他们所研究的民族则是生活在殖民地的被征服者，人类学家的主要任务是探讨民族之间的差异性并叙述西方文明成长的理性化过程"②。这门学科的建立蕴含着丰富的欧洲中心论色彩，因为人类学就是伴随着欧洲的殖民扩张而确立的。不断出现的"新的"种族和民族让欧洲人认为有必要对他们进行研究，了解他们的风俗、习惯、制度等，以便更好地为帝国主义扩张和统治服务。人们依然相信，民族学和人类学研究只适用于那些没有历史的民族。与此同时，考古学家的考古发掘使单线发展观进一步加强，他们开始提出建立在石头、青铜、铁器使用之上的时代阶段，并开始把它们与文明发展的各阶段具体联系起来。

泰勒和摩尔根都以划分生物种群的方式来研究人类的文化并致力于探讨人

---

① 法国伟大的博物学家，较早期的进化论者之一，曾提出"用进废退"和"获得性遗传"两个法则。达尔文在《物种起源》一书中曾多次引用拉马克的著作。

② 潘娜娜：《18、19 世纪欧洲中心论思想研究》，成都：四川大学博士学位论文，2008 年，第148 页。

类文化发展的过程，他们认为人类的起源都是一样的，文化发展都沿着同一路线向前进化。他们进行划分的标准是西方文明的标准——工业发展程度的高低、科学知识的普及、社会和政治组织的复杂性等，以此将过去和现在的部落及民族进行分类。泰勒指出，物质技术和人类智力的发展是文化进步的动力，根据这个标准不同社会的文化在"蒙昧—野蛮—文明"的标尺上有不同的位置。以泰勒和摩尔根为代表的古典进化论派毫无疑问受到欧洲"文明"至上的影响，认为欧洲已经到了文明发展的最高阶段，非欧洲文化处于文化发展的低端，也陷入了欧洲代表人类社会发展目标的怪圈，这进一步维护了欧洲各国进行的殖民活动。

**社会学**："工业革命的来临以及欧洲开始在亚洲推行殖民主义的活动，促成了欧洲思想的转变，结果，即使没有'虚构'全部历史，也至少发明了一种以欧洲为首和在欧洲保护下的虚假的普遍主义。到 19 世纪后半期，不仅世界历史被全盘改写，而且'普遍性的'社会'科学'也诞生了。这种社会'科学'不仅成为一种欧式学问，而且成为一种欧洲中心论的虚构。"① 19 世纪中叶到末期是社会学的初创时期，代表人物有奥古斯特·孔德和英国学者斯宾塞。社会学家认为现代社会是一个成长中的有机体，且必然经历一系列有秩序、不可避免的阶段，最终人类社会的归宿将是以欧洲为原型和发展模式的社会。

社会学一词"本身就是由孔德创造的。民族学也是一门新学科，它成为一个很便当的容器，对非欧洲民族的文化的研究被很方便地纳入这一容器之中"②。在《论实证精神》一书中，孔德将人类文明划分为三个阶段：神学阶段、形而上学阶段和实证阶段。实证阶段是人类精神的最高阶段，只有欧洲到达了这个阶段。斯宾塞把达尔文"适者生存"的原则引入人类社会，他认为人可以延缓进化，但是无法阻止进化，进化的结果就是"个人优越"或者"种族优越"，一个能够适应生存环境的个人或者民族比不能适应的个人和民

① ［德］贡德·弗兰克：《白银资本：重视经济全球化中的东方》，刘北成译，北京：中央编译出版社，第 39 页。
② ［英］雷蒙·道森：《中国变色龙——对于欧洲中国文明观的分析》，常绍民、明毅译，北京：中华书局，2006 年，第 95 页。

族优越,那些不能适应的人或者种族将被淘汰。依据这一原则,宇宙万物,从天体到人类社会,从宗教到科学,从道德到法制等都遵循普遍进化法则,进化的顶点是达到一个"完全的社会均衡"的社会。具体到人类文明,它是从军事社会到工业社会的进化,欧洲就代表着他所说的工业社会。

既然欧洲代表着进化的最高级阶段,孔德和斯宾塞进一步论证了西方文明扩张的合理性。孔德指出,"最后的改革日后必然会以一定的渐进方式在联合的西方的明智帮助下,扩展到人类的其他地方"①。斯宾塞也鼓吹征服不发达地区"低能"民族的合理性,不能适应环境的民族就应该通过改变自己的观念或认识、改变自然的倾向或习性来适应外部环境。

除了历史学、社会学和人类学,欧洲/西方至上的话语体系也在其他学科中得到体现。19 世纪后半期由于殖民活动的需要,各殖民国家需要对殖民地的情况有所了解以便进行开发和管理,促使了地理学的出现。② 政治学、经济学也论证了欧洲政治经济体制的优越性,从不同方面维护了欧洲各国殖民的既得利益,也通过主张普遍主义、断言欧洲是人类社会发展的高级阶段为新殖民活动造势并提供理论支持。

## 三、与宗教理念相结合, 一切为了帝国的利益

19 世纪下半期,"文明"观念替代"基督教"成为殖民活动的借口。世俗的欧洲逐渐不能再用"宗教"来概括其特性,各国由于不同的考虑也逐渐放弃了"传教布道"这一套说辞。但宗教理念在整个殖民历史中并未退出历史舞台,相反,因为基督教长期的影响力和独特的教义可以服务于殖民扩张,因此"文明"观念虽替代基督教成为 19 世纪下半叶的主流殖民意识形态,但它涵盖了基督教的宗教优越性,也借鉴和发展了其在殖民和扩张上的理念,与实际的殖民活动相结合,进一步巩固了殖民活动的"合理性"。

在许多替殖民主义辩护的思潮中,只有教会方面有一套固定的学说。西班牙神学家弗朗西斯科·德·维托里阿(Francisco de Vitoria)首先从基督教学说出发提出了一套关于殖民权利的理论。他把殖民的权利建立在两个主要理由

---

① [法]奥古斯特·孔德:《论实证精神》,黄建华译,北京:商务印书馆,1996 年,第 81 页。

② [美]杰弗里·马丁:《所有可能的世界——地理学思想史》,4 版,成一农、王雪梅译,上海:上海人民出版社,2008 年,前言第 2 - 3 页。

上：第一，上帝为了普罗大众而创造世界，因此一切民众对于世界上的财富，皆可自由享受，任何人不得阻碍；第二，福音书上说过："去吧！去教导全世界各民族"。因此对传布教义，任何人不得阻碍。"人间财富用途天定说"及"传布福音的权利"成为从宗教教义引申出来的殖民权利和理由。几个世纪以来，很多神学家及教会人士也就宗教和殖民的关系发表看法，但其根源还是在维托里阿所提出的这两个基本理由。① 圣多玛派哲学博士若赛夫·福利耶（Joseph Folliet）在其博士论文《殖民的权利、社会道义及国际道义之研究》中就曾对维托里阿的学说做了一个概述：

> "人间财富用途天定说"，依照下列原则为西班牙人的殖民侵略辩护："……西班牙人与蛮人一样，同属人类。凡人皆应当像爱自己一样地去爱同类。所以，那些蛮人排斥西班牙人，是没有正当理由的。"因之，"……西班牙人就可以通商……可以分享共有财富……"例如："对西班牙人在河流中淘金，或在海洋中打捞珍珠，只要无损于印第安人，皆不得加以阻碍……如果西班牙人愿到该地定居，取得居留权，蛮人不得拒绝其要求……"但是"如果蛮人禁止西班牙人行使所有已被认为合法的权利时，应该如何处理呢？西班牙人应先开导蛮人，有权说明他们并非敌人……此后，如果蛮人使用暴力，则西班牙人自卫，可采取一切措施保障自己的安全……如果西班牙人想尽了一切办法，仍不能保障自己的安全，而不得不征服蛮人，占领他们的土地，也是合情合理的。因为依照圣奥古斯丁的说法，和平及安全是战争的目的……当西班牙人履行了一切义务后，如果蛮人仍肆行诡诈，蓄意消灭西班牙人，西班牙人则可以同他们斗争，不再视蛮人为无辜的人，而视之为奸诈的敌人，可对他们行使一切战争权利：剥夺他们的财产，俘虏他们，罢免及撤换他们的首领。"②

从引文可以看出作者对西班牙和印第安人的看法和态度明显存在不对等的

---

① ［法］雅克·阿尔诺：《对殖民主义的审判》，岳进译，北京：世界知识出版社，1962 年，第 118 页。

② Joseph Folliet. *Le droit de conlonisation: Étude de morale sociale et internationale*, Paris：Bloud & Gay，1932.

情况：美洲印第安人被称为"蛮人"，名称上就存在歧视。开始福利耶认为"蛮人"和"西班牙人"一样同属人类，如果这一点体现了基督教"人人平等"原则的话，接下来的引文可以说明福利耶根本没有丝毫将"蛮人"和"西班牙人"放在同一立场的想法，他所认为的两者平等，是为了劝说印第安人不要排斥西班牙人来他们的土地上夺取财富，是为西班牙人的利益考虑。一旦西班牙人的利益受到"侵犯"，西班牙人是可以"征服""蛮人"的，也不再"顾忌""凡人皆应当像爱护自己一样去爱护自己的同类"。西班牙人能不能得到他们想要的才是福利耶所关注的，"平等""爱护同类"等原则只适合"蛮人"，西班牙人则不受此约束，维护西班牙殖民事业之心意昭然若揭。

由所谓的"人间财富用途天定说"和"传扬福音权"又引申出多种理由，根据这些理由，西班牙人被允许行使战争权，占领敌方，并任命新的国王，还可以替殖民地人民选择新的生活习惯等等。总之，在"传播福音"的过程中，西班牙人不仅获得巨大的财富和资源，还以上帝的名义来行使自己的"旨意"，他们在"蛮人"面前犹如高高在上的"神"，而此种行为却还被认为是根据"慈善"原则，是为了"帮助"和"照顾"他们。

征服、传教曾经是欧洲各国对外政策的主要内涵，但是这些动机已经与今天欧洲各国的思想、利益、社会观念不再和谐。工商业活动范围的扩大，对原材料、矿产资源和廉价劳动力的追求，新殖民地状况的改变等因素使得基督教不再适合欧洲各国在每个国家的殖民活动，这也迫使各国不再用"传布福音"作为对外宣传的遮羞布。但是基督教的这种理念却被后来的"文明"观念所承继，因为"人间财富天定说"可以很好地解释各国对殖民地财富的盘剥，其思想体系也一脉相承：原来的"上帝"被换成"文明"和"进步"，殖民绝不仅仅是为了欧洲各国自己，更多的是为了"帮助"那些"低等""野蛮"的人。"文明"观念沿袭了这种对非欧洲地区民族的"恩赐态度"，有"冠冕堂皇"的借口发动侵略和扩张。

## 四、 对待其他文明态度趋同： 以中国为例

15、16 世纪的思想家已经把美洲确立为人类发展的低级和原始阶段，到了 18 世纪，美洲除少量地区之外已被分割完毕，思想家在进一步论证美洲"原始""落后"的基础上也对其他地方有意识地进行了建构，论证它们同样

的"野蛮""落后"，以此来维护欧洲的殖民政策。就连曾经被认为创造了优秀文明的东方也被认为是"停滞""专政"的，为欧洲在东方的殖民扩张做准备。

"伴随着欧洲经济和工业进步以及向其他大陆扩张，欧洲优越的观念在18世纪逐渐增强。由于和'进步的欧洲'形成对比，受到尊崇的古老文明的偶像，如埃及和中国，现在显出停滞不前的本相。埃及的古代，'以前被视为主要的和可贵之处，现在却变成了一种缺陷（liability）'。"① 出于殖民扩张的需要，原来被欧洲人崇拜和梦想的地方现在也被有意识地塑造成"文明"的对立面，中国是一个有力证明。

欧洲与中国关系的改变不仅与中国自身的变化有关，也与欧洲的历史发展密不可分。因为这些发展既向欧洲人提供了一个不断变化的比较基点，又造成了特定时期欧洲人对中国的不同观念和态度，这些观念又反过来有助于满足欧洲自身不断变更的需求和愿望。因此，中国在不同的时期和场合被认为是富庶与贫瘠、发达与落后、聪慧与愚笨、美丽与丑陋、强大与虚弱、诚实与狡诈等一系列对立形象的矛盾体。② 早期，欧洲人心目中的中国是一个"黄金"之国，富裕、开化。马可·波罗（Marco Polo，1254—1324）③ 初到中国时，震惊于他所看到的景象：

> 从东平府（Tudin-fu，今山东东平）向南走三天路程，沿途经过许多工商业发达的大城镇和军镇，居民都是偶像信徒，受大汗的统治。这里的野味漫山遍野，到处是各种飞禽走兽，日常生活必需品的生产和供给也非常充足。
>
> 在三天的旅程结束时便抵达济州马头（Sinju-matu，今山东济宁）城，

---

① ［英］朱利安·鲍尔迪：《黑色上帝：犹太教、基督教和伊斯兰教的起源》，谢世贤译，桂林：广西师范大学出版社，2004年，序言第4页。

② ［英］雷蒙·道森：《中国变色龙——对于欧洲中国文明观的分析》，常绍民、明毅译，北京：中华书局，2006年，第2页。

③ 马可·波罗，世界著名旅行家和商人。据称在17岁时跟随父亲和叔叔前往中国，历时三年多，于1275年到达元上都，与忽必烈建立了友谊。他在中国游历了17年，回到威尼斯后战败被俘，在监狱里口述了旅行经历，同同伴写成《马可·波罗游记》。但是其到底有没有来过中国却引发了争议。不管怎样，这本书在欧洲广为流传，激起欧洲人对东方的热烈向往，对以后新航路的开辟产生了巨大的影响。

这是一座宏伟、巨大而壮丽的城市，商品与手工制品十分丰富。城里的所有市民都是偶像信徒，受大汗统治，使用纸币。城中的南部有一条宽阔水深的大河流过……河中的船只往来如梭，只要看看这些满载贵重商品的船舶的数量和吨位，就会令人惊叹不已。

离开济州向南走八天，沿途接连不断见到商业城镇与寨堡。整个地区的人们都是偶像信徒，他们受大汗统治，对死者的遗体实行火葬，交易使用纸币。在八天的旅程结束时，就会见到一座名叫徐州（Lingui，今江苏徐州）的城市。这是一座十分壮丽和宏伟的城市，男人生性好斗。城市中有手工业和商业。这个地方生活着很多动物，各种饮食也很丰富。

离开徐州后再向南走三天的路程……三天的旅程结束时便可见到一座城市，名叫邳州（Pingui，今江苏邳州）。这里出产一切日常生活必需品，该城向大汗上缴的岁入十分巨大。①

这就是马可·波罗眼中的中国，在描述中他用了"富裕""充足""宏伟""高贵""发达"等词汇来形容他所见到的中国城市和乡镇。中国被视为一个有着普遍物质繁荣的商人的天堂——而这一观点，是早期到中国的所有外国游客共同的看法。② 另外，马可·波罗还给予中国人很高的评价："民性好斗""英勇善战"。

由于《马可·波罗游记》在欧洲的广泛影响，"在 14 世纪，欧洲某些思想最活跃的人开始按这位威尼斯旅行家（马可·波罗）提供的知识塑造其世界观。早在地理大发现之前，欧洲从前以欧洲和地中海为界的视域展宽了，包容了世界上大片新的地区"③。尽管《马可·波罗游记》留给人们的印象主要是关于中国的繁荣和富庶，但其展现的君主形象也具有重要的意义。"自 12 世纪中叶开始，就有流言称一位拥有巨大权力、信奉基督教的君主统治着远东大片地区。"④ 当时的中国统治者是否信奉基督教尚需考证，而欧洲人采信这

①　[意] 马可·波罗：《马可·波罗游记》，鲁斯蒂谦诺笔录，余前帆译注，北京：中国书籍出版社，2009 年，第 305－306 页。

②　[英] 雷蒙·道森：《中国变色龙——对于欧洲中国文明观的分析》，常绍民、明毅译，北京：中华书局，2006 年，第 20－22 页。

③　同上，第 23 页。

④　同上，第 27 页。

种传言的原因也很简单：中国的富裕和发达是欧洲各国所不能比较的，唯有一点是欧洲人认为在与中国相比时可以"夸赞"和"炫耀"的就是基督教，宗教上的"优越性"让欧洲人希望这位统治发达国家的君主和自己一样拥有相同的信仰。这跟欧洲当时基督教会势力和影响庞大固然有关，也是欧洲人头脑中根深蒂固的宗教思想在作祟，同时也可推测欧洲人希望自己所处地方也能像中国一样发达和富裕。

从马可·波罗开始，陆陆续续又有其他欧洲人因为种种原因踏上这片土地，也大多写下了旅行中的所见所闻。这些早期游记有许多共同之处。"他们提到了世界上一个人口最多、最为繁荣的地区处在大汗的统治之下，后者不仅是各个时代最为强大、最为富裕的统治者，而且仁慈、公正，并且对基督教没有恶意。那里有众多大城市，货物之多不胜枚举，船舶不计其数，航运业发达。"① 西方人对于中国的赞美，对大汗权力和美德的强调，在很大程度上归因于忽必烈个人具有的宽容和无偏见的品质，但同时也反映了西方人的一种希望，希望有一位伟大的信奉基督教的君主能够从后面猛击撒拉森人（Saracen）。② 结合当时的欧洲历史可知，忽必烈本人的品质是欧洲人对其赞扬的一个原因，更多的是欧洲人希望统治着如此广阔、富裕国家的君主能够帮助欧洲人共同对抗信奉伊斯兰教的阿拉伯人的侵袭，因为他也是"信奉基督教的"。

《圣经》的经文也让人们对"东方"充满了想象和憧憬。"由于中世纪的宇宙哲学把人间天堂定位于东方南段，人们乐于充满希望地朝向东方，因为在《创世纪》中据说上帝在靠东的伊甸辟了一个园子，而这种证据对教会地理学家具有很大的影响力。"③ 游记中对东方富裕、发达和"遍地是黄金"的描写，宗教经文对东方的"渲染"，再加上阿拉伯人的频频侵扰使欧洲人对中国产生

---

① ［英］雷蒙·道森：《中国变色龙——对于欧洲中国文明观的分析》，常绍民、明毅译，北京：中华书局，2006 年，第 30 页。

② 萨拉森指的是从今天的叙利亚到沙特阿拉伯之间的沙漠游牧民族。在中古时期指的是所有的阿拉伯人，这些人绝大部分信奉伊斯兰教，有统一的语言和文化习俗。此处引自［英］雷蒙·道森：《中国变色龙——对于欧洲中国文明观的分析》，常绍民、明毅译，北京：中华书局，2006 年，第 31 页。

③ ［英］雷蒙·道森：《中国变色龙——对于欧洲中国文明观的分析》，常绍民、明毅译，北京：中华书局，2006 年，第 28 页。

了无限的向往与渴慕之情。

随着航海技术的改进和海上冒险的出现，人们慢慢改变了对中国的态度。陆路游客仰赖他们自己所能随身携带的财物及其驮畜穿越到亚洲，他们无权无势，孤立无援，要想在那里立下脚来并完成自己的使命——不论是宗教使命还是商业合作——都必须使自己的行为举止有所改善。然而，那些由海路前来的人能够带来更多的人员和武器；况且，他们远非处在广袤的大陆中央，而是能够借助送他们前来的船只由水路非常方便地逃身。因此一旦欧洲人与中国人之间发生冲突，将会使欧洲人对作为一个军事大国的中国有了最早的一丝轻蔑。① 另外，地理大发现时代的航海者在来中国之前已有了和其他非欧洲民族打交道的丰富经验，加之这些接触使他们心中充满了一种强烈的优越感，这与中世纪旅行家对中国一贯的畏惧形成了鲜明对比。航海技术的改进、造船术的发达以及欧洲社会自身的不断发展开始改变到中国游历的欧洲人的观点和态度。因而，如果把注意力转向 16 世纪遗留下的有关中国游记的那些旅行者，他们向人们表述的中国印象依然是中国财富之如何丰富，但新的态度却已开始孕育。

虽然中国富裕、繁荣、拥有丰富自然资源这一形象在 18 世纪依然广为流传，欧洲掀起了一股"中国热"，但已有不少人开始表达对中国的厌恶和轻蔑之情。

在《鲁滨孙漂流续记》中，不同于以往传教士和思想家眼中的中国，笛福呈现了一幅不同的中国风土人情画卷，书中大量的例子和描写展示了笛福的"中国观"。北京人被描绘成"极度傲慢，其程度只有他们的贫穷才能与之相提并论"②，在北京与一位地方官员同行时，鲁滨孙发现沿途民众对官员毕恭毕敬，而这些民众"有时是让这帮人搞穷的，因为他们所到之处都要当地的民众来为他们和随从提供补给……这对他（官员）大有好处，因为地方上免费提供所有的补给，他则对我们逐项收费"③。在笛福看来，中国人生活悲惨，

---

① ［英］雷蒙·道森：《中国变色龙——对于欧洲中国文明观的分析》，常绍民、明毅译，北京：中华书局，2006 年，第 34－35 页。

② Daniel Defoe. *The Farther Adventures of Robinson Crusoe*, London：Pickering and Chatto, 2008, p. 175.

③ 同上。

即使是在南京这样的大城市，人们缺乏教养并极其傲慢（beggarly pride），看上去就像一群显摆的乞丐："这些人傲慢无礼，主要是些叫花子和苦力；他们的显摆让人无以言表，主要炫耀他们的衣裳和建筑，还有跟随的大量仆人和奴隶，极其滑稽可笑，他们除了自己之外，目空一切"；一位骑马的乡绅"完全就是一个唐吉坷德，浮夸又穷酸"。①显而易见，笛福对中国是持批评甚至诋毁态度的。

18 世纪欧洲掀起的"中国热"也没能持续多久。虽然欧洲人对中国的瓷器、丝绸、茶叶、古董等器物的热情一直不减，但是在精神层面上对中国的评价开始走低。在整整一百年的时间里，对中国持有不同见解的少数人的声音随着欧洲对中国热情的下降变得越来越响亮，其中的代表人物有费奈隆（François Fénelon，1651—1715）②，他在杜撰的孔子和苏格拉底的对话中对中国的成就表示轻蔑，此外还有孟德斯鸠和卢梭。

在步入 19 世纪前叶和 19 世纪期间，欧洲人对中国的态度发生了根本性的变化。欧洲的工业革命、科学革命和政治革命在中国并未出现，因而在 18 世纪后期和 19 世纪欧洲主要的思想家心目中，中国的形象是"静止的"。黑格尔写道："出现在我们面前的是一个最为古老但没有去过的国度，我们所了解的这个国家的现状在古时就已如此。"③ 约翰·斯图尔特·穆勒（John Stuart Mill，1806—1873）在《政治经济学原理及其在社会哲学上的若干应用》中写道："欧洲人着眼于遥远的未来，他们对中国因无远见和不大关心未来而长期劳累，并且陷入在他们看来是难以忍受的不幸之中而感到十分惊奇。"④

历史上没有哪一个国家的形象在欧洲人的眼中经历了如此巨大的反差，从犹如"天堂"一般的富裕、开化国家"堕落成""地狱一样"的"野蛮"国度。对中国态度的变化反映了欧洲本身的需要：19 世纪"文明""进步"的线性发展观念大行其道，工业、社会和政治革命给欧洲带来了种种引人瞩目的变化，这些变化不仅诱使人们把"文明"形象化为一个标尺，由此衡量出欧

---

① Daniel Defoe. *The Farther Adventures of Robinson Crusoe*, London: Pickering and Chatto, 2008, p. 176.

② 费奈隆，法国古典主义的最后一个代表，其代表作《寓言集》着意于道德教育。

③ ［英］雷蒙·道森：《中国变色龙——对于欧洲中国文明观的分析》，常绍民、明毅译，北京：中华书局，2006 年，第 84 页。

④ 同上，第 86 页。

洲比世界其他任何地区都要进步得多，而且诱使人们按照欧洲的范畴、类别对其他文明做粗鄙的分析，把它们与欧洲文明的早期各阶段相比较，就此而言，19世纪欧洲以外的其他地区都不可能受到很高的评价或被放在很高的位置上。

中国还是那个中国，可为什么在短短几百年间欧洲人对中国和中国人的印象发生了如此大的变化？这种变化与其说全部是中国自身的发展状况造成的，毋宁说是欧洲发生了变化。中国的形象需要发生变化来适应欧洲社会的变化，中国如果继续保持她进步、光明、富足的形象，欧洲殖民者又如何将她楔入欧洲"文明"、非欧洲"野蛮"的图式中，又如何能以传播"文明"的名义发动对这个国家的进攻呢？因此，以中国为代表的非欧洲地区形象的变化，都是为了适应欧洲殖民扩张的需要，一切都以欧洲的利益为出发点。

# 小　结

本章论述了"文明"观念成为殖民意识形态的原因和特点。在19世纪下半期"文明"替代了宗教成为更适合殖民活动"挡箭牌"的一种意识形态，原因在于新兴殖民国家如英国、法国、德国等对"传播宗教"的看法发生变化，加之新殖民地的组成状况也发生变化，以宗教为口号的殖民活动不符合当地情况，不利于殖民统治的展开；此外，教会对经济利益的追求也使欧洲各国不愿处处把"宗教"挂在嘴边；更为重要的是欧洲自身的发展，尤其是科学技术的进步、政治制度的"先进"，"民主""自由"等价值观的获得使欧洲人拥有了不光在宗教上的"优越性"，种种世俗意义上"进步"的获得也使得欧洲人认为包含物质和精神进步两层含义的"文明"观念更加能够彰显欧洲的进步与"优越"。因此，"文明"观念到了19世纪下半叶取代"基督教"成为欧洲各国普遍接受的意识形态，被当作殖民的"口号"而得以广泛应用。

"文明"观念作为一种殖民意识形态因为当时社会的发展和殖民活动的需

要而具有如下特征：建立在"科学"基础上的种族主义和生物进化论为"文明使命论"和"文明托管论"提供了"科学"的基础，社会科学理论因为与自然科学的结合而具有了真理的性质；另外，由于殖民者需要一套理论体系为殖民活动进行辩护，知识分子和思想家的理论拥护和论证了欧洲文明的"优越性"，从而鼓吹了欧洲进行殖民活动的合理性，在知识生产的过程中，知识与权力结合，形成为殖民活动服务的一套话语体系，这个体系也深深影响了19世纪人文社会科学体系如历史学、社会学和人类学的建立和发展；同时，出于殖民扩张的目的，非欧洲地区，不论是亚洲还是非洲，无论是已被殖民的还是未被殖民的，都有必要被塑造成"野蛮""落后"的形象，便于欧洲对其进行"文明""教化"。在这整个过程中，虽然宗教不再是一种主流话语，但从未退出历史舞台；相反，宗教上的一套学说被"文明"观念所吸取和借鉴，这就更加巩固了殖民者的既得利益，有利于其攫取更多的财富。

# 第六章

# 关于"文明"观念的几点思考

回顾"文明"观念作为殖民意识形态的建构过程，可以看出此过程对欧洲自身实际上是一种伤害。这种起源于对旧有野蛮状态不满的精神层次上的探求在殖民扩张的过程中被欧洲人抛到脑后，他们认为"文明"过程已经完成，欧洲已经达到"文明"的状态，于是不再关注自身精神层面上的追求。曾经代表欧洲资产阶级身份、道德和教养状况以及描述一个社会开化状况的词变成欧洲人进行殖民的借口，民族精神和民族自我意识的传达被对经济利益的狂热追求所取代。虽然"文明使命论"和"文明托管论"在 20 世纪遭到了批判，种族主义的伪科学性也得到了揭示，但有关"文明"观念、文明标准及其所倡导的价值观仍然值得我们在 21 世纪进行思考。本章将会批判对"文明"观念的滥用以及"文明使命论"等伪科学理论，也会对假借科技之名推广西方文明中心主义的做法进行批驳，希望以此倡导对"文明"观念和文明标准的正确认识。

# 第一节
# 对 "文明" 观念和 "文明使命论" 的批判

欧洲历史上有不少思想家提出了对"文明"观念的不同看法。在启蒙思想家普遍对"文明"观念报以好评和拥护的时候，以卢梭为代表的少数思想家发出了与众不同的声音。卢梭把文明思想与人的本性相对立，区分了"文明行为"与"自然行为"。与当时流行看法不同的是，卢梭认为文明是人"从生到死都摆脱不掉奴隶的羁绊"①，"文明"状态使人丧失自我，使人的行为的坦然与自然的差异被"低劣的欺骗的单一性"所取代，而这种单一性掩盖的是一连串的道德败坏，其中最严重的是渎神行为。卢梭认为"文明"是把人为的东西拔高了，"进步"概念和"文明"概念就是要无限抬高人的能力，并以此取代万能的神，这种"文明"是违背自然的，因而他提出自然的、天然的理想与之对抗。他指出："人类所有的进步，不断地使人类和它的原始状态背道而驰，我们越积累新的知识，便越失掉获得最重要知识的途径。"② 依照这种观点，卢梭认为"文明社会的发展史"就是"人类的疾病史"，③ 他的理想是回归到原始、公有制以及一种自然状态。他强调，"自然状态"是"人世的真正青春，后来的一切进步只是个人完善化方向上的表面的进步，而实际上引向人类的没落"④。卢梭对"文明"观念的批判是非常彻底的，他将之前普遍认为是"进步的"、给人们带来希望的思维方式彻底颠覆。

伏尔泰的文明观虽然带有欧洲中心的色彩，但不可否认其思想仍具有进步的一面。伏尔泰虽然很推崇古希腊的史学传统，但他不同意古希腊史学中关于人类黄金时代、白银时代、青铜时代和黑铁时代的划分，他认为这是一种倒退的文明观，而人类文明是不断进步的。因此，他反对迷信古希腊时期的"黄金时代"，认为这个时代实际上是一种理想化了的、乌托邦式的美好愿望。"每个民族都幻想着一个纯洁、健康、悠闲、愉快，实际上不存在的黄金时代。"而人类社会之所以能进步的原因在于他所归结的"人类精神"和"理性"，这被看成是文明进步的力量。文明的诞生、成长、发展都是出于"理性"的缘故，文明发展的过程也就是"理性"完善的过程，正是由于"理性"的成长，"人是可以臻于完善的"⑤。

伏尔泰的思想中还有一点值得注意和肯定：他突破了狭隘的欧洲中心观，力图平等、客观地去观察世界上的各种文化形态，他不仅关注西方文明，还关注非西方文化：他尊重阿拉伯人的文化，强调印度人和中国人热爱和平的精

---

① ［法］卢梭：《爱弥尔》（上卷），李平沤译，北京：商务印书馆，1978 年，第 15 页。

② ［法］卢梭：《论人类不平等的起源和基础》，李常山译，北京：商务印书馆，1982 年，第 63 页。

③ 同上，第 79 页。

④ 同上，第 120 页。

⑤ 陈启能、姜芃等：《世界文明通论：文明理论》，福州：福建教育出版社，2010 年，第 137 页。

神；伏尔泰特别关注中国，称其为最古老的和最文明的帝国，是开明君主国，是理性的王国，而孔子则是自己的先驱，伏尔泰甚至说"世界的历史始于中国"①。但对伏尔泰来说，他更强调的是人类本性的一致和社会生活准则的统一，那么这种一致的"本性"和统一的"社会准则"又是以何种文化为标准呢？伏尔泰把他所熟悉的社会（欧洲）的标准看作统一的标准，以致掉入欧洲中心论的陷阱，因而不能真正体察到各种文明不同的特性，这是可以理解的。对于伏尔泰来说，不同民族文化形态的存在还不是承认存在文明多样性的理由。

康德在《世界公民观点之下的普遍历史观念》一文中也提到了对"文明"的看法。他在探讨人类在如何达到一种保卫国际公共安全的世界公民状态和建立国家的联合体时提出："我们由于艺术和科学而有了高度的文化。在各式各样的社会礼貌和仪表方面，我们是文明的甚至于到了过分的地步。但是要认为我们已经是道德化了，则这里面还缺少很多的东西。因为道德这一观念也是属于文化的；但是我们使用这一观念却只限于虚荣与外表仪式方面表现的类似德行的东西，所以它只不过是成其为文明化而已。"② 康德此处所指的"文明"，是流行于德国上层社会中"各式各样的社会礼貌和仪表"，是"虚荣与外表仪式方面表现得貌似德行的东西"，它是德国上层对法国宫廷社会礼仪的模仿和追随。康德对于"文明"的多次使用和对它的批评，实际上批评的不是"文明"本身，而是过分"文明化"，也是针对德国上层对这些表面"仪表"和"礼貌"追求的一种抨击，康德认为这忽视了对精神层面的探索和追求。将"文明"作为野蛮的对立面，把它看作人类从野蛮进步而来的一种社会状态，在康德的表述中也是十分明显的。

英国诗人柯勒律治（Samuel Taylor Coleridge，1772—1834）这样评价"文明"："文明本身只不过是'好坏参半'（a mixed good）——如果它不再是一种腐蚀的力量，不再是疾病的潮红而非健康的红润。如果一个民族的'文明'不是植根于 cultivation（'教化''教养'）、植根于人类智能与特质的和谐发展，那么这个民族（不管如何显赫）充其量只能称为'虚有其表的'

---

① ［法］伏尔泰：《哲学辞典》，王燕生译，北京：商务印书馆，1991 年，第 319 页。
② ［德］康德：《历史理性批判文集》，何兆武译，北京：商务印书馆，1990 年，第 15 页。

（varnished）——而不是'文雅的'（polished）——民族。"英国哲学家约翰·斯图亚特·穆勒对文明也有类似的看法。他认为，人类可以从"文明"中获得"物质生活的舒适，知识的增进与传播，迷信的衰落，相互交往的方便，举止、态度的温柔，战争与个人冲突的减少，强者对弱者的欺凌持续地减少，集全球众人之力所完成的伟大工程"。但同时"文明"也造成人类自主能力的丧失，人造品的生产，单调、刻板的机械式理解，不公平与毫无希望的贫穷。①

马克思、恩格斯也毫不留情地揭露西方殖民主义的血腥与罪恶，批判西方资产阶级"文明"的伪善。在《资本论》论述原始积累的章节里，马克思指出，欧洲资本主义是建立在殖民地人民的白骨和血汗之上的。以"文明"自居的西方资产阶级，到了殖民地立刻显现了他们残酷的真实面目。恩格斯在《波斯与中国》一文中将欧洲殖民者称为"文明贩子"，指出他们的行径比那些他们认为是"野蛮人"的当地居民还要野蛮：那些炮轰毫无防御的城市、杀人之外又强奸妇女的殖民者只不过是文明贩子。②

汤因比在《历史研究》一书中提到关于"文明"与"野蛮"的关系。他认为所谓"文明"对"野蛮"的征服并不像欧洲人所想象的那样，是由欧洲人的一系列活动所带来的。"如果有一天最终在西方世界的文化地图上消灭了顽固的死角时，我们会祝贺自己看到了野蛮的终结吗？彻底消灭外部无产者的野蛮只不过会给我们带来片刻的得意，因为我们业已证明，以前对许多被征服文明的破坏从来就不是任何外来力量的作用，而一直是一种自杀性行为的结果。"③ 在汤因比看来，一种文明的发展或者消失的原因在于自身发展力量的强弱，而不像欧洲人认为的那样可以将"文明"带给其他民族，帮助他们实现"发展"。

弗洛伊德在谈到文明时认为："文明是一个服务于爱欲的过程，爱欲的目的是先把每一个人，再把每一个家庭，然后再把每一个部落、种族和国家都结

---

① ［英］雷蒙·威廉斯：《关键词：文化与社会的词汇》，刘建基译，北京：生活·读书·新知三联书店，2005 年，第 48 - 49 页。

② ［德］恩格斯：《波斯与中国》，载《马克思恩格斯选集》（第 1 卷），中共中央马克思恩格斯列宁斯大林著作编译局编译，北京：人民出版社，1995 年，第 706 - 712 页。

③ ［英］汤因比：《历史研究》（上卷），郭小凌、王皖强、杜庭广等译，上海：上海人民出版社，2010 年，第 416 页。

合成一个大的统一体，一个人类的统一体。"① 文明的生活固然要以一定的物质（工具）水平为标志或尺度，但科学、艺术、思想等较高层次的思想活动起着更加重要的作用。"尊重并鼓励人类较高的精神（理智的、科学的和艺术的成就），承认在人类生活中思想具有主导作用，就是对文明的最好概括。"② 按照弗洛伊德的看法，文明应该给人们带来幸福，人类在文明中也应当感受到幸福，但实际情况并非如此。"我们发现，对文明感到不满，生活在文明社会感到不幸福的人多得令人吃惊。"③

霍布森反对以西方现代文明破坏东方文明，认为东方文明在世界文明中有其独特价值。与此同时，霍布森也认为西方现代文明的长处是显然的，不能否定，"有头脑的人不会怀疑东西方之间自由交流的无限重要性，也不会对特别代表西方文明的那些技术，如自然科学的艰苦而有成就的研究及其在工艺上的应用、法律和政府的某些理论和实际的系统发展以及作为这种实际成就在意识形态上反映的思想和文艺灌输到东方人心中使世界文明获利的利益表示怀疑"。所以要看到，霍布森所反对的是采用残酷的暴力形式输入西方文明，"虽然西方科学迟早可望在中国的知识生活中获得正当印象，但是这一过程将是内在的缓慢吸收过程，不以依靠外国人的教导从外部硬塞"④。对于西方文明本身的"优势"和"长处"，霍布森显然是肯定的。

萨义德在《东方主义》一书中质疑所谓的"文明"—"野蛮"的二元对立模式，认为所谓的"野蛮"很多时候是人们头脑中想象出来的，尤其是当人要去处理那些遥远的、不熟悉的、异国的事物时。他认为有些特殊的物体是由大脑创造出来的，这些物体，尽管表面上是客观存在的，实际上却出自虚构。生活在某一特定区域的人会为自己设立许多边界，将世界划分为自己生活的土地和与自己生活的土地紧密相邻的土地以及更遥远的土地——这些地方被称为"野蛮人的土地"，换言之，就是将自己熟悉的地方称为"我们的"，将"我们的"地方之外、不熟悉的地方称为"他们的"。"一个人对自己是'非'

---

① ［奥］弗洛伊德：《文明及其缺憾》，傅雅芳、郝冬瑾译，合肥：安徽文艺出版社，1987 年，第 69 页。

② 同上，第 36 页。

③ ［奥］弗洛伊德：《一个幻觉的未来》，杨韶钢译，北京：华夏出版社，1989 年，第 110 页。

④ ［英］约·阿·霍布森，《帝国主义》，纪明译，上海：上海人民出版社，1960 年，第 226 - 259 页。

外国人的感觉常常建立在对自己领土'之外'的地方所形成的很不严格的概念的基础上。各种各样的假设、联想和虚构似乎一股脑儿地堆到了自己领土之外的不熟悉的地方。"① 萨义德认为这种区分和普遍性的做法很有可能是任意的，因为人们在对"我们的领地"与"野蛮人的领地"这一想象的地域区分并不需要对那里的人是否"野蛮人"加以确认。这种区分是大脑在应对陌生事物时的一种反应，在此过程中，"他们"自然而然地变成了"他们"，他们的领土以及他们的大脑都因而被认定为与"我们的"不一样。因此，萨义德得出结论：现代社会和原始部落在一定程度上似乎是以否定的方式认识其自身身份的：一个5世纪的雅典人非常可能从否定的角度感到自己不是一个野蛮人，正如他从肯定的角度感到自己是一个雅典人一样。地域的边界与社会的、民族的和文化的边界相对应，所谓的"野蛮"很多时候是经不起考证的，同理，所谓的"文明"也不见得就是真正"文明的"。

上述学者、思想家、哲学家对"文明"的批评、抨击或者与主流思想不一致的看法说明就"文明"观念自身而言，它的内含和外延都非常广，也会因为使用者的立场、角度和态度而在感情色彩上发生变化。作为一个描述性、规范性的词语，"文明"本身不存在"好"与"坏"之分，但如果从不公正、不客观以及我族中心的角度出发去使用和看待"文明"，就会导致其意义的歪曲，也会让这个观念因为使用者的阶级和民族意识而蒙上意识形态的色彩。"文明"观念在19世纪衍生出的"文明使命论"和"文明托管论"说明了"文明"观念潜在的危害性：缺乏对"文明"和"野蛮"划分标准的思索，对物质财富的过度追求而忽略掉精神层次的培养，欧洲各国在面对其他民族时由物质和技术财富上的进步所带来的"虚假的"自信心和骄傲，因而忽略掉自身文明进程中所应该有的目的和态度，没有以认真的态度观察其他文明形态并与之交流等等。"文明"观念在18、19世纪的发展，体现了欧洲和外部世界社会的进程，也因为这些进程其内涵和意义发生了巨大的变化。

对"文明"作为一种殖民意识形态的批判也不少。对以"文明使者"自居的欧洲殖民者批驳得最有力的证据是尼赫鲁（Javāharlāl Nehrū, 1889—

---

① ［美］爱德华·萨义德：《东方学》，王宇根译，北京：生活·读书·新知三联书店，1999年，第67-68页。

1964)① 眼中的印度。对于以传播先进观念、制度和现代资本主义生产方式自居的欧洲殖民者来说,他们所持的"文明使命论"和"文明托管论"理论依据之一在于他们能给殖民地带来"进步"和"光明"。尼赫鲁在《印度的发现》一书中认为,英国的统治不仅没有给印度带来所说的"文明"和"进步",反而今天印度几乎所有重要的问题都是在英国人统治期间生成的,而且是英国政策的一个直接后果,包括王公、少数民族问题、工业缺乏、农业荒废、社会服务的极端落后,以及人民悲惨的贫困。一个无可辩驳的事实就是印度受英统治最长的地区在今天是最贫困的。的确可以画一个图表,说明英统治长度与贫困日益发展之间的密切联系,这种发现无疑给在"文明"传播方面以"恩人"自居的"大英帝国"一记响亮的耳光。

在政治统治方面,英国对印度的统治也没有带来革新或进步。婆罗门始终把持着管理国家的权力,先后在印度世界和后继的印度社会扮演国家管理者的角色;英国人统治印度后,继续效仿莫卧儿王朝的先例,英国人的经济事业则为巴涅(Banya)种姓提供了相应的机会。

文化教育方面,英国掌握印度政权带来的后果之一就是英语取代波斯语成为帝国政府的官方语言,西方文献取代波斯语和梵语文献成为高等教育的媒介。这种政策对印度文化史产生了深远的影响,它加剧而不是减轻了印度长期以来的阶级分化状况。高级种姓的印度人接受西式教育是因为政府规定接受西式教育乃是进入英属印度行政部门的必由之路,而低级种姓的印度人没有机会也无力接受西方的教育。教育上的不公平也导致不同阶层之间相互融合难度的加大,阶级差异不但没有缩小,反而加大,以"自由""平等"自我标榜的英国殖民者并没有真正做到这一点。

上述事实表明,无论是在经济发展、政治管理还是文化教育方面,英国殖民者并没有实现自己"文明使命"的目标:印度的发展没有达到欧洲发展的水平,英国的殖民也破坏了印度本土的发展模式和历程,反而造成印度历史发展的断裂,增添而不是减少了问题。同时印度西方化有两个显而易见的危险:首先,印度文明与西方文明的文化背景几乎毫无共通之处,英国在政治、经济、文化等方面的统治只是生搬硬套英国的模式;其次,只有极少数上层印度

---

① 尼赫鲁,印度独立后首任总理,甘地的忠实信徒,不结盟运动创始人之一。

人掌握了殖民者所带来的现代西方文化知识，广大下层农民依然愚昧无知、一贫如洗。

作为拥有殖民地最多的欧洲国家，英国殖民地发展状况极具代表性。很多地方和印度的发展情况差不多。殖民地国家相当一部分人口包括英国移民在内，他们和家属都是按照英国的社会、政治习惯和法律生活：在多数情况下，他们是少数人对多数异邦的和隶属的人民进行政治和经济上的统治，他们本身则在帝国政府或其他地方委任者专制统治的支配之下。这种英国殖民地的标准情况，在其他欧洲国家的殖民地中几乎是普遍的。法国和德国在非洲和亚洲建立的"殖民地"都不是这两个国家的国民生活在海外的真正移植地；没有一个地方能代表真正的欧洲文明，甚至阿尔及利亚也是如此；它们的社会的政治和经济结构完全与宗主国不同。①

印度的情况具有代表性，说明殖民国家无心也无意真正把他们引以为傲的欧洲文明成果引入他们所统治的殖民地。殖民地能够发展成什么样，这种统治方式是否真正适合当地国情并符合老百姓的利益，完全不是殖民者制定政策的出发点，"文明"只不过是一个响亮的口号，真正左右各个殖民宗主国的仍然是赤裸裸的经济和贸易利益。在摆脱各个殖民国家政治统治后的 20 世纪五六十年代，广大亚、非、拉地区真正称得上由于殖民统治而走上独立、富强之路的国家和地区寥寥无几，这一事实就是对"文明使命论"最有力的反击。

面对殖民地思想家和人民的指责，一些西方思想家认为各个前殖民地国家没有走上现代化之路不在于原宗主国的统治和领导不力，而归咎于这些地方的人民基本能力不够、民族"愚昧"文化根深蒂固等原因上，认为欧洲各殖民国家已经尽力，反正这些国家是没有能力自己走上发展道路的，这又绕回到欧洲民族更"优越"、更"富有创造力"，非欧洲地区"更落后""更低劣"的种族主义怪圈中。这也解释了殖民者的强盗逻辑：如果殖民地取得了"进步"，则应归功于宗主国将先进的理念和管理方式带到了这些地方；如果没有进步，甚至出现倒退，也与欧洲殖民国家无关，是殖民地本身经济、文化或种族的原因造成的。

那么真实情况是否真如这些人所宣称的那样，没有欧洲各国，非欧洲地区

① ［英］约·阿·霍布森：《帝国主义》，纪明译，上海：上海人民出版社，1960 年，第 4 页。

真的不能走向繁荣呢？弗兰克（Andre Gunder Frank，1929—）在《白银资本》一书中分析了近代以来亚洲的经济发展状况，认为在 1400 至 1800 年这一时期，世界经济依然主要是笼罩在亚洲的影响之下，现代世界体系当时是处于亚洲的霸权之下，谈不上什么欧洲霸权。亚洲在世界经济体系中占有举足轻重的地位，不仅是由于人口和产量的庞大数量，而且还由于生产力、竞争力和贸易的优势，亚洲人拥有自己的技术，并且发展出相应的经济和金融制度。如果按照种族主义思想家的说法，欧洲以外地区的民族都是"劣等民族"，缺乏创造力、科学、理性以及技术，亚洲这一时期的成就又何从谈起？弗兰克得出结论：直到 19 世纪为止，亚洲经济和亚洲内部贸易规模一直比欧洲贸易及其对亚洲侵入大得多。他还引用布罗代尔的观点：直到 16 世纪末以后，世界经济的重心才开始向西转移，直到 18 世纪末和 19 世纪才转移到西方。[①]

　　可以看出，欧洲人所认为的非欧洲地区没有欧洲的"帮助"是无法发展到人类社会的最高级阶段的观点是错得离谱的。事实恰恰相反，没有非欧洲地区的"帮助"，欧洲地区的发展是难以想象的。"实际上，由于欧洲没有能力出口金银以外的商品，这就导致了长期的支付赤字，从而也导致了金银不断地从欧洲流向亚洲。只有用欧洲在美洲的殖民主义势力范围才能解释欧洲为什么在世界经济中还能生存，如果没有美洲殖民地，欧洲也就无法弥补它与亚洲的商品贸易的巨大赤字。即便如此，欧洲也从来没有足够的金钱来实现贫穷可怜的欧洲人的梦想。"[②] 在人类发展历史上，非欧洲地区没有欧洲的"帮助"与"开化"也能实现自身的发展，创造出属于自己独特的发展模式和文明形态，这一过程却因为欧洲各国在世界上的殖民扩张而中断；欧洲人没有给殖民地人们带来他们所宣扬的"文明"和"进步"，反而给殖民地带来很多问题：人民生活长期贫困，两极分化严重，阶级差异扩大，国家经济结构不合理等；此外，不是非欧洲的发展离不开欧洲，而恰恰是欧洲资本主义经济的发展离不开整个世界的支持，带来好处和利益的不是欧洲，而是被轻视的非欧洲民族。

---

　　① ［德］贡德·弗兰克：《白银资本：重视经济全球化中的东方》，刘北成译，北京：中央编译出版社，2008 年，第 155－174 页。

　　② 同上，第 167 页。

# 第二节
# 对 21 世纪文明标准的思考

　　"文明"观念作为一种殖民意识形态有复杂的社会思潮和理论支持，其中有欧洲民族的特殊性、理性至上、欧洲工业革命带来的物质财富等依据。这些论点在20、21世纪都遭到过不同程度的批判，但是欧洲文明所隐喻的"科学技术至上"原则却因其迷惑性更大而至今仍有广泛的影响。在面对政治渗透、种族论调时，人们很容易识破并保持警惕，但面对21世纪的科技浪潮和科技在国民经济中地位的日益上升，很多国家都将科技作为国家发展的重要目标。在这种背景下，很多人认为科学技术不论是西方的还是东方的，它就是文明的标准，是人们都应该前进的方向，科技被认为是排除在意识形态之外的，对科技的崇拜也被人们广为接受。以此为标准来看，欧美因为在科技发展方面的优势地位而被认为确实代表了文明发展的更高阶段，也似乎为本书前面论述的欧洲殖民意识形态提供了一个颠扑不破的理论支撑，因而需要对所谓的"科技至上主义"及其背后隐藏的"科技文明观"进行分析。

　　技术决定论不是一个新的论调，欧洲人早就将技术作为评判文明与否的标准。回过头来看，19世纪的欧洲人认为自己无论是在政治、经济还是文化上都领先其他地区，欧洲已经征服了世界。欧洲所取得的技术成就在征服的过程中起了决定性的作用，而先进技术的取得被认为是欧洲所独有的科学精神和优越世界观所造成的。因此，技术进步的欧洲因其精神和世界观将会保持发展的领先地位。这种因为科学技术的领先而认为欧洲会成为人类发展的榜样和目标的说法也屡见不鲜，技术决定论演变成了真理和科技至上主义，其背后隐藏着深刻的意识形态结构。

作为在 20 世纪颇具影响力的一种社会思潮,技术决定论有两个原则:技术是自主的,技术的发展将带动社会的发展。在历史上有不少思想家都持有这种观点:人类学家摩尔根就以欧洲的技术和社会组织作为衡量社会发展的尺度,他指出近代文明社会的主要贡献在于电报、煤气、动力织布机、蒸汽机、铁路、印刷术、火药,近代的科学,宗教自由和公共学校,代议制的民主政治,设有国会的立宪君主制,封建王国,近代特权,国际法、成文法和习惯法等。雅斯贝尔斯(Karl Theodor Jaspers,1883—1969)① 以轴心期为标志的文明形态学理论曾指出,以科学技术为标志的文明是欧洲特有的文明,正是科学技术把欧洲世界推到了现代历史的前台。欧洲所取得的巨大进步使欧洲人认识到他们不仅可以通过输出宗教,而且可以通过输出生活方式从世界各地获得好处,交通运输变得越来越容易,工业革命导致财富的大大增加。西方文明在科技上所取得的巨大成就使其在全世界的霸权得以实现,并使得欧洲的霸权成了一种所谓的"真理"并具有普遍的价值和影响。

但历史事实证明,"技术发展史像地理扩张史一样不能提供给我们衡量文明成长的标准"②,乔治·拉伦(Jorge Larrain)从历史主义出发表达了对科学技术在西方文明发展中有着关键作用的看法。历史主义主要从绝对真理和普遍主义的对立面出发,致力于对现代性的批判和对真理的盲目崇拜。在拉伦看来,历史主义所批判的对象就包括古典政治经济学、马克思主义、韦伯的现代化理论以及新自由主义。这些理论的共同特点就是强调历史进程中目标的一致和手段的相似,试图建构一种适合于所有国家的发展模式。③ 拉伦指出,这些理论从工具理性和科学的坚定信念出发,将欧洲国家的发展过程当成是所有国家都要经历的发展模式,含有浓厚的欧洲中心主义。

---

① 雅斯贝尔斯,德国存在主义哲学家、神学家、精神病学家。他的著名命题"轴心时代"认为公元前 800 年至公元前 200 年之间,尤其是公元前 600 年至公元前 300 年是人类文明的"轴心时代"。这个时代发生的地区大概是在北纬 30 度上下。这段时间是人类精神文明的重大突破时期,各个文明都在这个时期出现了伟大的精神导师:古希腊的苏格拉底、柏拉图、亚里士多德,以色列的犹太教先知,古印度的释迦牟尼,中国的老子、孔子等。这些精神导师提出的思想原则塑造了不同的文化传统,也一直影响着人类的生活。

② [英]汤因比:《历史研究》(上卷),郭小凌、王皖强、杜庭广等译,上海:上海人民出版社,2010 年,第 197 页。

③ 王晓升等:《西方马克思主义意识形态理论》,北京:社会科学文献出版社,2009 年,第 78 页。

马尔库塞（Herbert Marcuse, 1898—1979）则指出，科学技术既是生产力，又是意识形态，二者是合一的。作为生产力，它本来是要为人们提供控制自然的科学方法，结果却为人对人的统治提供了概念和工具。作为意识形态，科学技术所具有的单向性、实证性、功利性、顺从性等合理性特征又先验地适合于统治阶级的思想统治。哈贝马斯明确提出科学技术即是意识形态，他指出，科学技术再也不是价值中立的了，它取代传统的政治统治，取得了合法统治地位；它同意识形态一样，具有压抑社会不满、阻碍人类走向自由解放的欺骗性、奴役性特征。

技术终究不可能自主、独立地出现，技术和工具不是自身发明的，也不是自身生产的，关于科技的争论最终都是关于发明人的争论，科技决定论的观点最终会走向这样的结论：欧洲人比非欧洲人更富有发明力，更富有创新性和"理性"。具有理性的欧洲人通过发明新的技术推动他们的社会向前发展，而不是通过发明新的政治制度、新的社会组织形式、新的宗教等。因此，在发明创造力上更强大的欧洲人注定要走在人类社会的前列，其他社会可以不接受欧洲的政治制度、宗教或者道德伦理价值观，但是最终科技会代替一切，成为各国前进的方向，欧洲仍然是模式和标准。

技术决定论实际上从另一个侧面描述了西方近代文明发展的特征和历程。对科学技术的过分强调，导致欧洲人认为技术的发展将会带动社会的发展，而这成为一个无可辩驳的规律，因此，不管是欧洲还是非欧洲人都应该接受技术带来的变化。这种论调和原则随着近代以来西方的殖民活动而被几乎所有国家接受，而这种做法实质上也就接受了以西方文明为标准的发展道路和模式，其危害性和隐蔽性都是巨大的。

英国著名学者、历史学家巴勒克拉夫（Geoffrey Barraclough）在谈到西方文明特征时提到了对技术的看法。他认为很多学者谈到西方文明或西欧文明优于其他文明或者不同于其他文明时，很少问到西方文明不同于其他非西方文明的、野蛮社会的特征是什么。巴勒克拉夫首先明确指出要找到欧洲文明的特征是非常困难的，欧洲文明也不全然是"进步的"，欧洲文明也有许多野蛮的地方，原始人中也存在大量的自然文明，很多看似欧洲文明独特的内容今天可能不再是欧洲独特的了，而只是所有文明发展中的一个特定阶段。

接着，他谈到了关于技术进步的问题，历史学家想以技术进步作为文明进步的标志。确实，欧洲取得了惊人的技术进步，但是能不能以技术作为衡量文明进步的标准呢？巴拉克勒夫认为仅仅以欧洲所取得的技术成就来衡量是不够的，还要考虑技术在多大程度上有益于包括亚洲和非洲民族在内的整个人类的发展。对整个人类而言，一种文明所体现出的道德价值和它进行道德领导的能力才是最重要的。"欧洲是否拥有基本的道德品质来恰当地使用广阔的技术知识，这是欧洲文明被评判的最终标准，这种标准如何自我实现将比它本身更加重要。"① 巴勒克拉夫进一步提出两个问题：欧洲文明的价值还能存在多久？欧洲现在的文明是不是所有早先历史发展的顶点？显然，巴勒克拉夫没有忽略技术在一个社会发展中的重要作用，但是否定了技术决定论，认为一个民族文明发展程度的高度更多应该是以道德因素作为评判标准。

要注意的是，巴勒克拉夫并没有直接否定所谓的欧洲价值，他肯定了在欧洲历史进程中建立起来的以人性价值和个体重要性为中心的价值体系，也非常关心欧洲文明今后发展的地位问题。他认识到曾经占据核心地位的价值不再是最终的，其他宗教如伊斯兰教、佛教和儒教的价值也不应该再被低估或者被认为无效，西方的标准仍将存在下去，不过那些标准不再像过去那样被盲目接受。今天世界上大多数地方承认西方建立的标准为终极标准，并不是真正信仰那些价值，而只是因为这些地方的人认识到欧洲（西方文明）是一种成功的、扩张的和向前推进的文明。对于西方标准的肯定更多的是为了借鉴西方文明的成果，努力发展自身社会，这一切都是一种功能主义和实用主义。

对技术决定论及其所暗含的"科技至上主义"的批判并不表示21世纪就不需要重视科学技术。当今世界在科学技术领域的竞争已经逐步展开，我们不能一味夸大技术的唯一、决定功能，也不能忽视它。中国现在需要改变以西方科学为唯一科学范式的科学观，代之以能够结合中国实际并融汇东西方科学观念精髓的新的、革命性的科学观。没有这种观念的转变为基础，中国不可能进入下一个科学革命时代，只能在发展道路上继续沿袭西方的模式，也永远摆脱不了西方利用科学技术对非西方国家所实施的遏制与控制。

---

① Geoffrey Barraclough. *History in a Changing World*, Oxford：Basil Blackwell Publishers, 1956, p. 53.

# 第三节
# 全球化背景下的 "文明" 观念

以科学技术为标准的文明价值观念显然是行不通的，那么接下来需要思考：什么样的标准才是公正、客观的标准？这种标准是否存在？既然每一种文明都是等价的，那么还有没有评判的必要？现在的"历史终结论"的提倡以及自"文明"观念诞生之后所引发的一种"文明"（civilisation）还是"多文明"（civilisations）的争论这些问题将会引发一系列的思考。

首先是看待各个文明和"文明"观念的态度问题，这关系到评价的客观性和视角的公正性。在避免了"东方主义"之后，也需要提防"西方主义"。顾名思义，在摒弃了西方文明中心论之后，我们也没有必要从本民族出发，夸大和炫耀本民族文明，借此来贬低和践踏西方文明。在萨义德看来，这种狭隘的民族主义在本质主义和二元对立的思维方式上与殖民主义完全一致，所以原殖民地国家在独立之后如果仍然坚持狭隘的民族主义，无异于重复殖民主义的结构。萨义德认为，在反对西方文明中心论问题上没有必要将本土主义作为唯一出路，事实上"坚持如'黑人性'、'伊斯兰至上'这样的本质主义概念，就是接受了帝国主义留给我们的殖民者—被殖民者、西方—东方对立的思维方式的遗产"[1]。这种说法非常有借鉴意义，告诫学者不要陷入我族中心主义。即使"文明使命论""文明托管论"作为殖民活动借口和口号的真实面目早已被揭穿，我们仍然需要站在客观的角度去认识欧洲文明中值得学习和肯定的地方，也更加需要对"文明"观念有一个正确的认识。

---

[1] 赵稀方：《后殖民理论》，北京：北京大学出版社，2009 年，前言第 34 页。

　　同时要认识到，哪怕在以美国文化为代表的西方文明大力渗透的背景下，我们仍然要反对文化的隔离和对立，强调交流和对话。在经济全球化浪潮下，不同国家和民族的文化有了更多交流和对话的机会与平台，不同文化之间的相互了解也在日益加深，这对于消除西方文明中心主义非常有帮助。历史事实证明，欧洲人对于非欧洲地区"野蛮""落后"形象的树立与欧洲缺乏对其他地区文化的了解有很大关系。地理大发现之后，欧洲人长时间以优势文化和"文明"自居，不愿也无意与其他文化交流和对话以增进了解。由此可见，加深交流与对话才是真正了解不同文明形态和生活方式的最好途径，才有利于消除隔阂，互相学习，取长补短。

　　与此同时，原殖民地国家也要警惕以美国为首的强势文化的渗透与入侵。虽然不同文明平等的说法得到肯定，但是地位上的平等并不能真正消除文化与文明之间实力悬殊的差异。毫无疑问，以美国为首的资本主义强国凭借其强大的经济实力、政治影响力、军事实力和尖端科学技术等方面的优势，使其所代表的西方价值观和文化体系在全球化背景下成为最强的文化。在全球化的大潮下，始终都是以优势文化（以美国为代表）的意识形态和价值观念为主导，哪怕美国这种强势文化对其他弱势文化的吸收也只是为优势文化的全球化目的服务，它是手段而不是目的，这一点需要认识清楚。全球化的虚拟景象并不能掩盖西方占主导的文明体系，不同之处在于中心从老欧洲转向美国，历史仍在延续。在很大程度上讲，文化全球化的过程就是美国化的过程，是其通过在经济、政治、科技等方面的优势渗透和扩散自身意识形态与价值的文化过程。但是以"闭关锁国"来阻挡这种文化侵袭的办法更不可取，在全球多元文化相互借鉴、日趋融合的情况下，封闭国门妄图保持本土文化的纯洁性、阻挡强大优势文化的做法也无异于舍本逐末。历史上无数的事实说明，不同文化之间的交流才能让本民族文化更加有活力，封闭的环境不是文化生长和发展的良好土壤，只有充分立足于本民族优秀的文化传统，吸取西方文化的精华和长处并结合国家发展的实际才是民族文化和文明发展的长远之道。

　　此外，我们对西方文明悲观论也要有一定的警醒。有人认为西方很多学者早就认识到了西方文明的问题和危机，以 19 世纪末的学者们"会经常把'衰微'（decadence）、'衰朽'（decrepitude）、'退化'（degeneracy）这些术语用到欧洲自己身上"① 为由，认为现在来批判"文明"观念以及"文明"观念背后隐藏的意识形态已经无意义。尽管众多学者认为欧洲文明最终也会走向衰亡，弥漫在西方思想界这种长久的西方文化悲观主义也改变不了西方人对自我中心的看法，因为即使西方文明要走向衰亡，也没有其他的文明能够得上西方文明的标准，能够超越或取代它，成为继西方文明之后的更高级文明，所以现存的世界文明核心仍然是西方文明。

西方文明是衰落也好，解体也罢，还是代表了"历史的终结"，这些观点无不是从西方文明中心论的角度和立场出发的。作为看似对人类命运无比关切的西方文明衰落论/文化悲观主义，都只是西方学者对西方文明可能失去统治或中心地位的忧患思索。其他文明的蓬勃发展与鲜活的生命力也不被这些学者所看好，因为在他们看来，其他文明只不过是西方文明的变体和延续，或者只是处于一种苟延残喘的状态而已。有些学者如汤因比则对西方文明仍旧充满了希望。"对于处于西方文明幼年时期的我们这一代人来说……我们现在是独自航行，只有一些垂死的文明围绕在我们周围。"② 这种以西方为本位的本质主义观点至今影响甚远，值得大家警醒。

由此，我们不能用统一的或者西方所设立的关于文明与否的标准来看待其他民族和文化，应该尊重文明之间的差异性，看到各个文明对于人类历史的独特贡献，每一个文明有其独特的生长环境和发展特点，在政治、经济、文化和历史发展上呈现出不同的形态，不能用均质化的眼光看待其他文明。那么文化相对主义的观点是否可取呢？

前文讲到，19 世纪的人类学家带有浓厚的欧洲中心论色彩，把西方文化视为绝对真理，并以西方文化的价值体系来评价其他文化。作为一股强大的反对声音，以弗朗兹·博厄斯（Franz Boas，1858—1942）、罗伯特·哈里·路威（Robert Harry Lowie，1883—1957）、露丝·本尼迪克特（Ruth Benedict，1887—1948）等为代表的学者从人类学的文化相对主义立场批判了这种思潮。

弗朗兹·博厄斯在《原始人的心智》（1911）和《人类学与现代生活》

---

① ［美］阿瑟·赫尔曼：《文明衰落论——西方文化悲观主义的形成与演变》，张爱平、许先春、蒲国良等译，上海：上海人民出版社，2007 年，第 39 页。

② ［英］汤因比：《历史研究》（上卷），郭小凌、王皖强、杜庭广等译，上海：上海人民出版社，2010 年，第 256 页。

（1928）中强烈地驳斥了"白种人"天生优越的观点，反对用种族的优越性来论证白种人（文明人）的优越。"文明人自认为比原始人高一等，宣称白种人是比其他所有人都优越的高等人。"① 在他看来，白种人在与其他人种的比较中所确立的无比优越感是不可取的，文明人也不能因为其取得的惊人成就而鄙视或者怜悯其他非文明人，血统或种族不能作为评判是否"优越"的标准。即使血统不同的地方也出现了相同的发明或者非常类似的文化生活特征，如亚洲、太平洋群岛和美洲的乐器，美洲、亚洲和欧洲对数字"0"的使用等，所以"不能根据种族的分布作为研究的基础，而只能通过他们的地理和历史分布，或作为独立的成就，无须考虑这些种族的体质形态"②。

博厄斯也反对地理环境决定论和经济决定论。地理环境决定论假设地球上存在没有任何文化的部落，需要完全依赖环境来造就自己的文化。事实上，即使生活在旧石器时代的民族也有其文化形态，并且环境相似的地方能产生不同的文化类型，地理环境至多在细节上影响文化，并不能改变文化形态，所以从地理环境出发的观点是靠不住的。另外，博厄斯还驳斥了经济因素决定论。在他看来，虽然他认为经济与文化方面的关系要比地理环境与文化的关系更为贴近，但是"把所有的方面都归为依靠经济条件是不恰当的，同样，需要研究经济生活取决于发明、社会关系、艺术和宗教的关系"③。

博厄斯以平等的眼光看待不同民族的文化有其积极向上的方面。他认为每个民族都有自己独特的历史、特点和发展规律，有自己的尊严和价值观。他指出各族文化没有优劣和高低之分，不论用哪个民族的观点和价值体系去衡量都是不准确的，尤其不能以西方标准凸显非西方的劣势来建构西方文明的优越，"像文化这样复杂的现象是不可能有绝对体系的，绝对体系的提出，总是反映出我们自己的文化"④。像中非黑人、澳大利亚人、爱斯基摩人和中国人的社会理想与欧洲（西方）的非常不同，不能用自己的价值观或标准去衡量和比较他们的价值观，一个民族认为好的也许其他民族认为是坏的。博厄斯尊重民

---

① ［美］博厄斯：《原始人的心智》，项龙、王星译，北京：国际文化出版公司，1989 年，第 1 页。

② ［美］博厄斯：《人类学与现代生活》，刘莎等译，北京：华夏出版社，1999 年，第 37 页。

③ 同上，第 151－153 页。

④ ［美］卡迪纳：《他们研究了人》，北京：生活·读书·新知三联生活书店，孙恺祥译，1991 年，第 216 页。

族文化的差异性，力图抛弃西方文明标准普适性的做法。

博厄斯认为文明不是一个民族单独的产物，每一个民族都对文明的整体进步做出了贡献，各民族在相互接触中也吸收了他族的思想、文化，欧洲文明也是如此。欧洲文明在其发展过程中吸收了许多其他民族的思想和发明，包括古代两河流域文明、伊斯兰－拜占庭文明、中华文明等，而这些"古代文明发展是所有人共同劳动的结果，我们必须向所有民族的才智表示敬意，不管他们代表人类的哪一部分，是含米特人、闪米特人、雅利安人还是蒙古人"[①]。所以，要有开放的态度、公平的眼光，只有深入研究每种文化才能发现其真正的文化价值，才能实现真正的科学研究。

罗伯特·哈里·路威是博厄斯的学生。在其名著《文明与野蛮》中，路威考察了各个民族不同的发展史，认为所谓的"文明"和"野蛮"只是相对而言。他从畜牧、手工业、运输、科学、宗教和日常生活等多方面说明欧洲不一定比"蛮族"优越。例如，非洲黑人也会制造熟铁，已经赶上了中古欧洲的水平，东非吉库攸（Kikuyu）族的铁匠从河沙中寻铁，晒干带回家，用羊皮做成风箱炼铁，然后打成标准为两磅重的熟铁块，因此"要责备印第安人或非洲黑人在工艺上怎样落后，是不甚稳当的。受过教育的土人会反唇相讥，嘲笑我们的祖宗所处的苦况"[②]。即使是西方人（文明人）最引以为傲的科学，路威也进行了深入的批判，"在知识积累方面，科学已经有了很大进步。但在科学研究者的心理方面，从冰鹿时代以来没有根本的变化。在科学道德上，最近百年表示着一个退化的时代"[③]。远离单纯的科技决定论，路威看重的是使用科技的人的道德水平的高低，而在这一点上西方人并不比其他民族"高级"和"优越"。

因此，"文明人"并不比"蛮族人"聪明多少，"蛮族人""所有的蠢气只是'万物之灵'所共有的一点蠢气，倘若他们行事笨拙，那些自认为比他们高明的人又比他们高明多少"[④]？之所以会出现文明优劣以及"文明"和

---

① [美] 博厄斯：《原始人的心智》，项龙、王星译，北京：国际文化出版公司，1989 年，第 4 页。

② [美] 罗伯特·路威：《文明与野蛮》，2 版，吕叔湘译，北京：生活·读书·新知三联书店，2005 年，第 81 页。

③ 同上，第 258 页。

④ 同上，第 79 页。

"野蛮"之分，路威认为是因为文明人总是用自己的标准评价他者，实际上非洲或者印第安人的信仰与仪式比文明宗教复杂得多，"我们在哲学方面瞧不起它，因为那些超自然的力量的行动全不顾及道德原理；在科学方面瞧不起它，因为它藐视我们的因果观念"①。

路威指出，文明是一件东拼西凑的百衲衣，它不是欧洲人的"独家制造"，所有复杂的文化都是东挪西借建立起来的。"希腊人没有零的符号，也不用位置法记数，因此，很简单的算术，给他们演算起来就麻烦得不堪……罗马人稍有进步，但发明我们现有数字系统的却是印度人，而把它传进欧洲的却是中世纪的阿拉伯人"②。甚至欧洲的文字也是从埃及人那里转借来的，"世界上系统完备的文字，无不能溯源于这三处地方（巴比伦、埃及和中国）。好像不是一切民族都生来便会使用文字，——连那些现在（自命为）进步之先锋的那些民族也没有这种天赋"③。

博厄斯的另一个学生、同时也是文化相对主义的另一位代表人物人类学家露丝·本尼迪克特也对欧洲文明优越论和中心论进行了解构。她明确指出，用西方文明的标准来解释西方文明与其他文明的差异，甚至要使其他文化都适应西方文明的标准，这是一种霸道的强权主义。"我们确有必要首先修炼到这样一个程度，即我们不再认为自己的信仰比邻邦的迷信更高明；我们确应认识到，对那些基于相同的（可以说是超自然的）前提的风俗必须通加考察，而我们自己的风俗只是诸习俗之一。"④ 本尼迪克特认为西方文化的独特性不过就是西方人自己的风俗和成就，这只是西方文明自身的特点，是西方人在与其他民族对比中确立的差异性和个性。同西方文明一样，其他文化也有独一无二性。问题在于西方人总是认为他们的成就和风俗是独一无二的，"它们确是一种与那些较小的种族的成就与风俗不同的秩序，于是我们应不惜一切代价地对之加以维护"⑤。这种独特文化随着西方的扩张成为人类社会发展的楷模和目

① 同上，第 198 页。

② 同上，第 238－239 页。

③ ［美］罗伯特·路威：《文明与野蛮》，2 版，吕叔湘译，北京：生活·读书·新知三联书店，2005 年，第 160 页。

④ ［美］露丝·本尼迪克特：《文化模式》，王炜等译，北京：生活·读书·新知三联书店，1988 年，第 6 页。

⑤ 同上，第 7 页.

标，使西方文化具有一种广泛的普遍性，并被看成是一种不可避免的现象。

本尼迪克特认为，不仅西方文化有自己独特的个性，甚至在西方看来最原始落后的文化也都有自己的独特结构。本尼迪克特还指出价值标准和是非标准必须按照文化自身的结构和价值来考察，而不是按照某种被颂扬为"绝对价值"的文化来评判其他文化。长久以来，欧洲文明总是在与非欧洲的对比中确立其文明内涵，即面对"不同的"就餐礼仪和文化习俗时就会想当然地用自我的价值评价而认为"不同的"文化就是低劣粗俗的。本尼迪克特反对这种"绝对价值"，她指出：

> ……文化……都有各自的行为所指向的和各自的风俗所推进的确定目标。它们之间互不相同并不只是因为一种特性在这里存在而那里不存在，也不是因为这一种文化中的特性在另外两个地方以另外两种不同的形式表现出来。它们之所以不同，更多是因为它们作为整体适应于不同的方向。它们追求的是不同的目标，路数也不一样，在一个社会中的目标和手段不能按照另一个社会中的那些东西来评判，因为本质上它们是不可比较的。①

同其他两位人类学家一样，本尼迪克特也倡导对多种价值体系的尊重。她认为只有超越所谓的由欧洲（西方）所设定的"文明"价值标准才能更好地观察和发现其他各种文化在整个人类文化体系中的意义。

毫无疑问，文化相对主义的三位学者有更为开放的视野和价值评判体系，他们注意到每个民族和文化的独特性，指出不能以某一个民族（哪怕是自己所处的民族文化）在自身发展过程中所取得的成就和风俗习惯作为评判标准，每一种文化都有其价值，是人类社会的宝贵财富。文化相对主义否认人类的身体与心理有根本的差异，认为应从各种不同文化赖以生存的环境来观察，每一种文化都是适应其特殊环境而生的，都有其存在的合理性，因此，每一种文化都有着独特的风俗习惯和文化制度，需要根据其自身的标准来判断。采用文化

---

① ［美］露丝·本尼迪克特：《文化模式》，王炜等译，北京：生活·读书·新知三联书店，1988年，第206页。

相对主义视角就意味着在承认别的生活方式乃合法要求的同时，将自己的生活方式相对化；它意味着对他人的容忍，包括理解他们的脾性和行动，并将其视为是与自身行为同等合法的行为；它也意味着人们并不固执地将自己的特性普遍化，而把异己的特性排斥为怪异。① 在文化相对主义者看来，欧洲并不总是"文明"的提供者，它对文明的传播伴随着对其他民族的征服和压迫。欧洲的行为模式也并不总是正当的、自然的和好的，其他地方的行为模式和文化也不是野蛮的和非人的。

　　强调文化（文明）之间的不同和特殊性引发对另一个问题的思考：当代以尊重文化差异为借口的种族主义。因为"当代种族主义往往不是以种族优劣论，而是以相对主义的种族（或'文化'多元论）为基础，以强调'差别权'的方式提出来的"②。这种新的种族主义因为不突出传统的种族、人种差别而有欺骗性，再加上对所谓"文化"差异性的强调而特别具有危险性。这种强调差别权的理论看似尊重了文化之间的不同，实质上它强调了文化之间的"相对不可交流性"以及文化之间的"一定程度的不可渗透性"。列维－斯特劳斯（Claude Lévi-Strauss，1908—2009）③ 认为："一切真正的创造都带着对其他价值的一定的听而不闻，甚至予以拒绝，如果不是全盘否定的话。"④ 斯特劳斯也许并非想通过这种"不可交流性"来重复种族主义的论点，但是这种主张极易因为强调"我们的文化是我们的，你们的文化是你们的"而导致民族的排他性以及文化发展的封闭性，这种基于文化相对主义的新种族主义是值得警惕的，在尊重文化差异性的基础上，我们也要注意加强文化之间的交流。

　　亨廷顿的"文明冲突论"承认了文明差异性的存在。虽然他以自己身处的西方为出发点，但是他仍然强调了不同文化之间交流的必要性。他认为现代化并不等于西方化，西方的民主不是普遍的模式，被西方文明视为世界性的东

---

　　① ［德］哈贝斯：《现代性的地平线——哈贝马斯访谈录》，李安东、段怀清译，上海：上海人民出版社，1997 年，第 137 页。

　　② ［法］皮埃尔－安德烈·塔吉耶夫：《种族主义源流》，高凌瀚译，北京：生活·读书·新知三联书店，2005 年，序言第 6 页。

　　③ 法国著名的社会人类学家、哲学家，法兰西科学院院士，结构主义创始人。他所建构的结构主义与神话学不但深深影响人类学，对社会学、哲学、语言学等学科也有深远的影响。

　　④ ［法］皮埃尔－安德烈·塔吉耶夫：《种族主义源流》，高凌瀚译，北京：生活·读书·新知三联书店，2005 年，序言第 7 页。

西，其他地方视之为帝国主义。所以"要想永葆青春，就必须积极吸收各种外来文明，并加以改良，因为文明之间的交流会产生一些新结果。如果一定要讲究文化的'纯正性'，那么反而会因为世世代代近亲交配而有退化淘汰之虞。一种文明的成长、发展并不是在封闭的状态下进行的，它总是在与各种外来文明的冲突中来调整、改良自身不完善的地方，从而具有更强的生命力。对待文明交流我们要有博大的胸怀，但要反对各种形式的中心主义，不仅反对西方中心论，也要反对东方中心论"①。亨廷顿认识到任何一种文明的发展都离不开其他文明，无论是现在在物质财富上暂时处于领先地位的西方文明也好，还是正在大力发展的中国也罢，实践证明封闭不是正确的发展之路。

庆幸的是，越来越多的学者突破了欧洲中心主义的文明观念，认为世界上不止有一种文明（civilization）——以欧洲为标准和发展模式的社会状态，而是认识到多文明（civilizations）的存在。汤因比在《历史研究》（1934）中列举了二十多种文明，它们存在时间很长，而且涉及相当广阔的领域；亨廷顿在《文明的冲突与世界秩序的重建》一书中列举了八大文明，分别是中国文明、日本文明、印度文明、伊斯兰文明、西方文明、东正教文明以及拉丁美洲文明和可能的非洲文明。无论这些学者采用的是哪些评价和划分标准，我们可以看到，文明不再是或只能是一个表示单数的概念的名词，多文明的概念渐渐被人们接受。

在论述了如何看待各个文明的问题之后，还需要思考一个问题：在经济和信息全球化的背景下，在越来越多的人摒弃各种各样的民族文明中心论的基础上，以更为开放、包容、平等的眼光积极参与与其他民族和文化的交流之后，一种超越民族国家界限的新的全球文明是否有可能应运而生呢？这也是当今很多学者在思考的一个问题。

首先，要辨别这种全球化或全球化文明的提法是不是在新时期对欧美中心论的替代。如果对这种新文明的提倡只是想用以美国为代表的西方价值观和政治制度来同化各个国家的民族文化，颠覆其政治制度，那它就不可能真正终结欧洲中心主义，而是更隐蔽地维护了欧洲中心论。"今天，一些全球化的学者

①　陈启能、姜芃等：《世界文明通论：文明理论》，福州：福建教育出版社，2010 年，第 70 - 71页。

以后现代主义的思维方式，看似在自觉解构欧洲中心主义，主张多元、差异与边缘，主张多民族的文化平等共存，但资本主义文化自形成之日起就与欧洲中心主义难解难分了，它实际上不可能平等地容纳其他国家与民族的文化模式。说全球化文化，表面上是以更灵活的话语为欧洲中心论松动边界，其实目的还是为了欧洲中心文化霸权。"[1] 以全球化来代替美国文化的全球化实质上比以往的欧洲殖民主义更加危险，因其形式更加隐蔽、更具有号召性和貌似的"公平性"。

另外，现在西方学术界热议的话题"现代性"与"后现代性"问题也与"文明"及"文明化"过程的讨论密切相关。"现代性"被广泛认为是西方人的资本主义自由民主原则存在的一个世界，在这个世界中前共产主义阵营以及所谓的第三世界被认为是"落后的"或"前现代的"（premodern）。"现代性"话语的产生本身就是与资本主义的发展历史紧密相关。虽然学者们对"现代时期"（modern age）的起始时间没有一个一致的看法，但是大多数学者认为现代时期开始于启蒙运动时期，指的是一种与中世纪不同的、"新的"世界体系和观念。现代性代表着一种进步的、合理的、不可逆转的发展理念。

至于现在"现代时期"有没有结束，人类有没有进入"后现代"时期也是学者们争论的焦点。一些学者认为"现代性"结束于 20 世纪末，并由"后现代性"取代，还有学者认为"现代性"一直延续至今，并包含了"后现代性"所代表的内容，如全球化、消费主义、权威的瓦解等。不管怎样，"现代性"和"后现代性"的理论产生于欧洲，其发展是由欧洲社会的发展变化所推动，关注的是资本主义世界的发展问题，从未脱离过西方知识结构。这种宏大叙事结构所服务的绝不是原殖民地和第三世界国家，西方知识分子仍然占据着全球学术话语权的主导地位。同"全球化"一样，"现代性"与"后现代性"的争论关注的还是欧美国家发展方向和模式的存续问题，是另一种欧洲（美国）文明中心论。

由此可见，面对信息科技席卷全球的浪潮、互联网越来越广泛的应用、沟通越来越容易的今天，全球化给我们从新的方向和角度观察"文明"观念提供了机遇和挑战。从理论上讲，摒弃民族中心主义，在公平、客观的基础上发

---

[1]　孙晶：《文化霸权理论研究》，北京：社会科学文献出版社，2004 年，第 81 页。

展出一种新的全球文明，包含各民族优秀的精神、文化和物质财富是可行的，但实际却很难。各种形式的西方文明中心主义仍然存在，全球化所带来的美国强势文化的渗透还在继续。面对大量国外商品、思潮、生活方式和大众媒介的轰炸，我们要保持清醒的头脑，去吸取其他民族和国家的优秀文明成果，包括欧洲"文明"观念体系的精华。这种观念体系所强调的一些价值观还是有其可取之处的，包括对生命的尊重、对男女平等的提倡、对教育的重视等。立足本土文化，扩大共识和交流，学习外来文化的优点和长处也正成为新时期各民族普遍接受的做法。

# 小　结

在梳理了"文明"观念作为一种殖民意识形态的原因和特点之后，本章对"文明"观念进行了一些思考。首先梳理了多位思想家对"文明"观念本身和"文明使命论"的批评，从另一个角度阐释了"文明"观念的内涵。在此基础上，本章结合20、21世纪社会发展的变化，提出了关于"文明"观念和文明标准的几个问题：一是关于如何看待在"文明"观念发展中被欧洲人特别加以强调的科学技术问题。科技使欧洲取得了巨大物质财富，也使他们的全球霸权成为可能，科技成为"文明"观念的一个重要内涵，欧洲科技的发展导致他们更加"文明"的论调早已出现。随着科技在当今国民经济发展中重要作用的愈加凸显，人们对科技的看法也影响了对"文明"的看法，科技先进就必然更加"文明"吗？另外，本章还涉及文明价值评判的问题：如何看待各个民族的文明？有无突破欧洲中心主义、适合评价各种文化的评价标准？……文化相对主义突破了欧洲中心论的限制，给我们提供了新的视野和态度，同时我们也要注意避免陷入文化相对论和差别论的怪圈，在尊重各个民族文明的基础上，扩大共识，加强沟通。

# 结　语

　　本书讨论了"文明"观念在发展过程中，如何作为一种殖民意识形态被建构起来以及这种意识形态所产生的影响。本书开篇从多位中外学者对"文明"观念的理解和定义入手，比较和分析了古今中外"文明"观念含义的特点和变化，并对社会学上的另一个重要概念，和"文明"观念相生相伴的"文化"进行了比较和分析。在此基础上，本书划定了研究中"文明"观念的使用范畴：将文明观念作为一种心理结构、价值体系和认同方式，而不是从传统人类学或历史学的角度使用该概念。

　　本书按照时间顺序对"文明"观念的萌芽进行了追溯，分析了古希腊时期建立在奴隶制基础上的"希腊人"—"野蛮人"的二元对立对后世产生的影响；罗马帝国继承了希腊人的文明优越思想，不过此时的"优越感"建立在疆域的划分基础上：帝国内的罗马公民"鄙视"帝国范围外的"野蛮民族"；随着罗马帝国的灭亡，基督教的欧洲用宗教来彰显其"正统性"和"优越性"，并以"上帝"的名义对这一时期主要的"敌人"伊斯兰教徒发动了"圣战"，"基督教"—"伊斯兰教"的对立成为这一时期欧洲人认识外界的主要方式；随着新航路的开辟，宗教改革在各国的开展以及文艺复兴的兴起，欧洲进入了一个新的时期——近代。越来越多"新的""他者"出现在欧洲人视野中，以往以"基督教"—"伊斯兰教"对立的视角看待世界的方式不再恰当；同时，教会的力量被极大削弱，人文主义者对"人"和"人的现世生活"的关注都动摇了基督教对欧洲人精神层面的控制，基督教一统西方世界的局面被打破。

　　伴随着资本主义的兴起、欧洲社会的变化和更多海外世界的"发现"，欧洲人需要一个新的理念来凸显欧洲人的不同与"优越"，弥补基督教在人们头脑中留下的精神空隙。延续"宫廷礼仪"和"礼貌"概念对人"优雅"状态和社会发展"有序"状态的"文明"观念于 18 世纪中叶出现在法国，成为资产阶级表达阶级意识和要求社会改革的口号，并随着启蒙运动在欧洲各国的蓬勃开展而传到各个国家，法国大革命促进了此理念的发展，将"民族""民主""自由""平等"等理念带入"文明"观念。启蒙思想家在理解和使用"文明"观念的过程中，树立了"欧洲＝文明""非欧洲＝野蛮"的二元对立模式。

19 世纪工业革命的蓬勃开展增强了欧洲各国的经济实力，也推动了各国积极寻求更多的海外殖民地。面对欧洲各国在物质财富上的巨大成功以及海外征服事业的顺利进行，18 世纪所确立的欧洲"文明优越论"得到加强和进一步的"印证"。同时，思想家所提出的"进步"观念也与欧洲画上了等号。19 世纪上半叶，黑格尔等思想家力图从全球视角来比较欧洲和非欧洲并得出结论：欧洲代表着人类文明发展的目标和发展方向，其他民族都应该"效仿"和"学习"欧洲，为"文明"观念成为一种殖民意识形态奠定了基础。19 世纪下半叶随着达尔文生物进化论被引入人文社会科学以及种族主义的兴起，非欧洲民族被认为因为种族的原因无法达到欧洲的发展程度，自身也无法实现"文明""进步"，必须由白人"带领"实现"开化"。"文明"观念与"种族主义"的结合，为殖民者提供了对外扩张的绝佳理由和"口号"：去传播"文明"，以实现人类的共同发展，"文明"观念由此成为一种殖民意识形态。

在此过程中，"文明"观念作为一种殖民意识形态也具有不同的特点：它与自然科学紧密相连，使"文明使命论"具有了"真理"性；与权力紧密结合，影响了人文社会科学体系中如人种学、社会学、历史学等领域的建立和发展；吸收和保留了基督教中有利于殖民活动开展的因素，论证了殖民活动的合理性；对待其他文明的态度日趋相同，非欧洲地区（除美国外）均被污名为"落后""野蛮"的象征。

多位思想家对"文明"观念本身和"文明使命论"进行了批评，从另一个角度阐释了"文明"观念的内涵。在此基础上，结合 20、21 世纪社会发展的变化，本书提出了关于"文明"观念和文明标准的几个问题。其中之一是关于如何看待在"文明"观念发展中被欧洲人特别加以强调的科学技术问题。科技使欧洲取得巨大物质财富，也使他们的全球霸权成为可能，科技成为"文明"观念的一个重要内涵，欧洲的科技发展导致很早就出现欧洲更加"文明"的论调。随着科技在当今国民经济发展中日益凸显的重要作用，人们对科技的看法也影响了对"文明"的看法。在如何看待各个民族的文明，有无突破欧洲中心主义、适合评价各种文化的评价标准，如何看待科技至上主义等问题上本书也进行了认真的探讨。文化相对主义突破了欧洲中心论的限制，给我们提供了新的视野和态度，同时也要注意避免陷入文化相对论和差别论的怪圈。

"文明"概念表现了西方国家的自我意识，它包括了西方社会自认为在最近两三百年内所取得的一切成就，由于这些成就，他们超越了前人或同时代尚处"原始"阶段的人们。西方社会正是试图通过这样的概念来表达他们自身的特点以及那些他们引以为豪的东西，包括技术水准、礼仪规范、科学知识和世界观的发展等。这些是"文明"观念的进步意义所在。但是，在对外扩张中，"'文明'一词成为18世纪发达国家的辩护词，成为一种民族优越感的代名词；19世纪的欧洲在资本主义发展过程中以自己的文明为尺度，把其他的文明都看作'野蛮'的和未开化的民族，为殖民扩张提供理论依据；到了20世纪，文明的入侵成为一种霸权，就是文化霸权"[①]。"文明"的使用和感情色彩在几百年间发生了巨大变化，这种所谓的欧洲特殊论和种族主义所支撑的"文明使命论"和"文明托管论"的说法是完全经不起推敲的，是完全建立在欧洲中心论意识形态上的一种说辞，是为殖民活动辩护和服务的。

我们应该借鉴全球史的视野，不把欧洲历史视为评价其他地区文明的典型。不论是欧洲还是非欧洲，其发展模式的共同性和特殊性可以看作人类群体适应全球的一般环境和各地区的特定的人文生态环境的结果。[②] 这样一来，欧洲的发展只是人类历史上特定时期的特定产物，欧洲的发展是全球各种关系互动的结果。科学、民主、进取精神和宗教伦理是促进欧洲发展的一个方面，欧洲文化的众多要素也是有优有劣的。

任何一种文明的发展都离不开其他文明。古希腊罗马文化的源头、犹太基督教文明的影响，孕育了欧洲文明，其今后的发展仍然离不开其他文明，人类社会不是仅仅只有西方文明，欧洲不是并且不应该是所谓的中心。西方文明中心论并未灰飞烟灭，它在新时期的变体——"历史终结论""意识形态终结

---

① 谢晓娟：《从"文明"含义的演变看西方文明中心论》，《辽宁大学学报》（哲学社会科学版），第39卷，2011年第4期，第2页。

② 何平：《全球视野下的中国与欧洲比较研究》，《史学理论研究》，2006年第4期，第35页。

论"等仍不绝于耳，其影响继续在政治、经济、军事、教育、外交、学术等领域渗透。如何在尊重差异性和平等对待不同民族文明的基础上加强不同文明之间的交流，消除文明间的误解仍然是一项任重而道远的事业，需要欧洲和非欧洲国家学者的共同努力。

参考文献

阿尔诺, 1962. 对殖民主义的审判 [M]. 岳进, 译. 北京: 世界知识出版社.

阿克顿, 2001. 自由与权利——阿克顿勋爵论说文集 [M]. 侯建, 范亚峰, 译. 北京: 商务印书馆.

阿罗诺维茨, 高特内, 哈特, 2004. 控诉帝国: 21 世纪世界秩序中的全球化及其抵抗 [M]. 桂林: 广西师范大学出版社.

埃利亚斯, 2005. 论文明、权力与知识——诺贝特·埃利亚斯文选 [M]. 斯蒂芬·门内尔, 约翰·古德斯布洛姆, 编. 刘佳林, 译. 南京: 南京大学出版社.

埃利亚斯, 2009. 文明的进程: 文明的社会起源和心理起源的研究 [M]. 王佩莉, 袁志英, 译. 上海: 上海译文出版社.

安德森, 2005. 想象的共同体: 民主主义的起源与散布 [M]. 增订版. 吴叡人, 译. 上海: 上海人民出版社.

奥尔森, 2003. 基督教神学思想史 [M]. 吴瑞诚, 徐成德, 译. 北京: 北京大学出版社.

巴勒克拉夫, 2011. 当代史导论 [M]. 张广勇, 张宇宏, 译. 上海: 上海社会科学院出版社.

巴特菲尔德, 1988. 近代科学的起源 (1300—1800 年) [M]. 修订版. 张丽萍, 郭贵春, 等译. 北京: 华夏出版社.

柏拉图, 2002. 理想国 [M]. 郭斌和, 张竹明, 译. 北京: 商务印书馆.

柏拉图, 2003. 柏拉图全集: 第 3 卷 [M]. 王晓朝, 译. 北京: 人民出版社.

鲍德温, 等, 2005. 文化研究导论 [M]. 影印本. 北京: 北京大学出版社.

鲍尔迪, 2004. 黑色上帝: 犹太教、基督教和伊斯兰教的起源 [M]. 谢世坚, 译. 桂林: 广西师范大学出版社.

本尼迪克特, 1988. 文化模式 [M]. 王炜, 等译. 北京: 生活·读书·新知三联书店.

波罗, 2009. 马可·波罗游记 [M]. 鲁斯蒂谦诺, 笔录. 余前帆, 译注. 北京: 中国书籍出版社.

伯克, 2005. 欧洲近代早期的大众文化 [M]. 杨豫, 等译. 上海: 上海人民出版社.

勃莱尔, 等, 2004. 欧洲书简 [M]. 郭安定, 译. 北京: 生活·读书·新知三联书店.

博厄斯, 1989. 原始人的心智 [M]. 项龙, 王星, 译. 北京: 国际文化出版公司.

博厄斯, 1999. 人类学与现代生活 [M]. 刘莎, 等译. 北京：华夏出版社.

伯瑞, 2005. 进步的观念 [M]. 范祥涛, 译. 上海：上海三联书店.

布克哈特, 2017. 意大利文艺复兴时期的文化 [M]. 何新, 译. 北京：商务印书馆.

布朗, 2005. 基督教与西方思想 [M]. 查常平, 译. 北京：北京大学出版社.

布劳特, 2002. 殖民者的世界模式——地理传播主义和欧洲中心主义史观 [M]. 谭荣根,
译. 北京：社会科学文献出版社.

布雷斯特德, 2004. 文明的征程 [M]. 李静新, 译. 北京：北京燕山出版社.

布鲁玛, 玛格利特, 2010. 西方主义：敌人眼中的西方 [M]. 林铮颢, 译. 台北：博雅
书屋.

布罗代尔, 2003. 文明史纲 [M]. 肖昶, 冯棠, 张文英, 等译. 桂林：广西师范大学出版社.

布洛克, 2003. 西方人文主义传统 [M]. 董乐山, 译. 北京：生活·读书·新知三联书店.

曹卫东, 张广海, 等, 2005. 文化与文明 [M]. 桂林：广西师范大学出版社.

曾艳兵, 2007. 作为"他者"的西方文化 [J]. 世界文化 (12).

陈岸瑛, 2000. 关于"乌托邦"内涵及概念演变的考证 [J]. 北京大学学报 (1).

陈乐民, 周弘, 2003. 欧洲文明的进程 [M]. 北京：生活·读书·新知三联书店.

陈乐民, 1988. "欧洲观念"的历史哲学 [M]. 北京：东方出版社.

陈启能, 姜芃, 等, 2010. 世界文明通论：文明理论 [M]. 福州：福建教育出版社.

陈炎, 2006. 文明与文化 [M]. 济南：山东大学出版社.

陈志强, 关信平, 等, 2002. 欧洲联盟的政治与社会研究 [M]. 天津：天津人民出版社.

达尔文, 1957. 一个自然科学家在贝格尔舰上的环球旅行记 [M]. 周邦立, 译. 北京：科学
出版社.

达尔文, 1983. 人类的由来 [M]. 潘光旦, 胡寿文, 译. 北京：商务印书馆.

达尔文, 1983. 物种起源（第一分册）[M]. 周建人, 叶笃庄, 方宗熙, 译. 北京：商务印书
馆.

道森, 1989. 宗教与西方文化的兴起 [M]. 长川某, 译. 成都：四川人民出版社.

道森, 2006. 中国变色龙——对于欧洲中国文明观的分析 [M]. 常绍民, 明毅, 译. 北京：
中华书局.

德尔马, 1988. 欧洲文明 [M]. 郑鹿年, 译. 上海：上海人民出版社.

邓惟佳, 2010. 迷与迷群：媒介使用中的身份认同建构 [M]. 北京：中国传媒大学出版社.

狄肯斯, 2005. 社会达尔文主义——将进化思想和社会理论联系起来 [M]. 涂骏, 译. 长
春：吉林人民出版社.

董小燕, 2001. 西方文明史纲 [M]. 杭州：浙江大学出版社.

杜平, 2008. 想象东方：英国文学的异国情调和东方形象 [M]. 上海：上海外语教育出版社.

杜瑞清, 2000. 西方文化名著选读 [M]. 西安：西北工业大学出版社.

杜小真, 1994. 福柯集 [M]. 上海：上海远东出版社.

法农, 2005. 黑皮肤，白面具 [M]. 万冰，译. 南京：译林出版社.

范迪尔门, 2004. 欧洲近代生活：村庄与城市 [M]. 王亚平，译. 北京：东方出版社.

弗罗姆, 1987. 逃避自由 [M]. 陈学明，译. 北京：工人出版社.

弗洛伊德, 2007. 论文明 [M]. 徐洋，等译. 北京：国际文化出版公司.

伏尔泰, 1995. 风俗论：上册 [M]. 梁守锵，译. 北京：商务印书馆.

福柯, 1997. 权力的眼睛——福柯访谈录 [M]. 严锋，译. 上海：上海人民出版社.

福柯, 2008. 知识考古学 [M]. 谢强，马月，译. 北京：生活·读书·新知三联出版社.

福柯, 2010. 疯癫与文明 [M]. 刘北成，杨远婴，译. 北京：生活·读书·新知三联出版社.

福山, 2003. 历史的终结及最后之人 [M]. 黄胜强，许铭原，译. 北京：中国社会科学出版社.

福泽谕吉, 2010. 文明论概略 [M]. 北京编译社，译. 北京：商务印书馆.

盖尔纳, 2002. 民族与民族主义 [M]. 韩红，译. 北京：中央编译出版社.

格尔兹, 1999. 文化的解释 [M]. 纳日碧力戈，等译. 上海：上海人民出版社.

郭华榕, 徐天新, 1999. 欧洲的分与和 [M]. 北京：京华出版社.

郭家宏, 2007. 从旧帝国到新帝国——1783—1815 年英帝国史纲要 [M]. 北京：商务印书馆.

哈佛燕京学社, 2004. 全球化与文明对话. 南京：江苏教育出版社.

哈维兰, 2006. 文化人类学 [M]. 瞿铁鹏，张钰，译. 上海：上海社会科学院出版社.

汉密尔顿, 2005. 希腊精神：西方文明的源泉 [M]. 葛海滨，译. 沈阳：辽宁教育出版社.

郝明君, 2006. 知识与权力——课程作为政治文本之研究 [D]. 重庆：西南大学.

何平, 2007. 中国和欧洲文明史比较 [M]. 成都：四川大学出版社.

何平, 2009. 文化与文明比较研究 [M]. 济南：山东大学出版社.

何文华, 2011. 地理大发现时代欧洲建构的"美洲形象" [J]. 学术论坛 (10).

何文华, 2011. 东方主义的亚洲想象 [J]. 贵州社会科学 (10).

何文华, 2012. 西方视野中的西藏形象研究 [D]. 成都：四川大学.

赫尔曼, 2007. 文明衰落论——西方文化悲观主义的形成与演变 [M]. 张爱平，许先春，蒲国良，等译. 上海：上海人民出版社.

黑格尔, 1999. 历史哲学 [M]. 王造时，译. 上海：上海书店出版社.

亨廷顿，1998. 文明的冲突与世界秩序的重建［M］. 周琪，等译. 北京：新华出版社.

亨廷顿，哈里森，2002. 文化的重要作用［M］. 程克雄，译. 北京：新华出版社.

侯波，2009. 斯宾塞社会进化学说与达尔文进化论之考异［J］. 求索（12）.

霍布森，1960. 帝国主义［M］. 纪明，译. 上海：上海人民出版社.

霍布斯鲍姆，1999. 帝国的年代：1875—1914［M］. 贾士蘅，译. 南京：江苏人民出版社.

霍尔，尼兹，2002. 文化：社会学的视野［M］. 周晓虹，徐彬，译. 北京：商务印书馆.

基尔南，2006. 人类的主人——欧洲帝国时期对其他文化的态度［M］. 陈正国，译. 北京：
  商务印书馆.

基佐，1998. 欧洲文明史：自罗马帝国败落起到法国革命［M］. 程洪逵，沅芷，译. 北京：
  商务印书馆.

季广茂，2005. 意识形态［M］. 桂林：广西师范大学出版社.

加亚尔，德尚，2000. 欧洲史［M］. 蔡鸿滨，桂裕芳，译. 海口：海南出版社.

贾庆军，2008. 建构主义视角下的欧洲文化认同及其影响［J］. 山东行政学院山东省经济管
  理干部学院学报（3）.

姜智芹，2007. 傅满洲与陈查理——美国大众文化中的中国形象［M］. 南京：南京大学出
  版社.

杰米琴柯，1956. 为帝国主义服务的种族主义［M］. 汤侠声，译. 北京：生活·读书·新知
  三联书店.

杰姆逊，1997. 后现代主义与文化理论［M］. 唐小兵，译. 北京：北京大学出版社.

卡斯蒂略，1991. 征服新西班牙信史：下［M］. 林光，江禾，译. 北京：商务印书馆.

康德，1990. 历史理性批判文集［M］. 何兆武，译. 北京：商务印书馆.

康拉德，2001. 黑暗的心灵［M］. 张和龙，注. 上海：上海外语教育出版社.

柯瓦雷，2003. 从封闭世界到无限宇宙［M］. 邬波涛，张华，译. 北京：北京大学出版社.

克朗，2003. 文化地理学［M］. 杨淑华，宋慧敏，译. 南京：南京大学出版社.

肯尼迪，2006. 萨义德［M］. 李自修，译. 南京：江苏人民出版社.

孔多塞，1998. 人类精神进步史表纲要［M］. 何兆武，何冰，译. 北京：生活·读书·新知
  三联书店.

拉伦，2005. 意识形态与文化身份：现代性和第三世界的在场［M］. 戴从容，译. 上海：上
  海教育出版社.

拉斯姆森，2004. 欧洲与全球新秩序：缩小全球差距［M］. 齐心，译. 北京：当代世界出
  版社.

莱顿，2005. 他者的眼光［M］. 蒙养山人，译. 北京：华夏出版社.

赖希,2010. 性革命——走向自我调节的性格结构 [M]. 陈学明,李国海,乔长森,译. 北京:东方出版社.

劳思光,2002. 文化哲学讲演录 [M]. 香港:香港中文大学出版社.

乐黛云,勒·比雄,1995. 独角兽与龙 [M]. 北京:北京大学出版社.

勒纳,米查姆,伯恩斯,2003. 西方文明史(下册)[M]. 王觉非,等译. 北京:中国青年出版社.

李伯庚,2004. 欧洲文化史 [M]. 赵复三,译. 上海:上海社会科学院出版社.

李巍,王学玉,2001. 欧洲一体化理论与历史文献选读 [M]. 济南:山东人民出版社.

李勇,2010. 西欧的中国形象 [M]. 北京:人民出版社.

李震,2004. 葛兰西的文化霸权理论 [J]. 学海(3).

利洛夫,2007. 文明的对话:世界地缘政治大趋势 [M]. 马细谱,葛志强,余志和,等选译. 北京:社会文献科学出版社.

利玛窦,金尼阁,2001. 利玛窦中国札记 [M]. 何高济,王遵仲,李申,译. 桂林:广西师范大学出版社.

林德伯格,2001. 西方科学的起源:公元前六百年至公元一千四百五十年宗教、哲学和社会建制大背景下的欧洲科学传统 [M]. 王珺,译. 北京:中国对外翻译出版公司.

刘建军,2011. 文明与意识形态 [M]. 北京:中华书局.

刘文明,2010. 19 世纪中叶前中国与欧洲的"文明"观念 [J]. 首都师范大学学报(社会科学版)(5).

刘亚斌,2005. 葛兰西"文化霸权"的建构 [J]. 河北大学学报(哲学社会科学版)(2).

卢梭,2007. 论人类不平等的起源 [M]. 吕卓,译. 北京:九州出版社.

路威,2005. 文明与野蛮 [M]. 2 版. 吕叔湘,译. 北京:生活·读书·新知三联书店.

罗伯茨,2006. 十九世纪西方人眼中的中国 [M]. 蒋重跃,刘林海,译. 北京:中华书局.

罗钢,刘象愚,2000. 文化研究读本 [M]. 北京:中国社会科学出版社.

罗素,2003. 西方的智慧 [M]. 亚北,译. 北京:中国妇女出版社.

罗竹凤,1990. 汉语大词典:第四卷 [M]. 上海:汉语大词典出版社.

马吉多维奇,1988. 世界探险史 [M]. 屈瑞,云海,译. 北京:世界知识出版社.

马克垚,2004. 世界文明史 [M]. 北京:北京大学出版社.

马森,2006. 西方的中国及中国人观念:1840—1876 [M]. 杨德山,译. 北京:中华书局.

马斯泰罗内,1992. 欧洲政治思想史——从十五世纪到二十世纪 [M]. 黄华光,译. 北京:社会科学文献出版社.

马斯泰罗内,1998. 欧洲民主史——从孟德斯鸠到凯尔森 [M]. 黄华光,译. 北京:社会科学文献出版社.

麦克里兰, 2003. 西方政治思想史 [M]. 彭淮栋, 译. 海口：海南出版社.

麦奎根, 2011. 文化研究方法论 [M]. 李朝阳, 译. 北京：北京大学出版社.

曼海姆, 2009. 意识形态与乌托邦 [M]. 姚仁权, 译. 北京：中国社会科学出版社.

梅吉奥妮, 2004. 欧洲统一　贤哲之梦——欧洲统一思想史 [M]. 陈宝顺, 沈亦缘, 译. 北京：世界知识出版社.

孟德斯鸠, 2004. 论法的精神：上册 [M]. 张雁深, 译. 北京：商务印书馆.

穆尔－吉尔伯特, 2001. 后殖民理论——语境　实践　政治 [M]. 陈仲丹, 译. 南京：南京大学出版社.

聂建睿, 2011. "野人"：人类文明的镜像 [M]. 上海：复旦大学出版社.

欧里庇得斯, 2003. 欧里庇得斯悲剧集 [M]. 周作人, 译. 北京：中国对外翻译出版公司.

潘娜娜, 2008. 17 世纪以前的欧洲认同观和欧洲中心思想简析 [J]. 山东社会科学 (6).

潘娜娜, 2008. 18、19 世纪欧洲中心主义思想研究 [D]. 成都：四川大学.

齐泽克, 等, 2002. 图绘意识形态 [M]. 方杰, 译. 南京：南京大学出版社.

钱乘旦, 1999. 欧洲文明：民族的融合与冲突 [M]. 贵阳：贵州人民出版社.

钱满素, 2001. 美国文明 [M]. 北京：中国社会科学出版社.

秦亚青, 2006. 文化与国际社会：建构主义国际关系理论研究 [M]. 北京：世界知识出版社.

任一鸣, 2008. 后殖民：批评理论与文学 [M]. 北京：外语教学与研究出版社.

萨义德, 1999. 东方学 [M]. 王宇根, 译. 北京：生活·读书·新知三联书店.

萨义德, 2001. 文化与帝国主义 [M]. 蔡源林, 译. 台北：台湾立绪文化事业有限公司.

萨义德, 2002. 知识分子论 [M]. 单德兴, 译. 北京：生活·读书·新知三联书店.

赛义德, 等, 1999. 后殖民主义文化理论 [M]. 陈永国, 等译. 北京：中国社会科学出版社.

施密特, 2004. 基督教对文明的影响 [M]. 汪晓丹, 赵巍, 译. 北京：北京大学出版社.

斯宾格勒, 2008. 西方的没落 [M]. 张兰平, 译. 西安：陕西师范大学出版社.

斯达克, 2011. 理性的胜利——基督教与西方文明 [M]. 管欣, 译. 上海：复旦大学出版社.

斯皮瓦克, 2007. 从解构到全球化批判：斯皮瓦克读本 [M]. 北京：北京大学出版社.

斯塔夫里阿诺斯, 1999. 全球通史——1500 年以后的世界 [M]. 吴象婴, 梁赤民, 译. 上海：上海社会科学院出版社.

苏盖, 维拉汝斯, 2008. 他者的智慧 [M]. 刘娟娟, 张怡, 孙凯, 译. 北京：北京大学出版社.

孙晶，2004. 文化帝国主义与文化霸权思想考察［J］. 北京理工大学学报（社会科学版）
（2）.

孙晶，2004. 文化霸权理论研究［M］. 北京：社会科学文献出版社.

索利，2001. 雅典的民主［M］. 王琼淑，译. 上海：上海译文出版社.

塔吉耶夫，2005. 种族主义源流［M］. 高凌瀚，译. 北京：生活·读书·新知三联书店.

泰勒，1987. 争夺欧洲霸权的斗争：1848—1918 年［M］. 沈苏儒，译. 北京：商务印书馆.

汤普森，2005. 意识形态与现代文化［M］. 高铦，译. 南京：译林出版社.

汤因比，2001. 人类与大地母亲———一部叙事体世界历史［M］. 徐波，等译. 上海：上海人
民出版社.

汤因比，2010. 历史研究（上下卷）［M］. 郭小凌，王皖强，杜庭广，等译. 上海：上海人
民出版社.

陶东风，和磊，2006. 文化研究［M］. 桂林：广西师范大学出版社.

特里奥姆夫，2012. 基佐的欧洲观［M］. 秦川，译. 北京：北京大学出版社.

田薇，2001. 信仰与理性：中世纪基督教文化的兴衰［M］. 保定：河北大学出版社.

王铭铭，2002. 人类学是什么？［M］. 北京：北京大学出版社.

王铭铭，2007. 西方作为他者———论中国"西方学"的谱系与意义［M］. 北京：世界图书
出版公司.

王宁，1995. 东方主义、后殖民主义和文化霸权批判———爱德华·赛义德的后殖民理论剖析
［J］. 北京大学学报（哲学社会科学版）（2）.

王晓路，石坚，肖薇，2004. 当代西方文化批评读本［M］. 成都：四川大学出版社.

王晓升，等，2009. 西方马克思主义意识形态理论［M］. 北京：社会科学文献出版社.

王岳川，2003. 发现东方：西方中心主义走向终结和中国形象的文化重建［M］. 北京：北京
图书馆出版社.

王岳川，1992. 后现代主义文化研究［M］. 北京：北京大学出版社.

王助民，李良玉，陈恩虎，等，1995. 近现代西方殖民主义史：1415—1990［M］. 北京：中
国档案出版社.

威廉斯，2005. 关键词：文化与社会的词汇［M］. 刘建基，译. 北京：生活·读书·新知三
联书店.

威斯特曼，2011. 古希腊罗马奴隶制［M］. 邢颖，译. 郑州：大象出版社.

韦伯，2019. 新教伦理与资本主义精神［M］. 袁志英，译. 上海：上海译文出版社.

韦瑟林，2012. 欧洲殖民帝国：1815—1919［M］. 夏岩，聂精俊，夏冠中，译. 北京：中国

社会科学出版社.

温特, 2005. 国家政治的社会理论 [M]. 秦亚青, 译. 北京：世界知识出版社.

沃林, 2000. 文化批评的观念 [M]. 张国清, 译. 北京：商务印书馆.

希尔贝克, 伊耶, 2004. 西方哲学史——从古希腊到二十世纪 [M]. 童世骏, 郁振华, 刘
　　进, 译. 上海：上海译文出版社.

希尔顿, 2009. 消失的地平线 [M]. 吴夏汀, 朱红杰, 译. 上海：上海三联书店.

希罗多德, 2005. 历史：希波战争史 [M]. 王以铸, 译. 北京：商务印书馆.

谢大卫, 2005. 圣书的子民：基督教的特质和文本传统 [M]. 李毅, 译. 北京：中国人民大
　　学出版社.

谢晓娟, 2011. 从"文明"含义的演变看西方文明中心论 [J]. 辽宁大学学报（哲学社会科
　　学版）(4).

许正林, 2005. 欧洲传播思想史 [M]. 上海：上海三联书店.

雅斯贝斯, 1989. 历史的起源与目标 [M]. 魏楚雄, 俞新天, 译. 北京：华夏出版社.

亚里士多德, 1978. 雅典政制 [M]. 日知, 力野, 译. 北京：商务印书馆.

亚里士多德, 1997. 政治学 [M]. 吴寿彭, 译. 北京：商务印书馆.

姚介厚, 李鹏程, 杨深, 2002. 西欧文明 [M]. 北京：中国社会科学出版社.

伊格尔顿, 2003. 文化的观念 [M]. 方杰, 译. 南京：南京大学出版社.

衣俊卿, 等, 2001. 20 世纪的新马克思主义 [M]. 北京：中央编译出版社.

袁华音, 1988. 西方社会思想史 [M]. 天津：南开大学出版社.

约恩－吕森, 2007. 怎样克服种族中心主义——21 世纪历史学对承认的文化的探讨 [J].
　　张旭鹏, 译. 山东社会科学 (11).

张隆溪, 2005. 中西文化研究十论 [M]. 上海：复旦大学出版社.

张全义, 2010. 世界国家生成机理初探 [M]. 北京：光明日报出版社.

张跣, 2006. 文化帝国主义 [J]. 国外理论动态 (8).

张旭东, 2005. 全球化时代的文化认同：西方普遍主义话语的历史批判 [M]. 北京：北京
　　大学出版社.

张旭鹏, 2004. "欧洲观念"的内涵及其历史演变 [D]. 成都：四川大学.

张旭鹏, 2005. 想像他者：西方文化视野中的非西方 [J]. 史学理论研究 (3).

张蕴岭, 1996. 欧洲剧变与世界格局 [M]. 北京：社会科学文献出版社.

赵稀方, 2009. 后殖民理论 [M]. 北京：北京大学出版社.

郑敬高, 1999. 欧洲文化的奥秘 [M]. 上海：上海人民出版社.

周宁, 2004. 另一种东方主义：超越后殖民主义文化批判 [J]. 厦门大学学报（哲学社会科

学版）（6）．

周宁，2004. 中国形象：西方的学说与传说［M］. 北京：学苑出版社.

周宪，2007. 文化研究关键词［M］. 北京：北京师范大学出版社.

朱刚，2008. 西方思想经典［M］. 上海：上海外语教育出版社.

兹拉特科夫斯卡雅，1984. 欧洲文化的起源［M］. 陈筠，沈澂，译. 北京：生活·读书·新知三联书店.

ADAMS K M, 1956. Ideological Foundations of Western Civilization［J］. The Journal of Higher Education, Vol. 27, No. 9.

ADAS M, 1989. Machines as the Measure of Men：Science, Technology, and Ideologies of Western Dominance［M］. Ithaca, New York：Cornell University Press.

AVIS P, 1986. Foundations of Modern Historical Thought：From Machiavelli to Vico［M］. London：Croom Helm.

BARKER C, 2004. Cultural Studies：Theory and Practice［M］. London：Sage.

BARKER F, HULME P, IVERSEN M, 1994. Colonial Discourse and Postcolonial Theory［M］. Manchester, England；New York：Manchester University Press.

BARZUN J, 2001. From Dawn to Decadence：500 Years of Western Cultural Life（1500 to the Present）［M］. New York：Perennial.

BAUDET H, 1965. Paradise on Earth：Some Thoughts on European Images of Non-Europeanman［M］. New Haven：Yale University Press.

BERNARD A, SPENCER J, 1996. Encyclopedia of Social and Cultural Anthropology［M］. London：Routledge.

BOWDEN B, 2009. The Empire of Civilization：The Evolution of an Imperial Idea［M］. Chicago and London：The University of Chicago Press.

BURKE P, 1993. Review on *Norbert Elias: Civilization and the Human Self-Image*［J］. The English Historical Review, Vol. 108, No. 426.

CARTLEDGE P, 1993. The Greeks：A Portrait of Self and Others［M］. New York：Oxford University Press.

CONDER, C R, 1909. Evolution of Civilization［J］. The Geographical Journal, Vol. 34, No. 2.

CONNOR S, 1992. Theory and Cultural Value［M］. Oxford：Blackwell.

CUNNINGHAM V, 2002. Reading after Theory［M］. Oxford：Blackwell.

MARTIN D C, 1995. The Choice of Identity［J］. Social Identities, Vol. 1, No. 1.

DURHAM M G, KELLNER D M, 2001. Media and Cultural Studies: Key Works [M]. Oxford: Blackwell.

DURING S, 1999. The Cultural Studies Reader [M]. New York: Routledge.

EAGLETON T, 2000. The Idea of Culture [M]. Oxford: Blackwell.

ELLIOTT J H, 1970. The Old World and the New, 1492 – 1650 [M]. Cambridge: Cambridge University Press.

ELMER P, WEBB N, WOOD R, 2000. The Renaissance in Europe [M]. New Haven: Yale University Press, 2000.

ENGLANDER D, 1990. Culture and Belief in Europe: 1450 – 1600 [M]. Oxford: Blackwell.

FREEMAN C, 2003. The Closing of the Western Mind: The Rise of Faith and the Fall of Reason [M]. London: Random House.

FREUND P E S, 1988. Bringing Society into the Body: Understanding Socialized Human Nature [J]. Theory and Society, Vol. 17, No. 6.

GILLINGHAM J, 2003. European Integration, 1950 – 2003: Superstate or New Market Economy? [M]. Cambridge: Cambridge University Press.

GISSIS S B, 2011. Visualizing "Race" in the Eighteenth Century [J]. Historical Studies in the Natural Sciences, Vol. 41, No. 1.

GOGWILT C, 1995. The Invention of the West [M]. Stanford: Stanford University Press.

GOLLWITZER H, 1969. Europe in the Age of Imperialism: 1880 – 1914 [M]. Farnham: New York: Harcourt, Brace & World.

GONG G, 1984. The Standard of "Civilization" in International Society [M]. Oxford: Clarendon Press.

GUERRINA R, 2002. Europe: History, Ideas and Ideologies [M]. London: Arnold Press.

HALL C, 1996. Questions of Cultural Identity: Who Needs Identity? [M]. London: Sage.

HALL C, 2002. Civilising Subjects: Metropole and Colony in the English Imagination, 1830 – 1867 [M]. Cambridge: Polity Press.

HAMMOND M, 2006. Reading, Publishing and the Formation of Literary Taste in England, 1880 – 1914 [M]. Aldershot: Ashgate.

HARRIS P W, 2008. Racial Identity and the Civilizing Mission: Double-Consciousness at the 1895 Congress on Africa [J]. Religion and American Culture: A Journal of Interpretation, Vol. 18, No. 2.

HILTON M, SHEFRIN J, 2009. Educating the Child in Enlightenment Britain: Beliefs, Cultures,

Practices [M]. Farnham: Ashgate.

HOLLISTER C W, 1994. Medieval Europe: A Short History [M]. New York: McGraw-Hill, Inc.

HUNT A, 2005. Personal Business: Character and Commerce in the Victorian Literature and Culture [D]. Chicago: University of Chicago.

INGLIS D, HUGHSON J, 2003. Confronting Culture: Sociological Vistas [M]. Cambridge: Polity Press.

JAEGER C, 1985. The Origins of Courtliness: Civilizing Trends and the Formation of Courtly Ideals, 939 – 1210 [M]. Philadelphia: University of Pennsylvania Press.

JAMESON F, 1992. Postmodernism or the Cultural Logic of Late Capitalism [M]. Durham: Duke University Press.

JEANNERET M, 1991. A Feast of Words: Banquets and Table Talk in the Renaissance [M]. Chicago: The University of Chicago Press.

KERN S, 1983. The Culture of Time and Space [M]. London: Weidenfeld & Nicolson.

KHOSHKISH A, 1985. Review on *The Standard of "Civilization" in International Society* [J]. Third World Quarterly, Vol. 7, No. 4.

KOMROFF M, 1956. The History of Herodotus [M]. New York: Neoruden Press.

KRAYNAK R P, 1983. Hobbes on Barbarism and Civilization [J]. The Journal of Politics, Vol. 45, No. 1.

KROEBER A, KLUCKHOHN C, 1952. Culture: A Critical Review of Concepts and Definitions [M]. Cambridge, Mass: Vintage Books.

LATHAM R G, 1859. Descriptive Ethnology [M]. London: Woodfall & Kinder Press.

LEEMING D, 2003. The World of European Mythology: From Olympus to Camelot [M]. Oxford: Oxford University Press.

LUCY N, 2000. Postmodern Literary Theory [M]. Oxford: Blackwell.

LUND J, 2001. Barbarian Theorizing and the Limits of Latin American Exceptionalism [J]. Cultural Critique, No. 47.

MALHOTRA A, 2012. Making British Indian Fictions: 1772 – 1823 [M]. New York: Palgrave Macmillan.

MAZLISH B, 1998. The Uncertain Sciences [M]. New Haven: Yale University Press.

MAZLISH B, 2004. Civilization and Its Contents [M]. Stanford: Stanford University Press.

MAZOWER M, 2006. An International Civilization? Empire, Internationalism and the Crisis of the Mid-Twentieth Century [J]. International Affairs, Vol. 82, No. 3.

MCCLELLAND J S, 1996. A History of Western Political Thought [M]. London: Routledge.

MCDERMID J, 2012. The Schooling of Girls in Britain and Ireland, 1800 – 1900 [M]. New York and London: Routledge.

MCNELL W H, 1990. The Rise of the West: A History of the Human Community [M]. Chicago: University of Chicago Press.

MENNELL S, 1989. Norbert Elias: Civilization and the Human Self-Image [M]. New York: Blackwell.

MIKKELI H, 1998. Europe as an Idea and an Identity [M]. Hampshire: Palgrave Macmillan.

MINCHINTON W, 1989. Review on *All Manners of Food. Eating and Taste in England and France from the Middle Ages to the Present* [J]. The English Historical Review, Vol. 104, No. 410.

MOSES M V, 1995. The Novel and the Globalization of Culture [M]. New York: Oxford University Press.

MSAUR G, 1962. Distinctive Traits of Western Civilization: Through the Eyes of Western Historians [J]. The American Historical Review, Vol. 67, No. 3.

MUNNS J, RAJAN G, 1995. A Cultural Studies Reader: History Theory, Practice [M]. New York: Longman.

NELSEN B F, STUBB A, 1994. The European Union: Readings on the Theory and Practice of European Integration [M]. London: Lynne Rienner Publishers, Inc.

NISBET R, 1980. History of the Idea of Progress [M]. New York: Basic Books, Inc.

NOLAN P, LENSKI G, 1996. Technology, Ideology and Societal Development [J]. Sociological Perspective, Vol. 39, No. 1.

ÖZKIRIMLI U, 2003. Nationalism and its Features [M]. New York: Palgrave Macmillan.

PERRY M, 1992. An Intellectual History of Modern Europe [M]. Boston and Toronto: Houghton Mifflin Company.

PHILIPS J M, PHILLIPS W A P, 1978. Victorians at Home and Away [M]. London: Taylar & Francis Press.

POOL D, 1993. What Jane Austen Ate and Charles Dickens Knew: The Facts of Daily Life in 19th Century England [M]. New York: Touchstone.

RAYMOND W, 1967. Culture and Civilization [M] //Paul Edwards. The Encyclopedia of Philosophy, Vol. 2. New York: Macmillan.

RICOEUR P, 1965. Universal Civilization and National Cultures [M] //History and Truth. Evanston, Ill.: Northwestern University Press.

RIETBERGEN P, 1998. Europe: A Cultural History [M]. London and New York: Routledge.

RUSSELL B, 1955. A History of Western Philosophy (and its Connection with Political and Social Circumstances from the Earliest Times to the Present Day) [M]. London: George Allen and Unwin Ltd.

SCHAEFER L F, FOWLER D H, COOKE J E, 1965. Problems in Western Civilization: The Challenge of History [M]. New York: Charles Scribner's Sons.

SCHILLER H I, 1976. Communications and Cultural Domination [M]. New York: International Arts and Sciences Press.

SCHROYER T, 1984. On Finalization in Science [J]. Theory and Society, Vol. 13, No. 5.

SCHULZE H, 1996. States, Nations and Nationalism [M]. Oxford: Blackwell.

SHORE C, 2000. Building Europe: The Cultural Politics of European Integration [M]. London and New York: Routledge.

SHUCK G, 2004. Conversational Performance and the Poetic Construction of an Ideology [J]. Language in Society, Vol. 33, No. 2.

SILLS D L, 1968. International Encyclopedia of the Social Sciences [M]. Vol. 16. New York: Macmillan.

SNYDER L L, 1941. A Survey of European Civilization [M]. Harrisburg: Stackpole.

SPIVAK G C, 1988. In Other Worlds: Essays in Cultural Politics [M]. New York: Routledge.

STEARNS P N, 2003. Western Civilization in World History [M]. New York and London: Routledge.

STRATH B, 2000. Europe and the Other and Europe as the Other [M]. New York: P. Lang.

TAKEO K, 1983. Japan and Western Civilization: Essays on Comparative Culture [M]. Kato Hidetoshi, ed. Tokyo: University of Tokyo Press.

TINKER H, 1987. Review on *the Standard of "Civilization" in International Society* [J]. The English Historical Review, Vol. 102, No. 402.

WALZ C A, COLEMAN J E, 1997. Greeks and Barbarians: Essays on the Interaction between Greeks and Non-Greeks in Antiquity and the Consequences for Eurocentrism [M]. Bethesda, Maryland: CDL Press.

WATSON P, 2000. A Terrible Beauty: The People and Ideas That Shaped the Modern Mind [M]. London: Phoenix Press.

WENDT A, 1992. Anarchy Is What States Make of It: The Social Construction of Power Politics [J]. International Organization, Vol. 46, No. 2.

WENDT A, 1994. Collective Identity Formation and the International State [J]. The American Political Science Review, Vol. 88, No. 2.

WESCOTT R W, 1970. The Enumeration of Civilizations [J]. History and Theory, Vol. 9, No. 1.

WHARTON E, CODMAN O, 2007. The Decoration of Houses [M]. New York: Rizzoli and the Mount Press.

WHYTE M A, 1994. The Sociology of Food: Eating, Diet and Culture [J]. Man, New Series, Vol. 29, No. 2.

WILLETT C, 1998. Theorizing Multiculturalism: A Guide to the Current Debate [M]. Oxford: Blackwell.

WILSON K, VAN DER DUSSEN J, 1993. The History of the Idea of Europe [M]. London and New York: Routledge.

WINTLE J, 1982. Makers of Nineteenth Century Culture: 1800 – 1914 [M]. London: Routledge and Kegan.

WINTLE M, 1996. Culture and Identity in Europe [M]. London: Oxford University Press.